Wolfgang Steiger / Simon Steinbrück

DER PEFEKTE STURM?

Wolfgang Steiger / Simon Steinbrück

DER PEFEKTE STURM?

Was sich hinter Nullzins, Rekordverschuldung und Ordnungsverlust zusammenbraut und wie wir gegensteuern können

Econ

MIX
Papier aus verantwortungsvollen Quellen
FSC® C014496
FSC
www.fsc.org

ISBN 978-3-430-21019-5
Econ ist ein Verlag
der Ullstein Buchverlage GmbH

Gefördert durch den Wirtschaftsrat der CDU e. V.
Gesetzt aus der Minion
Satz: Büro Beck, Kempten
Druck und Bindearbeiten: GGP Media GmbH, Pößneck
Printed in Germany

Inhalt

Vorwort

Ein Sommertag in Berlin, Juni 2008. Ein Tag deutlicher Worte: »Wir müssen die Bildungsrepublik Deutschland werden. (...) Die Soziale Marktwirtschaft hat sich als Erfolgsmodell bewährt. (...) Wann immer wir Gesetze machen, müssen wir deshalb fragen: Stärken wir den Wettbewerb, fördern wir Leistung?« Dieses programmatische Bekenntnis stammt von niemand anderem als Bundeskanzlerin Angela Merkel.[1]

Was ist daraus geworden? – Was lange als Kompass galt und in der wirtschafts- und gesellschaftspolitischen DNA der Bundesrepublik verankert schien, erfuhr eine grundlegende Transformation. Schon vor der Finanzkrise war das Vertrauen in die Marktkräfte nicht besonders ausgeprägt. Seither jedoch fehlt jeder Antrieb für marktwirtschaftliche Reformen und wir sind immer mehr in Richtung Staatsgläubigkeit gedriftet – in Deutschland und in Europa. Um vermeintlich rasche Erfolge vorzuweisen, beschreitet die Politik zunehmend ordnungspolitische Irrwege und schreckt auch vor marktwirtschaftlichen Kardinalsünden nicht zurück. Permanente Rettungsaktionen, verzerrende Markteingriffe oder die Überbetonung von Solidarität statt Eigenverantwortung zeugen davon. Diese im wahrsten Sinne des Wortes »vielversprechende« Politik hat eine Kehrseite. Sie wirkt nur kurzfristig. Probleme werden so allerdings nicht gelöst. Obwohl etwa die Konstruktionsmängel der Währungsunion unübersehbar sind, weigern wir uns, darüber zu diskutieren, den Euro zu reformieren. Schon heute sind wir abhängig von immer höheren Schulden und immer tieferen Zinsen. Mit einem *this time is different* reden wir uns ein, dass Schulden heute kein Problem darstellen würden und unsere volkswirtschaftlichen Grundannahmen auf die heutige Zeit nicht mehr anwendbar seien. Ein bekanntes

Muster: 1997 konnte Asien angeblich nicht in Schieflage geraten, weil es billige Arbeitskräfte und hohes Wachstum hatte. 1998 wurde dem Hedgefonds Long-Term Capital Management (LTCM) Unfehlbarkeit unterstellt, weil zwei Nobelpreisträger daran beteiligt waren. Die Dotcoms der Jahrtausendwende waren die vermeintlich neue Zeitrechnung. Lehman schien *too big to fail*, AIG der *Rock of Gibraltar* und US-Hypotheken galten als absolut sicher, weil es nie zuvor einen landesweiten Absturz der Immobilienpreise gegeben hatte. Bei all diesen Krisen gingen die Menschen davon aus, die bisherigen ökonomischen Grundannahmen seien überholt.

Und heute? Haben wir dazugelernt? Wenn wir wieder auf einen solchen Punkt zusteuern, ist es höchst fragwürdig, ob ein »*whatever it takes*« noch mal funktionieren würde oder, ob die Sparer einem »*Die Spareinlagen sind sicher*« erneut glauben würden. Mit diesem Buch wollen wir hinter die ökonomischen Dynamiken und Zusammenhänge schauen, die uns der nächsten Krise bereits empfindlich nah gebracht haben. Zugleich möchten wir Wege aufzeigen, die uns aus den fatalen Abhängigkeiten herausführen können. Als unabhängige Autoren verstehen wir unseren Beitrag keinesfalls als »Verlautbarung« des CDU Wirtschaftsrates. »Der perfekte Sturm?« ist gleichwohl stark geprägt von den zahlreichen Gesprächen, die wir täglich mit Entscheidungsträgern aus Politik und Wirtschaft führen. Gespräche, die von einem besorgten Grundton über die eingeschlagene wirtschaftspolitische Richtung und von der eindringlichen Suche nach besseren Lösungen gezeichnet sind.

Schon heute sprechen wir in Deutschland ungeniert über Enteignungen. Liest man die Wirtschaftskonzepte von Jeremy Corbyn oder Bernie Sanders, oder schaut man auf die Forderungen der selbst ernannten Umweltschutzbewegung Extinction Rebellion, dann wären die dahinterstehenden Ideen und Programme nicht nur ein kosmetischer Bruch mit der bisherigen Wirtschaftspolitik, es wäre das Ende unserer freiheitlichen Wirtschafts- und Gesellschaftsordnung.

Sturmwarnung

Im Herbst 1991 tobt vor der Ostküste der USA einer der schlimmsten Stürme der letzten hundert Jahre. Er peitscht mit über 160 Kilometer pro Stunde über das Meer und türmt mehr als dreißig Meter hohe Wellengebirge auf. Trotz dieser beeindruckenden Dimension erhielt der Sturm bis zuletzt von den Wetterdiensten nicht einmal einen Namen. Das lag daran, dass keine Computersimulation in der Lage war, die einzigartige Verkettung von ungünstigen und unwahrscheinlichen meteorologischen Konstellationen zu verbinden. Niemand sah die verheerende Zerstörungskraft auch nur ansatzweise vorher. Der Journalist und Buchautor Sebastian Junger prägte mit seinem Bestseller schließlich den Namen für dieses katastrophale Wetterereignis: Er nannte es den »perfekten Sturm«.

Ein perfekter Sturm beschreibt also ein äußerst seltenes Zusammenspiel von Faktoren, die gemeinsam einen maximalen Schaden anrichten. Im Herbst 1991 vereinigten sich ein Hurrikan, ein Zyklon und eine arktische Kaltfront zu dem Jahrhundertsturm. Die Chancen, dass diese drei Wetterdynamiken zeitlich und räumlich zusammenfinden, stehen geringer als 1 zu 100 000.

Weitgehend unbeachtet braut sich heute eine politische und ökonomische Dynamik zusammen, die ebenfalls das Zeug dazu hat, in einer Katastrophe zu enden. Sturmwolken sind bereits deutlich erkennbar: Länder versinken im Schuldensumpf. Nach der dramatischen Schuldenkrise des letzten Jahrzehnts wurden die Verbindlichkeiten nicht etwa zurückgeführt, sondern in einem atemberaubenden Tempo weiter hochgeschraubt. Von 86 Billionen Dollar im Jahr 2002 ist die weltweite Verschuldung von Staaten, Unternehmen und privaten Haushalten auf über 146 Billionen Dollar im Jahr 2007 geklettert und dann bis Anfang 2019 auf 246,5 Billionen Dollar oder 320 Prozent der weltweiten Wirtschaftsleistung explodiert.[1]

Notenbanken haben längst die Grenzen des Undenkbaren gesprengt. Sparer werden bestraft, Schuldnern wird Geld hinterhergeworfen. Noch nie in Friedenszeiten waren die Zinsen so lange so niedrig. Noch nie die Bilanzen der Zentralbanken so aufgebläht. Eine Erhöhung der Geldmenge in diesem Ausmaß war bislang nur vor Hoch- und Hyperinflationen zu beobachten.

Die Demokratie und ihre Werte büßen an Vorbildfunktion ein. Bewährte Bündnisse, bestehende Regel-, Werte- und Ordnungssysteme wie auch internationale Organisationen lösen sich auf. Freihandel kommt ins Stocken. Staatsquoten steigen. Offene Grenzen gelten nicht mehr als Zeichen von Freiheit, sondern als Symbol der Unsicherheit und Bedrohung.

Volksparteien verlieren an Zustimmung. Gleichzeitig erhalten populistische Bewegungen Zulauf. In einer der wirtschaftlich erfolgreichsten Zeiten, steuert die Unterstützung für die handelnden Parteien auf einen historischen Tiefpunkt zu.

All diese Symptome sprechen eine deutliche Sprache. Ein perfekter Sturm zieht auf. Die Elemente, die dieses Mal zusammentreffen und sich gegenseitig verstärken können, sind eine ungelöste Eurokrise, eine sich hinter Nullzins und Geldflutung anbahnende Krise des Geldsystems sowie eine Vertrauenskrise in unsere Gesellschaftsordnung und ihre Kernelemente Freiheit, Marktwirtschaft und Demokratie.

Sehen wir uns die einzelnen Dynamiken genauer an: Das europäische Projekt ist eine historische Glanzleistung. Das kann und darf aber nicht darüber hinwegtäuschen, dass die Großwetterlage der EU – und insbesondere die Eurozone – beunruhigende erste Ausläufer aufweist. Die Folgen der Wirtschafts-, Finanz- und Flüchtlingskrise haben dazu geführt, dass die EU nach über sechzig Jahren europäischer Integration und wirtschaftlicher Prosperität deutlich an gesellschaftlicher Zustimmung verliert. Die fehlgeleitete Rettungspolitik hat die EU geschwächt. Eigenverantwortung, Binnenmarkt und Wettbewerb wurden ausgetauscht gegen Zentralisierung, Bürokratie und Haftungsvergemeinschaftung. Fast ein Jahrzehnt nach

Beginn der Krise haben sich die meisten Krisenländer noch immer nicht von einem Wachstumsmodell verabschiedet, das sich übermäßig stark auf Kredite stützt. Weil keine Einigkeit darüber besteht, wie die offensichtlichen Konstruktionsmängel der Währungsunion beseitigt werden sollen, bleibt es bei dem Versuch, mit anhaltendem Krisenmanagement über die Runden zu kommen. Doch ein Haus Europa, das auf Schulden und Gemeinschaftshaftung gebaut ist, ist labiler als ein Kartenhaus. Es wird keinen Stürmen trotzen können.

Einen wesentlichen Anteil an der gefährlichen Dynamik haben die Notenbanken. Sie sorgen dafür, dass offensichtliche Fehlentwicklungen nicht korrigiert werden müssen. Mit ihrer unkonventionellen Mixtur aus Nullzins und Anleihekaufprogrammen hält die EZB mit einer nicht nachhaltigen Politik nicht nachhaltige Strukturen am Leben. Damit bremst sie Wachstum, fördert negative Verteilungseffekte und bietet der politischen Polarisierung einen Nährboden. Die EZB betreibt eine riesige Umverteilung von Sparern zu Schuldnern. Sie ist wohlwollend mit reformunwilligen Staaten, die sich trotz ausbleibender Reformen und sinkender Wettbewerbsfähigkeit marktwidrig zu Tiefstständen verschulden können. Weniger wohlwollend ist sie mit dem auf Altersarmut zusteuernden deutschen Sparer, der durch die niedrigen Zinsen bereits knapp 650 Milliarden Euro verloren hat. Über Umverteilung müssen jedoch demokratisch legitimierte Politiker entscheiden, nicht Notenbanker. Eigentum ist eine zentrale Voraussetzung für Marktwirtschaft. Nach Einschätzung des ehemaligen Bundesverfassungsrichters Paul Kirchhof verletzt der Nullzins wichtige Eigenschaften des Eigentums, die durch das Grundgesetz geschützt sind.[2] Eine solche Geldpolitik greift also nicht nur die wirtschaftlichen Grundlagen Europas an. Sie stellt unser freiheitliches Wirtschafts- und Gesellschaftssystem infrage.

Auch in Deutschland ist vieles aus dem Gleichgewicht geraten. Wir erleben eine politische Debattenkultur, die zunehmend Mauern statt Brücken baut. Zukunftsweisende ökonomische und gesellschaftliche Entwürfe oder gar ein Leitbild scheinen aus den Schaufenstern der Parteien verschwunden zu sein. Eine programmatische, an Grundsätzen orientierte Argumentation fehlt. Auch von den

Grundprinzipien der Sozialen Marktwirtschaft ist in den öffentlichen Debatten wenig übrig. Heute melden sich kaum Akteure zu Wort, die die Kräfte des Marktes verteidigen, wie es Ludwig Erhard tat, geschweige denn die moralische Überlegenheit des Marktes hervorheben. Wir erleben stattdessen Preiskontrollen in Form von Mindestlöhnen und Mietpreisbremsen, frohlocken über eine strategische Industriepolitik und küren nationale Champions. Die letzten Jahre kommen einem Überbietungswettbewerb in der Preisgabe marktwirtschaftlicher Prinzipien gleich. Berauscht von der gegenwärtigen Wohlstandsillusion, müssen wir achtgeben, nicht Stück für Stück unsere Zukunft zu verspielen – mit Eingriffen und Maßnahmen, die gegen den Geist der Sozialen Marktwirtschaft verstoßen. Die Steuerungsfunktion des Marktes lässt sich durch politische Planung nicht ergänzen und verbessern, sondern allenfalls aushebeln.

Die drei Sturmboten sind längst unterwegs und werden bald aufeinandertreffen. Was wir im Moment erleben, ist die gefährliche Symbiose zwischen einer keynesianisch geprägten Geldpolitik und einer Politik, die gern Geschenke verteilt, aber ungern harte Strukturreformen durchführt. Der Ökonom Folker Hellmeyer hat das so formuliert: »Notenbanken sind die geldpolitische Feuerwehr für Politiker mit einem Hang zur fiskalpolitischen Pyromanie.«[3] Umverteilung und vermeintliche Solidarität sind bereits derart dominierende Themen der politischen Agenda geworden, dass die umfangreichen Ausgabenverpflichtungen des Staates nur noch mithilfe der Notenpresse finanzierbar sind. Eine Vielzahl von Warnsignalen, wie etwa die aus dem Ruder laufenden Target-Salden, auf die wir noch eingehen werden, wird mit schlafwandlerischer Sicherheit ignoriert.*

* Target bezeichnet ein grenzüberschreitendes Zahlungsverkehrssystem im Euroraum, in dessen Mittelpunkt die EZB als Verrechnungsstelle steht. Target-Salden entstehen immer dann, wenn mehr Geld von einem Mitgliedsland des Euroraums in die anderen fließt als umgekehrt. In den letzten Jahren sind gewaltige Ungleichgewichte im Target-System angewachsen. Einige Ökonomen halten die Salden für reine Buchungsvorgänge ohne ökonomische Bedeutung. Andere sehen in ihnen dagegen eine verdeckte Kreditgewährung an die Südländer.

Probleme werden nicht gelöst, sondern überdeckt und in die Zukunft geschoben. Doch irgendwann können die immer weiter anwachsenden Ungleichgewichte das Ganze zu Fall bringen. »Wenn sich bei der Finanzkrise die internationale Finanzelite blamiert hat, so ist es bei der Eurokrise die politische Elite Europas«, befürchtet Kapitalmarktexperte Leonhard Fischer.[4] Stimmt seine Einschätzung, hat das weitreichende und dramatische Folgen. Schon jetzt erleben wir eine Verschiebung der politischen Landkarte zu den Extremen. Eine verunsicherte und gespaltene Gesellschaft wirkt in Wirtschaftskrisen wie ein Brandbeschleuniger. Eine aufkommende Krise, die Vermögensverluste sicht- und spürbar macht, wird grundsätzliche Fragen aufwerfen: Fragen nach Europa und Deutschlands Rolle darin, Fragen nach unserem Geldsystem und nach unserer Wirtschaftsordnung.

Wir schreiben dieses Buch nicht, um Angst und Alarmismus zu verbreiten. Aber wir wollen verhindern, dass wir direkt in den perfekten Sturm hineinsteuern, wie es im Herbst 1991 das Fischerschiff *Andrea Gail* tat. Einen Monat lang waren Kapitän Bill Tyne und seine fünf Männer bereits auf Schwertfischfang gewesen, als ihr Rückweg sie genau durch die Wetterhölle führte. Andere Schiffe drehten ab, blieben im Randgebiet des Sturms. Doch weil Tyne den Schiffsbauch voller Fisch und nicht genug Eis an Bord hatte, verschalkte er die Luken und blieb auf Kurs. Die gesamte Schiffsbesatzung kam im Sturm ums Leben.

Augen zu und durch – das darf nicht länger unsere Devise sein. Es gibt Alternativen, noch können wir das Ruder herumreißen. Denn mit den Prinzipien der Sozialen Marktwirtschaft Ludwig Erhards haben wir den idealen Kompass in der Tasche, der uns durch diese verstörend unsicheren Zeiten navigieren und uns Mut, Orientierung und Zuversicht geben kann. Um dies zu verstehen, wollen wir zunächst aufzeigen, wie die bedrohliche Großwetterlage Europas entstanden ist: Im Kapitel »Der Weg des Euro« stellen wir zuerst die drei grundlegenden Probleme dar, an denen die Eurozone krankt – zu viele Schulden, zu wenig Vertrauen und keine Einigkeit über die Richtung. Anschließend nehmen wir die drei Phasen unter die Lupe, die der Euro bislang durchlebt hat. Die vermeintlich glückliche Kindheit, das Krisenmanagement nach dem Ausbruch der Krise und schließlich die Reformvorschläge, die nun für die Zukunft der Währungsunion auf dem Tisch liegen. Wir legen dar, warum die Konzepte und Ideen für eine Transferunion keine europäische Einheit schaffen, sondern Zwietracht säen.

Im Kapitel »Die Epizentren der Eurokrise« blicken wir auf drei Schlüsselländer der Eurokrise: Italien, wo absehbar das Endspiel um den Euro stattfinden wird; Griechenland, das zum Symbol für die Krise geworden ist, und Deutschland, das ausgemacht scheint, als moralischer Verlierer vom Platz zu gehen. Herrscht doch weitverbreitete Einigkeit darüber, dass wir mit unseren Leistungsüberschüssen auf dem Rücken anderer profitieren. Diese Betrachtungen zeigen die Bruchlinien der europäischen Gemeinschaft auf und verdeutlichen, warum die EU-Rettungs- und Umverteilungspolitik so viele Gefahren mit sich bringt. Anschließend unternehmen wir den Versuch für einen ordnungspolitischen Gegenentwurf – beruhend auf einem Europa, das sich auf seine Stärken besinnt und die verschütteten Quellen des wirtschaftlichen Wachstums wieder freilegt.

Im Kapitel »EZB – *Riders on the Storm*« erfahren Sie, wie die Europäische Zentralbank (EZB), nachdem sie das Heft des Handelns in die Hand genommen hat, in kurzer Zeit vom Teil der Lösung zum wesentlichen Teil des Problems geworden ist. Wir zeichnen detailliert nach, wie die europäische Geldpolitik von einem Klon der stabilitätsorientierten Bundesbank zu einer beispiellosen Umverteilungsmaschine degeneriert ist und mit ihrer Negativzinspolitik die Grundregeln der Marktwirtschaft außer Kraft gesetzt hat.

Im letzten Kapitel »Verlust der Ordnung« verdeutlichen wir, wie die deutsche Politik die Soziale Marktwirtschaft immer stärker zu einer leeren Hülle verkommen lässt und jedes der konstituierenden Prinzipien gebrochen hat. Nur wer die Leerstelle versteht, die durch den fehlenden Ordnungsrahmen entstanden ist, kann die sich heute vollziehende, grundlegende Verschiebung der politischen Landschaft richtig einordnen. Wenn Deutschland selbst keine ordnungspolitische Orientierung mehr hat, wie will es dann erst in Europa dafür kämpfen?

All dies gefährdet den Wohlstand, den sozialen Zusammenhalt und die politische Stabilität in Europa. Uns beschäftigen aber nicht nur die Dynamiken, die uns in eine verhängnisvolle Pfadabhängigkeit geführt haben, sondern auch, wie wir unser Haus wieder wetterfest bekommen. Wir zeigen konkrete Handlungsoptionen auf, die zwar schmerzhaft, aber notwendig sind, um Vertrauen und Wettbewerbsfähigkeit wiederaufzubauen. Es ist höchste Zeit für eine Kursänderung. Raus aus der trügerischen Wohlstandsillusion, die durch immer neue und billige Schulden finanziert wird. Schluss mit einem Europa, bei dem Protektionismus, Umverteilung und Zentralismus der kleinste gemeinsame Nenner sind. Weg von einem Staat, der immer weiter in die persönliche Freiheit eingreift und die Bürger durch bevormundende Detailregulierung entmündigt. Hin zu einem starken Staat, der einen verlässlichen Ordnungsrahmen schaffen, Grenzen schützen und Regeln durchsetzen kann. Mut zu einem Europa, das Bürgernähe durch Subsidiarität lebt, das die gewaltigen Potenziale des Binnenmarkts durch Vielfalt und Wettbewerb nutzt, das die strikte Trennung von Geld- und Fiskalpolitik einhält und das Handlung und Haftung wieder zusammenführt. Zurück zu Freiheit und Verantwortung.

■ Der Weg des Euro

»Eines Tages wird alles gut sein, das ist unsere Hoffnung.
Heute ist alles in Ordnung, das ist unsere Illusion.«
Voltaire, Candide oder der Optimismus, 1759

»Wirtschaftliche Fehler oder Sünden werden nicht dadurch geheilt, dass man sie europäisch proklamiert.«
Ludwig Erhard, Brief an Konrad Adenauer, April 1956

Stabilitätsunion oder auf Sand gebaut?

Seit über einem Jahrzehnt befindet sich die Europäische Union im Krisenmodus. Die permanente Eurorettung und die deutsche Politik der offenen Grenzen haben dem europäischen Projekt harte Schläge versetzt. Inzwischen befindet sich die EU an einer historischen Wegscheide: Entweder wird aus der bisherigen Schuldenvergemeinschaftung durch die Hintertür nun endgültig eine Transferunion,* oder es gelingt eine Rückbesinnung auf den Geist von Maastricht, nach dem jeder Mitgliedstaat selbst für die Verpflichtungen einsteht, die er eingeht. Die Auswirkungen werden nicht nur wir alle, sondern auch unsere Kinder und sogar deren Kinder zu spüren bekommen.

Höchste Zeit also, sich intensiv mit der Frage zu beschäftigen, wo genau Europa heute wirklich steht. Die Phase der nächtlichen Krisensitzungen ist vorerst überstanden. Im März 2018 erklärte Bundeskanzlerin Angela Merkel in ihrer Regierungserklärung die Krise bereits für beendet:

* Mit einer Transferunion würde eine Art Länderfinanzausgleich in der EU etabliert, bei dem die reicheren Nordländer Ausgleichszahlungen an den wirtschaftlich schwächeren Süden zahlen würden. Der Süden hätte keinen Druck mehr, seine preisliche Wettbewerbsfähigkeit über Strukturreformen wiederzuerlangen. Die Wettbewerbsschwäche würde zementiert.

> Nachdem die akute Krise des Euro bewältigt ist und auch Griechenland Chancen hat, sein Programm zu verlassen, nachdem alle Mitgliedstaaten des Euroraums wieder wachsen und die Arbeitslosigkeit sinkt, geht es jetzt um die langfristige Absicherung und Stabilität des Währungsraums, um (…) eine abschließende Struktur der Zusammenarbeit im Euroraum.[1]

Auch Kommissionspräsident Jean-Claude Juncker verkündete im September 2018 stolz die Fortschritte: »Die Haushaltslage hat sich in der EU deutlich verbessert: Das durchschnittliche öffentliche Defizit der Mitgliedstaaten ist von 6,6 % im Jahr 2009 auf voraussichtlich 0,8 % im Jahr 2018 gesunken.«[2]

Das hört sich zunächst gut an. Doch bei einem Blick hinter die glänzende Fassade offenbart sich ein ernüchterndes Bild. Was vergleicht Juncker eigentlich, um eine Verbesserung diagnostizieren zu können? Auf der einen Seite zieht er 2009 heran, das Jahr nach der Jahrhundertkrise. Aufgrund der erdrutschartigen Einbrüche des Wirtschaftswachstums kämpften damals sämtliche Staaten mit riesigen Rettungs- und Konjunkturprogrammen gegen einen Totalzusammenbruch an. Auf der anderen Seite verweist er mit 2018 auf ein Jahr, das von einer der längsten wirtschaftlichen Aufschwungsphasen aller Zeiten profitiert und den Rückenwind einer historisch einmaligen geldpolitischen Unterstützung nutzen kann. Wer in solchen Jahren keinen ausgeglichenen Haushalt vorlegt, dem wird es nie gelingen. Vor diesem Hintergrund ein geringeres Defizit als erfolgreichen Konsolidierungskurs zu verkaufen, ist wohlwollend ausgedrückt irreführend. Die Haushaltslage in Europa hat sich alles andere als entspannt. Sie hat sich dramatisch zugespitzt.

Nahezu zeitgleich zur frohen Kunde von Merkels Regierungserklärung kauft Bridgewater, einer der größten Hedgefonds der Welt, für viele Milliarden Euro europäische Aktien leer. Während die Politik zufrieden auf das vermeintlich getane Werk blickt, laufen gigantische Wetten gegen Europa – insbesondere gegen den Bankensektor. Aber nicht nur das. Fast noch schlimmer ist, dass Europas Bürger sich vom europäischen Projekt abwenden: In Italien wählen zu dieser Zeit siebzig Prozent der Wähler euroskeptisch oder -feindlich. Mit Großbritannien scheidet der zweitgrößte Nettozahler aus der

EU aus. Während Experten zu diesem Zeitpunkt die Nullzinspolitik der EZB bereits als Auslöser für die größte Blase aller Zeiten bezeichnen, erweist sich auch die Einschätzung als falsch, Griechenland könne an die Märkte zurückkehren und seine Wettbewerbsfähigkeit wiedererlangen. Nur wenige Monate später wird die Bundesregierung die zwei Versprechen, die für die Zustimmung zum dritten Hilfspaket Voraussetzung waren, brechen. Es gibt keine Beteiligung des Internationalen Währungsfonds (IWF) und Griechenland erhält erneut Schuldenerleichterungen in Milliardenhöhe.

Fraglos haben politische Entscheidungsträger wie Juncker und Merkel ein großes Interesse daran, die Wahrnehmung entstehen zu lassen, dass ihre dauerhafte Krisenpolitik funktioniert. Aber volkswirtschaftlicher Erfolg lässt sich nicht herbeireden. Die ökonomischen Fundamentaldaten stehen der Aussage, dass die Krise vorbei sei, diametral entgegen. Der ohnehin zu hohe Schuldenstand hat in fast allen Euroländern trotz Fiskalpakt noch einmal deutlich zugenommen. Die Jugendarbeitslosigkeit liegt in vielen Südländern weiterhin bei rund dreißig Prozent, und die Industrieproduktion verharrt auf einem Stand, der unter dem Vorkrisenniveau von 2007 liegt.[3] Weder für die unzureichende Wettbewerbsfähigkeit einiger Südländer noch für die wachstumshemmenden faulen Kredite in den Bankbilanzen oder die unverantwortlich aufgetürmten Staatsschuldenberge gibt es überzeugende Strategien – von einer abgestimmten Antwort auf die ungebremsten Migrationsströme ganz zu schweigen. Wir befinden uns deshalb weiterhin mitten in der Finanzkrise. Der bisherige politische Kurs hat die Probleme mit viel billigem Geld und immensen neuen Schulden nur überdeckt, gelöst hat er sie nicht. Fatale Ungleichgewichte haben sich aufgebaut – Banken verdienen nicht genug, Staaten sind zu hoch verschuldet und Notenbankbilanzen aufgebläht. Kleinigkeiten reichen aus, um das fragile ökonomische Gebilde einstürzen zu lassen. Wir kommen an schmerzhaften Aufräumarbeiten nicht mehr vorbei. Im Gegenteil: Je höher wir die Schuldentürme in den Himmel bauen und je stärker wir die Blasen an den Finanzmärkten aufblähen, desto lauter wird der Knall, mit dem das aktuelle System zusammenbricht.

Schulden ohne Sühne?

Immer wieder hieß es, die Eurokrise sei eine Schulden- und Vertrauenskrise. Sehen wir uns den Verlauf der Staatsverschuldung in der Eurozone doch etwas genauer an. Zu Beginn der Krise lag die durchschnittliche Staatsverschuldung bei knapp 65 Prozent des Bruttoinlandsprodukts (BIP) und damit zumindest in der Nähe der Maastricht-Kriterien. Bis 2014 ist sie auf den Höchststand von 94,2 Prozent des BIP hochgeschnellt. Seitdem ist der Schuldenstand im Verhältnis zur Wirtschaftsleistung auf 87,2 Prozent etwas zurückgegangen.

Wer aber denkt, dem läge eine durchgreifende Konsolidierung der Staatsfinanzen zugrunde, irrt gewaltig. Die leichte Verbesserung ist nahezu ausschließlich das Ergebnis einer guten Konjunktur und sehr niedriger Zinsen. Strukturelle Fortschritte oder ein wirkliches Umsteuern hat es nie gegeben. Zudem spiegelt der leichte Schuldenrückgang seit 2014 keineswegs einen generellen Trend wider, vielmehr ist er wesentlich von der Haushaltskonsolidierung in Deutschland bestimmt. Ohne Deutschland läge die Schuldenquote des Euroraums mit 98,0 Prozent des BIP noch um 11 Prozentpunkte höher.[4] Gerade in drei wichtigen europäischen Kernländern hat sich so gut wie nichts getan. Frankreich, Italien und Spanien weisen zusammen eine durchschnittliche Schuldenquote von 108 Prozent des BIP auf (Siehe Abbildung 1).

Der Stabilitätspakt sieht vor, dass der Höchststand der Staatsschulden sechzig Prozent des BIP nicht übersteigen darf. Diese Marke vermögen viele Eurozonen-Länder selbst mit dem Fernrohr nicht mehr zu erkennen: In Frankreich, Spanien, Belgien und Zypern liegt die Verschuldung im ersten Quartal 2019 bei rund 100 Prozent des BIP, in Portugal über 120 Prozent, in Italien über 130 Prozent und in Griechenland bei 177 Prozent. Vor dem Hintergrund der guten Konjunkturentwicklung und beispiellos niedriger Zinsen lassen sich die ausbleibenden Konsolidierungsfortschritte nur mit einem mangelnden politischen Willen erklären, der die Zukunftschancen der nächsten Generation offenen Auges verspielt.

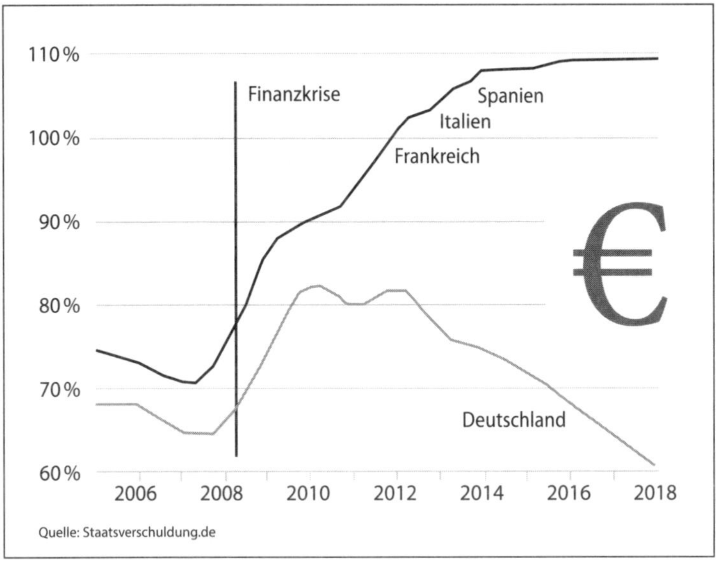

Abb. 1: Die Schere der Schulden.

Die Staatsschulden sind jedoch nicht das einzige Problem. Zusätzlich haben sich in den letzten Jahren weitere versteckte Schuldenberge aufgetürmt. Faule Kredite in den Bankbilanzen, Target-Salden und unproduktive Zombie-Unternehmen stellen Risiken dar, die sich hinter dem Vorhang immer sichtbarer akzentuieren – wir werden darauf noch zurückkommen. Natürlich ist die Schuldenorgie kein originär europäisches Problem. In den letzten zehn Jahren ist die weltweite Verschuldung von Staaten, Unternehmen und Privathaushalten um über 50 Billionen Dollar auf 246,5 Billionen Dollar gestiegen – und hat damit weit mehr als das Dreifache der Wirtschaftsleistung erreicht.[5] Am Beispiel der USA lässt sich die Dimension anschaulich darstellen. In Barack Obamas Amtszeit haben sich die Staatsschulden von zehn auf zwanzig Billionen Dollar verdoppelt. Das heißt: Um die ersten zehn Billionen Dollar Schulden anzusammeln, haben die USA zweihundert Jahre benötigt. Für die zweiten zehn Billionen reichten ihnen zwei Amtszeiten. Auch chinesische Unternehmen haben zwischen 2006 und 2016 mit einem Schuldenanstieg von 14,4 Billionen

Dollar kräftig zugelangt – das ist viermal mehr als die jährliche Wirtschaftsleistung Deutschlands. Ob private Haushalte, Unternehmen oder Regierungen, ob Europa, Asien oder Amerika, ob Industrie- oder Schwellenländer – die Welt versinkt in Schulden.

Bis heute bekämpfen wir die Schuldenkrise, indem wir unsere Schuldentürme auf täglich unsichererem Boden immer höher bauen. Doch damit nicht genug. Nahezu alle Vorschläge, die zur Reform der Eurozone vorliegen und auf die wir in diesem Buch eingehen werden, sind Maßnahmen, die lediglich die Aufnahme weiterer Schulden erleichtern. Das kann kein nachhaltiger Weg sein.

Weltweit wachsen neue Unsicherheitsfaktoren heran, wie etwa die Gefahr eines Handelskrieges, der Brexit oder die sich zuspitzenden Probleme mit dem italienischen Haushalt. Europa hat es in den letzten Jahren verschlafen, die Weichen in Richtung Resilienz und Zukunftsfähigkeit zu stellen. Dreht sich der Konjunkturwind, hat Europa kaum Spielraum, darauf zu reagieren. Die hohen Staatsschulden verhindern fiskalische Antworten und die Zinsen der Notenbanken liegen ohnehin schon bei null. Die prekäre Lage der Staatsfinanzen im Euroraum wird unweigerlich wieder in das Blickfeld der Öffentlichkeit geraten.

Vertrauen ist nicht alles, aber ohne Vertrauen ist alles nichts!

Neben zu hohen Schulden ist fehlendes oder verloren gegangenes Vertrauen in die europäischen Institutionen und ihre Vertreter ein zweiter zentraler Aspekt der Eurokrise. Und auch hier scheinen wir in einer ungebremsten Abwärtsdynamik gefangen. Denn so wie wir Schulden mit immer mehr Schulden bekämpfen, versuchen wir auch, die eklatanten Folgen von Regelbrüchen mit weiteren Regelverstößen zu heilen.

Griechenland etwa ist in die Krise geraten, weil es über Jahre unverfroren die gemeinsamen Finanzregeln missachtet und seine Partner bewusst mit gefälschten Zahlen betrogen hat. Statt ein Zeichen zu setzen, dieses Verhalten, das die gesamte europäische Gemeinschaft gefährdet, nicht mehr zu akzeptieren, wurde kurzerhand die *No-bail-out-Klausel* außer Kraft gesetzt. Diese wichtige Stabilitätssäule verbietet es den Euroländern, ein anderes überschuldetes Land mit europäischen Staatsgeldern vor den Folgen unsolider Finanzpolitik zu retten.

Christine Lagarde, damalige französische Finanzministerin und jetzige Präsidentin der EZB gestand 2010 freimütig ein: »Wir haben alle Regeln gebrochen, weil wir die Reihen schließen und die Eurozone retten wollten.«[6]

Ein Regelbruch – hier so offen eingestanden – passt jedoch nicht mit einer Ordnungspolitik zusammen, die einen starken Rahmen und ein verbindliches Regelwerk verlangt. Politik muss nicht nur Regeln durchsetzen, sie muss sich vor allem auch an sie halten. Beides gelingt ihr in Europa nicht. Trauriges Anschauungsmaterial dafür bietet der Stabilitätspakt: Er ist ein Paradebeispiel dafür, wie Regeln, die nicht eingehalten werden, erst ihre Bindungskraft verlieren und dann zur reinen Makulatur verkommen. Die EU-Kommission hat bei über hundertsechzig Verstößen gegen den Pakt nie (!) Sanktionen verhängt.

Wie schlecht es um den Stabilitätspakt heute bestellt ist, erkennt man an zwei erschütternden Reaktionen. Als Frankreich 2016 mal wieder die Vorgaben des Paktes gerissen hatte, wurde Kommissionspräsident Juncker gefragt, warum seine Behörde Nachsicht walten lasse. Seine Antwort: »Weil es eben Frankreich ist.« 2018 schrieb die damalige italienische Regierung zahllose unrealistische, nicht zu finanzierende Projekte in den Koalitionsvertrag. Ein provokativer Verstoß gegen die EU-Regeln zur Verschuldung. »*Me ne frego*, Scheißegal«, brachte *Lega*-Chef Matteo Salvini seine Wertschätzung für die Brüsseler Vorgaben unmissverständlich zum Ausdruck.

Nicht umsonst aber hat Walter Hallstein, der erste Präsident der Europäischen Kommission, darauf hingewiesen, dass Europa eine Rechtsgemeinschaft ist. Eine politische Praxis, so Hallstein, die das ignoriert, und die eigenen Regeln permanent biegt und bricht, legt einen Sprengsatz an das Projekt. Denn Europa kann nur funktionieren, wenn das Recht respektiert wird. Ohne Verlässlichkeit des Rechts kann es kein Vertrauen in das Recht geben. Vertrauen in das Recht ist aber die Voraussetzung für die Bereitschaft, sich weiter auf das europäische Projekt einzulassen.

Die Krisenmaßnahmen der letzten Jahre haben Europa verändert. Wurde in der bisherigen, über sechzigjährigen Integrationsgeschichte seit dem Vertrag von Rom planvoll, austarierend und verhandelnd vorgegangen, prägen jetzt Notoperationen auf der Intensivstation das Szenario. Die dabei vollzogenen Regelbrüche haben kostbares Vertrauen aufgezehrt.

Wer glaubt jetzt noch daran, dass, wenn wir die Integrationsschraube noch tiefer drehen, noch tiefer in die nationale Souveränität eingreifen, Regeln dann eingehalten würden?

Der Kampf der Wirtschaftskulturen

Stellen Sie sich eine Fußballmannschaft vor, die von zwei Trainern gecoacht wird. Bei einem wichtigen Spiel steht es kurz vor Schluss unentschieden. Auf der einen Seite des Platzes steht der eine Trainer. Er fordert die Mannschaft auf, mit aller Kraft nach vorne zu spielen, um den entscheidenden Treffer zu erzielen. Auf der gegenüberliegenden Seite steht der andere Trainer. Er ruft den Spielern zu, sich hinten rein zu stellen, um das Ergebnis abzusichern und bloß keinen Gegentreffer mehr zu kassieren. Während die Hälfte der Mannschaft in die eine Richtung rennt, läuft der Rest in die entgegengesetzte. Keine der beiden Strategien kann ihre Wirkung entfalten und das Spiel gerät außer Kontrolle.

In genau dieser Situation befindet sich die Eurozone. Es gibt bis heute keine Einigung darüber, welcher ökonomischen Grundphilosophie man eigentlich folgen will. Der deutschen Ordnungspolitik steht die französische Planifikation gegenüber. Wenn in Berlin und Paris von »Wirtschaftsregierung«, »politischer Union« oder »Fiskalunion« gesprochen wird, verwenden zwar beide Seiten dieselben Begriffe, meinen damit jedoch grundsätzlich Verschiedenes. Hier stehen nicht etwa kleine Definitionsunterschiede einander im Weg, vielmehr prallen vollkommen unterschiedliche Konzepte aufeinander, die in vielen Punkten unvereinbar sind. Schon Ludwig Erhard hat gesagt: »Man kann nicht auf der einen Seite Wettbewerb und auf der anderen Seite Planung, Planifikation oder Programmierung haben wollen.« Die unbequeme Wahrheit, der wir uns stellen müssen, lautet: Gibt es keine Einigung auf eine der beiden Strategien, sind die Voraussetzungen für das langfristige Funktionieren der Währungsunion schlicht nicht gegeben.

Der deutsche Princeton-Ökonom Markus Brunnermeier, der ehemalige Vizepräsident der französischen Notenbank Jean-Pierre Landau und der britische Wirtschaftshistoriker Harold James warnen in ihrem Buch *Euro: Der Kampf der Wirtschaftskulturen* davor, dass Deutsche und Franzosen letztlich den Euro gefährden, weil sie wirtschaftspolitisch keine konstruktiven Lösungen finden. Die drei Autoren haben die vier wesentlichen Unterschiede in den Konzepten – die sie treffend als ideologischen Rheingraben bezeichnen – so prägnant herausgearbeitet, dass wir ihre Darstellung hier aufgreifen.[7]

Der erste Unterschied betrifft demnach die Auffassungen von Regeln und Flexibilität. Während die Deutschen ein verbindliches Regelwerk bevorzugen, das möglichst alle Abläufe und Konsequenzen im Vorfeld festlegt, plädieren die Franzosen für einen Rahmen, der dem Staat viel Freiraum für mögliche Interventionen und aktives Krisenmanagement einräumt.

Zweitens stellt der ordnungspolitische Grundpfeiler, dass Handlung und Haftung nicht getrennt werden dürfen, ein Kernelement der deutschen Denkrichtung dar, hingegen steht in der französischen Sichtweise die Solidarität im Vordergrund. Dieser Konflikt ist in der Griechenlandkrise aufgebrochen, als Wolfgang Schäuble 2015 in der Eurogruppe konkret einen Grexit auf Zeit vorschlug und Frankreich ein Ausscheiden Griechenlands kategorisch ausschloss.

Der dritte Unterschied bezieht sich auf die Lesart der Finanzschwierigkeiten von Banken und Staaten. Während die Franzosen typischerweise ein temporäres Liquiditätsproblem unterstellen, das gelöst werden kann, wenn man nur seine Bazooka herausholt und finanzielle Stärke demonstriert, hat man es aus deutscher Sicht im Zweifelsfall mit einer Insolvenz zu tun, die eine grundlegende Restrukturierung oder eine Abwicklung erfordert. Hier zeigt sich das Spannungsfeld zwischen einer Spar- und Reformpolitik, mit der die Deutschen auf Krisen antworten wollen, und den Konjunkturprogrammen im Stile John Keynes, mit deren Hilfe die französische Seite bevorzugt Krisen abmildert.

Die Pattsituation zwischen Deutschland und Frankreich hat Europa lange blockiert. Es wurde und wird bis heute zwanghaft versucht, alle widerstreitenden Forderungen durch mehrdeutige Auslegungsmöglichkeiten gleichzeitig abzubilden und unentschieden zu lassen. Nach der Krise 2008 stießen die deutsche und die französische Denkschule hart aufeinander und es trat offen zutage, dass eine janusköpfige Wirtschaftspolitik nicht funktioniert.

Natürlich ist die Freundschaft zwischen Deutschland und Frankreich eine der größten Errungenschaften des europäischen Projektes. Dennoch behindern die unterschiedlichen Wirtschaftsphilosophien dieser Länder das Funktionieren der Währungsunion fundamental.

Frankreichs Präsident Emmanuel Macron versucht unübersehbar, das europäische Pendel maßgeblich in die Richtung französischer Vorstellungen ausschlagen zu lassen. Damit ist auch ein neuer Ton in die Debatte eingezogen. Unter dem Vorwand, beide Wirtschaftsphilosophien zu diskutieren und gemeinsam Lösungen für Europa zu ergründen, diskreditiert Frankreich die deutsche Position immer mehr. Besonders bezeichnend dafür steht Macrons Bemerkung in seiner Preisträger-Rede anlässlich der Verleihung des Karlspreises: »Es darf in Deutschland keinen ewigen Fetisch für den Haushalts- und Handelsüberschuss geben, denn das geht immer auch zulasten anderer.«[8]

Bereits Monate zuvor hatte Macron die deutsche Europapolitik mit der Aussage paralysiert, er habe keine roten Linien, sondern kenne nur Horizonte,[9] lag doch bis dahin ein zentraler Fokus darauf, immer weitgreifendere Forderungen der Südeuropäer nach Haftungsvergemeinschaftung abzulehnen. Nach Macrons verbaler Muskelspielerei traute man sich selbst dann nicht aus der Defensive, als der französische Finanzminister Bruno Le Maire den deutschen Vorschlag einer Insolvenzordnung für überschuldete Eurostaaten brüsk als rote Linie für Frankreich abräumte oder der Eurohaushalt von französischer Seite als »unverhandelbar« klassifiziert wurde – als gäbe es keine anderen Staaten, die ein Recht auf Mitentscheidung bei einer so wichtigen Frage hätten.

Macron ist es gelungen, den Eindruck zu vermitteln, sämtliche Probleme der EU wären gelöst, wenn Deutschland sich nur endlich bewegte. Paris wartet auf Berlin, lautete die unüberhörbare Botschaft. In Wirklichkeit warten wir seit Jahren auf Frankreich. Denn Europa braucht ein wirtschaftlich starkes Frankreich. Das letzte Mal jedoch, dass eine französische Regierung einen ausgeglichenen Haushalt vorlegte, war im Jahr 1974 – drei Jahre bevor Emmanuel Macron geboren wurde. Bei vielen ökonomischen Daten weist Frankreich besorgniserregende Schwachstellen auf: von der geringen Produktivität bis zu der im EU-Raum rekordhohen Staatsquote (dem Verhältnis von Staatsausgaben zum BIP) von 56,5 Prozent, von der hohen Jugendarbeitslosigkeit bis zur ebenfalls rekordverdächtigen Abgabenquote, also dem Verhältnis der Steuern und Sozialabgaben zum BIP. Auch die Chancengleichheit ist in Frankreich besonders schlecht ausgeprägt. Die Organisation für wirtschaftliche Zusammenarbeit und Entwicklung (OECD) hat vorgerechnet, dass es in Frankreich sechs Generationen, hundertachtzig Jahre, braucht, um aus der Armutsspirale auszubrechen. Wenn Macron die EU stärken will, muss er sein eigenes Land reformieren. Er hat begonnen, diesen Kraftakt anzugehen und die verkrusteten Strukturen aufzubrechen, die Reform des Arbeitsrechts und die Senkung der Unternehmenssteuer sind starke Signale. Seine wirtschaftspolitischen Reformvorschläge für Europa können dagegen nicht überzeugen. Der französische Wirtschaftswissenschaftler Charles Wyplosz sieht in ihnen vor allem das (französische) Ziel, dafür zu sorgen,

> dass die Rahmenbedingungen überall in der EU so schlecht sind wie in Frankreich mit seiner verkorksten Wirtschaft, seinen funktionsunfähigen Arbeitsmärkten und seiner erdrosselnden Besteuerung. Deshalb immer

> wieder die Leier von Steuerharmonisierung, Sozialdumping und koordiniertem Arbeitslosengeld. Auch so kann man seine Wettbewerbsfähigkeit verbessern: Man bringt die anderen dazu, dass sich alle ins eigene Knie schießen. Dann haben wir wenigstens alle ein Loch im Knie und sind darin Brüder.[10]

Wenn wir eine Debatte über Europa führen wollen, müssen wir also zunächst einsehen, dass wir ein Schuldenproblem haben und dass die Logik einer Union zwingend Regeleinhaltung vorsieht. Und wir müssen begreifen, dass der Euro nicht auf stabilem Grund gebaut ist, solange er als Hybrid aus gegenläufigen Ideen und als Produkt von Problemen bloß aufschiebenden Formelkompromissen gehandhabt wird. Um die Tragweite dieses Dilemmas zu verstehen, ist es lohnenswert, sich zunächst die drei Phasen zu vergegenwärtigen, die der Euro bisher durchlebt hat.

» PHASE 1: Die scheinbar glückliche Kindheit

»Politische Einheit kann den Weg für einen einheitlichen Währungsraum ebnen. Aber ein einheitlicher Währungsraum, der unter ungünstigen Bedingungen eingeführt wird, wird sich als Hindernis für die politische Einheit erweisen.«
Milton Friedman

»Billige Kredite waren der Kitt, der das Euro-Währungsgebiet während des ersten Jahrzehnts seiner Existenz zusammenhielt.«
Thomas Mayer

Bei Diskussionen über die Eurokrise stößt man immer wieder auf das Argument, dass der Euro in den ersten knapp zehn Jahren doch reibungslos funktioniert habe und man nur zum damaligen Zustand zurückkommen müsse. Diese Sichtweise verkennt, dass Deutschland nach der Einführung des Euro zunächst in eine gewaltige Wirtschaftskrise geriet und zum »kranken Mann Europas« wurde. Noch entscheidender aber ist, dass es nie eine glückliche Kindheit des Euro gegeben hat, sondern sich in dieser Zeit die Ungleichgewichte gebildet haben, die uns bis heute wie Mühlsteine um den Hals liegen.

Zurechtrücken muss man auch das Bild, die Eurokrise sei lediglich die Folge der vorhergegangenen Finanzkrise, die 2008 in den USA ihren Ursprung hatte. Diese Interpretation lenkt von den zahlreichen Fehlern und strukturellen Versäumnissen der ersten Eurojahre ab. Auch ohne die Hypothekenkrise wäre es unweigerlich zur Eurokrise gekommen. Die Exzesse diesseits des Atlantiks waren nicht weniger extrem als jenseits davon. Hier wie dort haben Länder massiv über ihre Verhältnisse gelebt.

Der Euro war von Anfang an mehr als eine Währung. Er war Ausdruck für eine mutige und überzeugende politische Vision und sollte ein markantes, greifbares Symbol für die Einheit, Identität und Zusammenarbeit in Europa sein. So erhielt der Euro bereits 2002 den renommierten Karlspreis mit der Begründung, »dass gerade aus dem EURO ein völlig neues Gefühl der Zusammengehörigkeit in der Union erwachsen wird«.[11] Das war das bis heute einzige Mal, dass der Preis nicht an eine Person oder Personengruppe, sondern an einen Sachgegenstand ging.

Doch sosehr die Idee hinter dem Euro auch begeistert hat – und sie tut es noch heute –, so groß waren auch die ökonomischen Herausforderungen und Risiken. Ein optimaler Währungsraum zeichnet sich dadurch aus, dass die Wirtschaftsräume ähnlich, also homogen, und die Produktionsfaktoren – Kapital und Arbeitskräfte – mobil sind. In der Eurozone war und ist nichts davon der Fall.

Es wundert also nicht, dass die kritischen Stimmen vor der Einführung des Euro laut und deutlich waren. Bereits 1992 warnten sechzig Wirtschaftsprofessoren in einem eindringlichen Appell:

> Die überhastete Einführung der europäischen Währungsunion wird Westeuropa starken ökonomischen Spannungen aussetzen, die in absehbarer Zeit zu einer Zerreißprobe führen können und damit das Integrationsziel gefährden.[12]

Sechs Jahre später, 1998, versuchten weitere hundertsechzig Ökonomen einen ähnlichen Aufruf. Sie wurden aber mit dem Verweis auf die politische Strahlkraft des Projekts und dem Argument abgefertigt, dass der gemeinsame Euro zur Angleichung und Konvergenz der Wirtschaftspolitik und damit zum Funktionieren der Währungsunion beitrüge.

Diese Begründung war das Herzstück der sogenannten Lokomotivtheorie. Die gemeinsame Währung sollte möglichst rasch eingeführt werden, da diese dann wie eine »Lokomotive« die Vertiefung der Integration beschleunigen und aufgrund von Sachzwängen zu einer schrittweisen Vereinheitlichung der Wirtschafts- und Finanzpolitik führen würde. Eine Vielzahl von Kritikern zweifelte an diesem Argument. So schrieb Wirtschaftsnobelpreisträger Milton Friedman in seinem berühmten Aufsatz kurz vor der Euro-Einführung:

> Ich glaube, dass die Einführung des Euro den gegenteiligen Effekt haben wird. Sie wird politische Spannungen verschärfen, indem sie divergente Schocks, die durch Änderung der Wechselkurse leicht hätten gemildert werden können, zu umstrittenen politischen Themen macht.[13]

Der Euro wurde entgegen der Warnungen eingeführt. Die Regelbeugung und -verletzung waren von Anfang an ständige Begleiter der EWU – Italien und Griechenland werden aufgenommen, obwohl sie augenscheinlich die Kriterien nicht erfüllen. Kritiker und Untergangsauguren zitierten damals gern und häufig den Dichter Matthias Claudius: *Mors certa, hora incerta* – der Tod ist gewiss, die Stunde ungewiss. Doch was geschah? Das Zeitalter des Euro startete ausgesprochen vielversprechend. Nahezu alle beteiligten Länder erlebten – mit Ausnahme von Deutschland und Italien – ein beträchtliches Wirtschaftswachstum und der Euro wurde zur zweitwichtigsten internationalen Reservewährung* nach dem US-Dollar. Die Inflation war im Zielkorridor der EZB und es sah aus, als ob Länder wie Irland, Griechenland oder Spanien wirtschaftlich zu den großen Ländern Mitteleuropas aufschließen würden. Ein scheinbarer Sieg über alle Skeptiker.

Zudem schien die Ordnungspolitik für den Stabilitätsrahmen

---

* Reservewährungen sind Ankerwährungen, in denen im internationalen Handel Geschäfte oder Transaktionen durchgeführt werden und in denen andere Länder einen Teil ihrer Währungsreserven halten. Sie zeichnen sich durch eine hohe Wertstabilität aus und sind voll konvertibel zu anderen Währungen.

der Eurozone stilgebend zu sein. Die EZB sollte die unabhängigste Notenbank der Welt sein und in der Stabilitätstradition der Bundesbank stehen. Ein Leitbild, das mit dem damaligen EZB-Chefvolkswirt Otmar Issing ein überzeugendes Gesicht erhielt. Dazu sollten der Stabilitätspakt und die No-bail-out-Klausel die Einheit von Handlung und Haftung sicherstellen. Diese Grundverfasstheit war glaubwürdig. Selbst der deutsche Sachverständigenrat lobte in seinem Jahresgutachten 1998:

> Wir sehen in der damit verbundenen institutionellen Absicherung des Stabilitätsversprechens eine gute Grundlage dafür, die Vorbehalte und Befürchtungen, die es in Deutschland immer noch gegenüber dem europäischen Geld gibt, erfolgreich zu überwinden.[14]

Im März 2000 riefen die europäischen Staats- und Regierungschefs auf einem Sondergipfel in Lissabon das ambitionierte Ziel aus, Europa bis zum Jahr 2010 zum wettbewerbsfähigsten und dynamischsten wissensgestützten Wirtschaftsraum der Welt zu machen.[15]

Aber es kam anders. 2010 befanden sich die EU und insbesondere der Euroraum in einer existenziellen Krise. Statt wie geplant mit wirtschaftlicher Wettbewerbsfähigkeit auftrumpfen zu können, musste man erkennen, dass viele Länder ihre Wettbewerbsfähigkeit nachhaltig und verantwortungslos eingebüßt hatten. Die scheinbar glücklichen Anfänge des Euro entpuppten sich als eine reine Illusion und Teil einer weltweiten Kreditblase.

Billige Kredite halten den Euro zusammen

Das ordnungspolitische Gerüst des Euro wurde nie mit einer ernsthaften Vereinbarung zum Umgang mit dem Risiko eines Staatsbankrotts unterlegt. Genau die Art deutsch-französischer Formelkompromiss, von der bereits die Rede war. Ihr kriegt No-bail-out, aber wir legen keine Austrittsregeln fest. Nicht Fisch, nicht Fleisch. Die Märkte unterstellten deshalb einen impliziten Haftungsverbund: Sie gingen davon aus, dass im Härtefall die No-bail-out-Klausel gebrochen werde und »Schuldensünder« von Deutschland aufgefangen

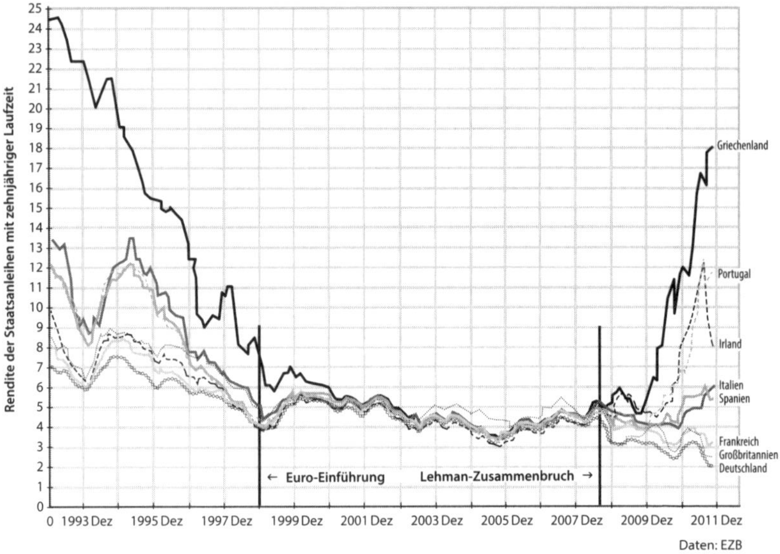

Abb. 2: Zinskonvergenz nach der Euro-Einführung.

würden. Die Finanzmarktaufsicht und die EZB setzten Signale, die die Marktteilnehmer darin bestärkten: Sie betrachteten (und tun es noch heute) alle Staatsschulden im Euroraum regulatorisch als nicht risikobehaftet.

Vor diesem Hintergrund sanken nach der Einführung des Euro die Zinssätze aller Euroländer auf deutsches Niveau. Viele Staaten und ihre Bürger hatten so niedrige Zinsen noch nie erlebt und deckten sich großzügig mit billigem Geld ein. Ein Blick auf Abbildung 2 zeigt die Entwicklung zu dieser Zinskonvergenz und macht deutlich: Die Euro-Bonds, nach denen viele heute noch rufen, bestanden de facto schon damals! Gegen jede Logik konnte sich Griechenland 2005 nahezu genauso günstig verschulden wie Deutschland. Wie dieser Film endete, wissen wir nur allzu gut: Frankreich und Italien büßten ein Drittel ihrer Anteile auf dem Weltmarkt ein. In Ländern wie Griechenland oder Portugal überschuldeten sich der private und der öffentliche Sektor bis über beide Ohren. Und Spanien pustete eine groteske Immobilienblase auf.

Im Grunde boten seinerzeit die günstigen Refinanzierungskonditionen die einmalige Chance, die Länder der Peripherie wirtschaftlich auf ein höheres Niveau zu heben. Doch die Gelegenheit blieb ungenutzt und die Länder versäumten es, ihre Infrastruktur zu verbessern, das Investitionsklima zu fördern und die Wettbewerbsfähigkeit zu erhöhen.

Stattdessen erlagen viele Staaten den Verlockungen des billigen Geldes, blähten den Staatsapparat auf und lösten alle Probleme mit immer neuen Krediten. Um höhere Löhne zahlen zu können, fuhren sie die Staatsverschuldung hoch. In Griechenland und Irland stiegen die Löhne etwa im öffentlichen Dienst von 1999 bis 2009 um über hundert Prozent. Zum Vergleich: Der Anstieg in Deutschland lag lediglich bei 13 Prozent. Das Leben auf Pump breitete sich aus. Hans-Werner Sinn fasste diese Entwicklung pointiert zusammen:

> Der Staat verteilt mehr Geld für Gehälter, Renten, Transferzahlungen, die Menschen geben das Geld für Restaurantbesuche aus, der Restaurantbesitzer geht zum Friseur, das eine oder andere Haus kann finanziert werden. Mit Schulden lässt sich immer ein keynesianischer Aufschwung erzeugen. Nur ist ein solcher Aufschwung nicht nachhaltig, weil die Schuldenlast erdrückend wird.[16]

Die kreditfinanzierten Lohnerhöhungen lagen deutlich über dem Wachstum der Arbeitsproduktivität dieser Länder. Wachsen die Löhne über einen längeren Zeitraum schneller als die Produktivität, ruiniert das die Wettbewerbsfähigkeit: Der Export geht massiv zurück, da die eigene Produktion für den internationalen Wettbewerb zu teuer ist. Stattdessen verschuldeten sich die Länder immer höher und bauten massive Leistungsbilanzdefizite auf. Der Stabilitätspakt, der ausufernde Staatsverschuldungen verhindern sollte, wurde 2003 erst von Frankreich und Deutschland »gemeuchelt«[17] – wie Otmar Issing es nannte – und anschließend so verwässert, dass er keine Bindungskraft mehr besaß.

Neben der hohen öffentlichen Verschuldung gab es einen weiteren Treiber, den niemand auf dem Schirm hatte. Die private Verschuldung. So vermied etwa Spanien eine hohe Staatsverschuldung, dafür fachte das billige Geld eine wahnwitzige Immobilienblase an.

Während die sogenannten nominalen Zinsen für alle Länder purzelten – sich also alle Staaten zum selben niedrigen Zinssatz verschulden konnten –, verliefen die Inflationsraten weiterhin recht unterschiedlich. Insbesondere Spanien, Griechenland und Irland wiesen in den ersten Jahren der Währungsunion konstant überdurchschnittlich hohe Inflationsraten auf. Da die Zinsen sogar niedriger waren als die Inflation, wiesen diese Länder über längere Zeit sogenannte negative Realzinsen auf.[18] Das bedeutet, dass sie das Geld quasi geschenkt bekamen und sich bei Kreditfinanzierungen gegebenenfalls sogar verlustbringende Investitionsprojekte für sie lohnten.

Also lief in Spanien alles in Immobilien. 2006 wurden dort mehr Wohnungen fertiggestellt als in Italien, Frankreich und Deutschland zusammen. Spanische Banken finanzierten bereitwillig den vollen Kaufpreis inklusive sämtlicher Erwerbs- und Nebenkosten und winkten reihenweise 115-Prozent-Finanzierungen selbst bei fragwürdigster Bonität durch. So konnte jeder mitmachen. Jährliche Preissteigerungen der Immobilien von bis zu zwanzig Prozent befeuerten die Nachfrage. Zwischen 1999 und 2005 stiegen die spanischen Eigenheimpreise im Durchschnitt um traumhafte 165 Prozent. Selbst Ungelernte konnten auf dem Bau schon mal 5000 Euro und mehr im Monat verdienen. Viele junge Menschen brachen deshalb ihre Ausbildung oder ihr Studium ab.

Das Spiel ging so lange gut, wie die Kapitalmärkte bereit waren, die fehlende Wettbewerbsfähigkeit mit frischen Krediten zu kompensieren. Mit der Lehman-Pleite endete die Party 2008 schlagartig. In Spanien gingen die Baufirmen reihenweise zugrunde, viele junge Menschen standen plötzlich auf der Straße und zurück blieben unfertige und unbewohnte Geistersiedlungen. Bis 2013 verloren 500 000 Familien ihr Haus, ihre Wohnung oder ihren kleinen Laden. Die spanischen Banken saßen auf einem Berg von Immobilienkrediten, die nicht mehr bedient wurden, und mussten vom Staat gerettet werden. Als Folge explodierte die spanische Staatsschuldenquote von unter vierzig Prozent des BIP im Jahr 2008 auf knapp hundert Prozent des BIP im Jahr 2018.[19]

Im Endeffekt hat es also keinen Unterschied gemacht, ob die überbordende Verschuldung wie in Griechenland oder Portugal im Staatssektor anfiel oder wie in Spanien im Privatsektor. In einer Welt, in der Banken nicht pleitegehen dürfen, werden Bankschulden letztlich zu Staatsschulden. In beiden Konstellationen stehen die Länder vor demselben Problem: Übermäßige Lohnzuwächse bei gleichzeitig geringer Steigerung der Produktivität haben zu deutlichen Einbußen der Wettbewerbsfähigkeit geführt. Ab 2004 wurden diese Länder durch die von Gerhard Schröders Agenda-Politik ausgelöste Lohnzurückhaltung in Deutschland zusätzlich abgehängt. Während die Lohnstückkosten – also die Lohnkosten im Verhältnis zur Arbeitsproduktivität – zwischen 2000 und 2007 in Griechenland (128,6 %), Spanien (127,7 %), Italien (123,6 %), Portugal (122,3 %) und Irland (133,6 %) in den Himmel schossen, blieben sie in Deutschland erst konstant und sanken ab 2004 sogar ab.

Der Euro hat also nicht zu Konvergenz geführt, sondern dazu, dass die Schere immer weiter auseinandergeht. Die Lokomotivtheorie steht längst auf einem Gleis, wo kein Zug mehr fährt. Um wieder wettbewerbsfähiger zu werden, müssten die Löhne in den Krisenländern drastisch gekürzt werden. Doch während der Weg nach oben Spaß macht, sind direkte Nominallohnkürzungen einer der härtesten und schwierigsten politischen Unterfangen überhaupt. Deshalb werden Lohnkürzungen normalerweise über Abwertungen durchgesetzt.* Doch diese Option ist im Euroraum versperrt – es bleibt nur die Rosskur über einschneidende Lohnkürzungen. Und auch die sind in dem erforderlichen Umfang keine wirkliche Möglichkeit, da sie die Inlandsnachfrage abwürgen und zu einer Rezes-

* Der Unterschied ist, dass beim Nominallohn die Veränderung des Preisniveaus (Inflation) nicht berücksichtigt wird. Werden etwa in einem Tarifvertrag Lohnsteigerungen von zwei Prozent vereinbart, und die Inflationsrate beträgt ebenfalls zwei Prozent, so steigen die Löhne nominal um zwei Prozent, der Reallohnanstieg (Verhältnis von Nominallohn und Preisniveau) beträgt dagegen null. Reallohnkürzungen wirken sich bei gleichem Lohn durch einen Verlust der Kaufkraft aus. Nominallohnkürzungen dagegen sind sichtbarer Lohnverzicht.

sion führen würden. Wenn zudem der private Sektor in dem vorhandenen Ausmaß überschuldet ist und genau dort noch die Gehälter gekürzt werden, dann sinkt die Schuldentragfähigkeit: Die Menschen können ihre Hypotheken und Kreditraten nicht mehr bezahlen, Kredite fallen aus und Banken geraten wieder ins Straucheln.*

Das billige Geld hat viele Länder schlicht abhängig gemacht. In den ersten Jahren wurde der Währungsraum durch billige Kredite zusammengehalten. Durch das Platzen der weltweiten Kreditblase brach dieses Geschäftsmodell zusammen. Banken und Kapitalmärkte erkannten ihre Fehler und zogen Gelder ab. Die Länder aber kamen ohne die Kredite nicht mehr zurecht. Wie das nächste Kapitel zeigt, sind deshalb die finanzstarken Länder eingesprungen. Rettungsschirme wurden gespannt, Target-Ungleichgewichte aufgebaut und Notenbankbilanzen aufgebläht. Das lindert zwar vorerst die Not, verhindert aber die notwendige Anpassung und setzt Fehlallokationen und Kapitalvernichtung fort.

» PHASE 2: Die Rettungsjahre

»Meine Damen und Herren, nach der vertraglichen Regelung gibt es keine Haftung der Gemeinschaft für Verbindlichkeiten der Mitgliedstaaten und keine zusätzlichen Finanztransfers.«
Helmut Kohl am 23. April 1998 vor dem Deutschen Bundestag

»Die Spaltung der EU-Mitgliedstaaten in Gläubiger und Schuldner gehört zu den verheerendsten Auswirkungen der Eurokrise.«
Ivan Krastev

Im Jahr 2009 macht die damals neu gewählte griechische Regierung Papandreou öffentlich, dass das Staatsdefizit weit höher ist, als von ihren Vorgängern eingestanden. An den Märkten breitet sich Angst

* Als Schuldentragfähigkeit bezeichnet man die Fähigkeit eines Schuldners, dem Schuldendienst (Zins und Tilgung) fristgerecht und in voller Höhe nachkommen zu können, ohne dass es zur Zahlungsunfähigkeit kommt.

aus – die Geburtsstunde der Eurokrise. In der Folge vermischen sich die beschriebenen Elemente von Staatschuldenkrise, Bankenkrise und Immobilienblase. Investoren versuchen panisch, Staatsanleihen von Griechenland und schnell auch von Portugal und Irland abzustoßen. Spanien, Zypern und Italien geraten ebenfalls ins Fadenkreuz. Die Staaten müssen plötzlich hohe Aufschläge für neue Schulden zahlen. Ratingagenturen stufen die Länder ab, was die Zinsen weiter ansteigen lässt. Ein Teufelskreis, der die Länder an den Rand der Zahlungsunfähigkeit bringt.

An dieser Stelle ist es notwendig, mit einer hartnäckigen Legende aufzuräumen. Bis heute hält sich die Einschätzung, dass gesichtslose Spekulanten für diese Dynamik verantwortlich gewesen wären. Es entsteht das Bild einer gesteuerten Attacke von anonymen Mächten, die versuchen, den Euro gezielt zu Fall zu bringen. Der ehemalige Außenminister Joschka Fischer war einer von vielen, der diese Legende verbreitete: »Es geht um die Frage, ob Europa stark genug ist und den gemeinsamen Willen hat, dieses Projekt auch gegen Angriffe von außen, in diesem Fall von Spekulanten, zu verteidigen.«[20]

Doch die sich damals zuspitzenden Entwicklungen taugen nicht für Verschwörungstheorien. Wie gezeigt hat der Markt die Risiken und Fehlentwicklungen in einigen Euroländern in den ersten Jahren viel zu positiv bewertet. Als Griechenland nun den Vorhang hob und die katastrophale Lage sichtbar wurde, fand die entsprechende Neubewertung statt. Otmar Issing dazu: »Ist es Spekulation zu nennen, wenn Pensionsfonds und Lebensversicherungen versuchen, griechische Anleihen abzustoßen, um Schaden von ihren Versicherten abzuwenden? Man kann sich leicht die Kritik derer vorstellen, die heute von Spekulation sprechen, wenn Pensionsfonds, Versicherungen und andere Finanzinstitute nicht so gehandelt hätten und später ihre Verluste auf die Versicherten abgewälzt hätten.«[21]

Die Sichtweise von dem Spekulantenangriff war allerdings so präsent, dass sie den Blick auf die wirklichen Ursachen verstellte. Die viel zu hohen Staatsausgaben Griechenlands, seinen maßlos aufgeblähten öffentlichen Sektor und die viel zu niedrigen Steuern haben offensichtlich griechische Politiker zu verantworten – nicht irgendwelche Spekulanten oder Finanzhaie. Das entstandene Zerrbild hat seinen Beitrag dazu geleistet, die Tür für falsche Antworten der Politik zu öffnen. Statt zu erkennen, dass grundsätzliche Fehler vorliegen, wurde die Krise so zunächst als einmaliges, konjunkturelles Ereignis interpretiert. Die Maßnahmen zur Bekämpfung sollten deshalb zeitnah, zielgerichtet und zeitlich begrenzt sein.

Die Mär von Hilfen gegen Reformen

Im Frühjahr 2010 bittet Athen die europäischen Partner schließlich um Hilfe. Schon damals warnen viele Ökonomen vor einer Insolvenzverschleppung. Entgegen dem geltenden Regelwerk wird über Nacht eine Rettungsarchitektur gezimmert und eine Troika aus EU-Kommission, EZB und IWF schnürt ein erstes Hilfspaket. Am 8. Mai 2010 vereinbaren die Staats- und Regierungschefs der EU zudem die Einrichtung eines temporären Rettungsschirms. Damit soll die Situation der weiteren Länder, die ins Wanken geraten, stabilisiert werden. Im Gegenzug zu den Hilfszusagen müssen sich die angeschlagenen Länder zu Konsolidierungsmaßnahmen und Strukturreformen verpflichten. Irland flüchtet im November 2010 als erstes Land unter den Rettungsschirm. Maßgebliche deutsche Politiker versprechen, dass die Rettungsschirme zeitlich und in der Höhe befristet sind. So erklärt etwa Bundeskanzlerin Merkel: »Eine Verlängerung der jetzigen Rettungsschirme wird es mit Deutschland nicht geben.«[22] Und Finanzminister Schäuble versichert: »Der europäische Rettungsschirm hat eine Obergrenze von 440 Milliarden Euro – auf Deutschland entfallen 211 Milliarden. Und das war es. Schluss.«[23]

Keine dieser Linien kann lange gehalten werden. Schon auf dem EU-Gipfel im März 2011 beschließen die Staats- und Regierungschefs, dass ein dauerhafter Rettungsmechanismus eingerichtet werden soll. Im Gegenzug wird auf dem Gipfel auch einer Verschärfung des Stabilitätspaktes zugestimmt. Diese Dynamik prägt die weitere Entwicklung. Immer neue Maßnahmen werden vereinbart, um gefährdete Staaten wie Italien oder Spanien aus der Schusslinie zu nehmen. Die Schlagkraft der Rettungsinstrumente wird verstärkt, Kredite werden gehebelt und Brandmauern eingezogen. All dies erhöht die geteilten Risiken. Parallel wird vergeblich versucht, auch mehr Verbindlichkeit in den nationalen Haushaltspolitiken sicherzustellen. Doch die Maßnahmen zur Stärkung der Haushaltsdisziplin – wie die vereinbarten Schuldenbremsen oder der europäische Fiskalpakt – verfehlen ihre Wirkung und können die explodierende öffentliche Verschuldung nicht aufhalten.

Die Geldflutung der EZB höhlt zudem das Versprechen, dass es in der EU Finanzhilfen nur gegen Reformen gibt, schnell aus. Die Zinsen aller Schuldenländer werden künstlich tief gehalten und der Druck für wachstumsfördernde Reformen verpufft schon nach kurzer Zeit. Von den zwischen 2011 bis 2017 insgesamt 823 ausgesprochenen länderspezifischen Empfehlungen im Rahmen des Europäischen Semesters haben die Mitgliedstaaten ganze 11 Empfehlungen (also nur ein gutes Prozent) vollständig umgesetzt, in den vergangenen vier Jahren wurde sogar keine einzige Umsetzung vorgenommen.[24] Demonstrativer kann man Reformunlust nicht zur Schau stellen.

Ab 2013 beginnt eine erste wirtschaftliche Erholung in Teilen der Eurozone. Aber die Entscheidungen zur dauerhaften Eurorettung haben das europäische Projekt radikal verändert. Mit dem Bruch der No-bail-out-Klausel und der Beendigung einer EZB-Politik im Sinne der Stabilitätstradition der Bundesbank sind die beiden für Deutschland zentralen Voraussetzungen für den Beitritt zur Währungsunion nicht mehr gegeben. Dem europäischen Projekt wurden seine ordnungspolitischen Füße weggeschlagen. Die zaghaften Versuche, dieses Fundament wieder zu stärken, scheitern kläglich.

Vom Integrationsobjekt zum Krisenherd

Das wohl schwerste Erbe der Rettungsjahre ist die Teilung Europas in Gläubiger und Schuldner. Eine Konstellation, die die Gründerväter explizit ausschließen wollten. Entgegen der Hoffnungen seiner

Schöpfer hat der Euro auf diese Weise die Völker Europas nicht näher zusammengeführt. Vielmehr trägt er in der Krise dazu bei, sie einander zu entfremden. Aus Partnern werden plötzlich stilisierte Feindbilder. So gibt Deutschland etwa das meiste Geld im Rahmen der Griechenlandhilfen und trotzdem ist kein anderes Land so unbeliebt. Noch 2006 bezeichneten 78 Prozent der Griechen Deutschland als »besonders sympathisch«. Die Stimmung kippt in der Krise radikal. Acht von zehn Griechen sehen Deutschlands Rolle in Europa »negativ«. 87 Prozent meinen, Griechenland solle von Deutschland »mit allen Mitteln« Reparationen für den Zweiten Weltkrieg eintreiben. 77 Prozent glauben sogar, Deutschland arbeite auf die Errichtung eines »Vierten Reichs« hin.[25]

Wie Peter Graf von Kielmansegg treffend beschreibt, hat sich Europa in der Krise »eine neue Verfassung gegeben«, deren ungeschriebener Grundsatz lautet: »Not kennt kein Gebot.«[26] Diese Basismaxime steht augenscheinlich im eklatanten Spannungsverhältnis zu der Erwartung zukünftiger Rechtstreue. In dieser Maxime liegt aber auch eine Wurzel für die Hochkonjunktur eurokritischer Parteien. Das politische Mantra, es gäbe zu der Rettungspolitik keine Alternative, lässt bei den Bürgern das Gefühl der Ohnmacht wachsen. Die Wahrnehmung, ausgeliefert zu sein, bahnt sich auf beiden Seiten ihren Weg: Die Länder, die Hilfen beantragen und sich unter europäische Vormundschaft stellen lassen müssen, fühlen sich einem Diktat Brüssels oder Deutschlands unterworfen. Sie sehen die EU als harte Protektoratsmacht, die ihre Souveränität beschneidet. Die Länder, die dagegen ungefragt in Haftung genommen werden, erfahren diese Inanspruchnahme als Fremdbestimmung, als aufgezwungene Solidarität für Länder, die es an den nötigen Reformanstrengungen fehlen und sich stattdessen subventionieren lassen. Beide Gruppen – Schuldner wie Gläubiger – müssen erfahren, dass wesentliche finanzpolitische Parameter Wählern nicht zugänglich gemacht werden. Auf den Punkt: Demokratie ohne Wahlmöglichkeit, Souveränität ohne Bedeutung. In diese Grundstimmung fallen in die Phase der Rettungsaktionen die Geburtsstunden der deutschen AfD, der spanischen *Podemos* und vieler weiterer euroskeptischer Parteien. Die italienische Fünf-Sterne-Bewegung erstarkt in dieser Zeit.

Wechselseitige Schuldzuweisungen sind die unschöne Konsequenz. Der damalige Finanzminister Wolfgang Schäuble macht im April 2016 die Geldpolitik Mario Draghis für das Erstarken der AfD verantwortlich. »Ich habe Mario Draghi (...) gesagt: Sei ganz stolz. 50 Prozent des Ergebnisses einer Partei, die neu und erfolgreich zu sein scheint in Deutschland, kannst du den Auslegungen dieser Politik zuschreiben.«[27] Nur wenige Tage später greift Mario Draghi die deutschen Exportüberschüsse in einer offiziellen Rede an und bringt damit eine Lawine ins Rollen.[28] Gerade südeuropäische Politiker nehmen diese These dankbar auf und wiederholen sie bei jeder Gelegenheit. Emmanuel Macron bezeichnet die deutschen Exportüberschüsse als »nicht tragbar«, der britische *Economist* erklärt den deutschen Handelsüberschuss zum großen globalen Problem und Italiens Europaminister Paolo Savona beschimpft den Euro gar als »deutsches Gefängnis«.[29] Unterm Strich bleibt die traurige Bilanz, dass die Rettungspakete und die Solidarität Europa nicht europäischer, sondern nationalistischer gemacht haben.

Symptombehandlung statt Ursachenbekämpfung

Verbesserte sich die Wettbewerbsfähigkeit der Krisenländer durch Hilfen und Kredite, könnte man das beständige Fortführen der Rettungsaktionen als sinnvolle Politik rechtfertigen. Aber auch die ökonomische Bilanz der Rettungsjahre fällt höchst fragwürdig aus. Die Rettungsarchitektur hat die Krisenfolgen zunächst erträglich gemacht und zum Glück eine schlimmere Eskalation verhindert. Aber sie hat keinen Beitrag zur strukturellen Verbesserung geleistet. Ganz im Gegenteil. Wirklich harte Reformen werden erfahrungsgemäß nur dann durchgeführt, wenn keine Alternativen mehr zur Wahl stehen. Die Rettungspolitik hat immer das Sonderangebot von Verschuldung zum Nullzins und einem nicht versiegenden Strom von Hilfen ins Schaufenster gestellt.

Hans-Werner Sinn kritisiert deshalb, dass die Rettungsmaßnahmen den Reformelan gebremst hätten. Als Folge seien die realen Abwertungen in den Krisenländern wie Griechenland, Spanien, Portugal und auch Italien weit hinter dem Niveau zurückgeblieben, das notwendig sei, um preisliche Wettbewerbsfähigkeit zurückzuerlangen. Besonders deutlich lässt sich die Wirkung der Hilfen als Reformverhinderungsprogramm am angeblichen Musterbeispiel Irland ablesen. Gerade Irland wird häufig als Beleg für das Funktionieren der Rettungspolitik samt Reformauflagen herausgestellt. Doch Irland geriet schon einige Jahre vor dem Ausbruch der Finanz- und Eurokrise in Schwierigkeiten und war gezwungen, die Löhne drastisch zu senken. Irland hatte so bereits nahezu fünf Jahre schmerzhafte Anpassungen hinter sich, bevor es Ende 2010 unter den EU-Rettungsschirm kam. »Als die Rettungsgelder schließlich flossen, hörte die reale Abwertung abrupt auf, weil Irland wieder billiges Geld erhielt und die Tarifpartner nicht mehr einsahen, dass sie nun weiterhin Lohnzurückhaltung üben sollten«, bilanziert Sinn.[30]

Der Erfolg Irlands liegt also gerade nicht in der Rettungspolitik, sondern in der konsequenten, zuvor stattfindenden realen Abwertung. Ähnliche Erfolgsbeispiele sind Island und Lettland. Auch diese Länder haben sich eigenverantwortlich mit harten Reform- und Sparprogrammen aus der Krise gearbeitet. Das war zwar eine Ochsentour, ersparte ihnen aber ein jahrelanges Siechtum, wie es Griechenland erlebte.

Die Länder Südeuropas gingen den anderen Weg. Der Rettungsmodus wurde perpetuiert, ohne dass die Ursachen der exorbitanten Verschuldung behoben worden wären. Fast ein Jahrzehnt nach Krisenbeginn haben sich die meisten Krisenländer noch immer nicht von einem Wachstumsmodell verabschiedet, das sich übermäßig stark auf Kredite stützt. Stattdessen werden die damit verbundenen Beschränkungen weiterhin ignoriert. Die Länder der Europeripherie investieren nicht ausreichend in Infrastruktur, Bildung und Wachstumskräfte. Seit knapp 20 Jahren hängen die Krisenländer bei den Ausgaben für Forschung und Entwicklung bei erschreckenden 1 bis 1,5 Prozent des BIP fest, was ihnen einen gewaltigen Rückstand ge-

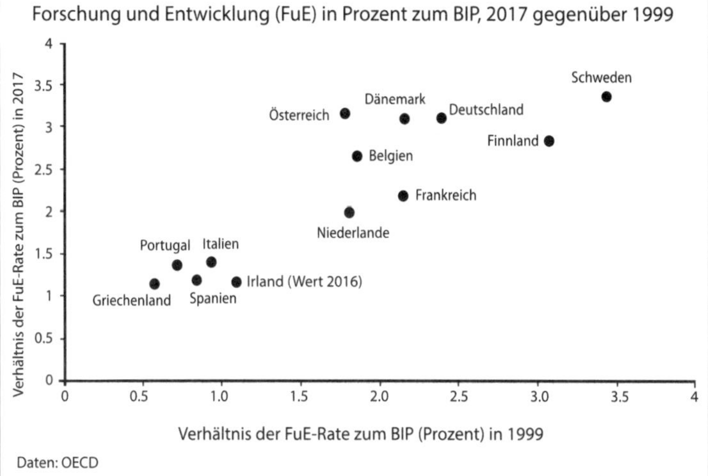

Abb. 3: Fehlende Investitionen in die Zukunft.

genüber den Nordländern einhandelt (siehe Abbildung 3). Damit lässt sich schon heute absehen, dass diese Länder morgen noch mehr den Anschluss verlieren werden. Wer nicht in Forschung investiert, versäumt es, mit der technologischen Entwicklung Schritt zu halten und die gewaltigen Potenziale von Big Data, maschinellem Lernen, Künstlicher Intelligenz und neuen Formen der Mobilität zu nutzen.

Neben den unterbliebenen Investitionen zur Freisetzung von Wachstumskräften, wurden auch keine Wachstumshemmnisse aus dem Weg geräumt. Ein Blick auf den Economic Freedom Index – der die ökonomische Freiheit anhand von verschiedenen Indikatoren misst – verdeutlicht, dass die wirtschaftliche Freiheit in den europäischen Südländern weiterhin deutlich niedriger als in den Nordstaaten liegt und die Schere sogar immer weiter auseinandergeht.[31]

Ohne Anpassungen bleiben nur Transfers

Ohne Anpassung des Wachstumsmodells kann es auch keine wirtschaftliche Angleichung geben. Entsprechend bleiben nur noch sogenannte Transfers – also direkte oder indirekte Zahlungen, die ein Land dem anderen zukommen lässt, ohne dafür eine Gegenleistung zu erhalten. In den Krisenjahren wurden die Haftungssummen durch verschiedene Instrumente immer weiter in die Höhe getrieben. Betrug das Volumen der Haftungsvergemeinschaftung in der Eurozone vor zehn Jahren gerade einmal vier Prozent der Wirtschaftsleistung der Euroländer, ist es in der Krise auf über 35 Prozent (3,8 Billionen Euro!) hochgeschossen.[32] Die fast eine Billion Euro umfassenden, offenen Target-Forderungen Deutschlands tauchen in dieser Rechnung noch nicht einmal auf.

Auf den Punkt gebracht, hat man Ländern, die nicht mehr solvent sind, die Möglichkeit gegeben, sich weiter zu verschulden. Die Phase der Rettungsjahre hat lediglich die Struktur der Verschuldung geändert. Die billigen Kredite der privaten Kreditgeber in den ersten Eurojahren wurden durch noch billigeres öffentliches Ersatzkapital ausgeglichen. Zum Teil geschah dies im Rahmen der Rettungshilfen gegen Reformauflagen. Zum weitaus größeren Teil sorgte jedoch, wie wir in Kapitel »EZB – *Riders on the Storm*« zeigen, das Eurosystem sowie die EZB für diesen Ausgleich, indem sie unter anderem Liquidität bereitstellte. Diese Maßnahmen unterliegen keinerlei demokratischen Kontrollen oder Auflagen. Die Ungleichgewichte der ersten Jahre sind nicht verschwunden, sie wurden nur in Tarnfarbe angepinselt und tauchen nun als intransparente Target-Salden und aufgeblähte Notenbankbilanz wieder auf. Die Folge ist, dass der Druck zu Anpassungen, den der Markt längst ausgelöst hätte, ausgeschaltet wird und die Wachstumsschwäche so dauerhaft fortbesteht.

In der dritten Phase sollen die verborgenen Transfers aus der Intransparenz herausgeholt und institutionalisiert werden. Genau darauf zielen die Reformvorschläge von Frankreichs Präsident Macron und Kommissionspräsident Juncker ab.

» PHASE 3: Die europäische Gretchenfrage

»Wir müssen heute ein neues Kapitel der Geschichte Europas schreiben, wenn wir es nicht gar wirklich neu gründen müssen. Und genau das ist es, was wir zusammen machen werden.«
Emmanuel Macron

»Wenn die Vertiefung der europäischen Integration auf eine bloße Ausweitung von Risikoteilung und Gemeinschaftshaftung reduziert wird, dann macht das Europa und die Währungsunion nicht stabiler.«
Jens Weidmann

Heute steht Europa an einer Wegscheide und hat sich offenbar aufgemacht, falsch abzubiegen: Denn während der Fokus der letzten Jahre auf Schadensbegrenzung lag, bleiben die Anreize, sich übermäßig zu verschulden, unverändert hoch. Verblasst scheint die Idee der Gründerväter, nach der jeder Eurostaat über seinen Haushalt, seine Schulden und seine Wirtschaftspolitik allein entscheidet und auch allein für die Konsequenzen seiner Politik verantwortlich ist. Stattdessen wird in einem Regime Heil gesucht, das die Kompetenzen für Staatsverschuldung und für die staatliche Haushaltspolitik immer mehr auf die europäische Ebene verlagert.

Macron und Juncker prägen mit ihren weitreichenden Reformvorschlägen die Debatte.[33] Juncker will vor allem mehr Kompetenzen für die EU-Ebene. Macron fordert statt der verdeckten Transferunion, welche die EZB derzeit umsetzt, eine offizielle. »Eine Eurozone ohne Transfers wird nicht lange funktionieren«,[34] lautet sein klarer Standpunkt. Die entscheidende Frage ist: Würden die vorgeschlagenen Maßnahmen die Probleme lösen? Ein kurzer Blick auf die einzelnen Maßnahmen genügt, um zu erkennen, dass die Antwort nicht positiv ausfällt.

Schlechtwetterfonds

Eine europäische Fiskalkapazität, die vor allem mit deutschem Steuergeld finanziert beziehungsweise garantiert wird, soll helfen, wirtschaftliche Schwankungen in einzelnen Mitgliedstaaten des Euroraums abzufedern. Bei einem plötzlichen Wirtschaftseinbruch und sprunghaft ansteigender Arbeitslosigkeit sollen durch dieses Instrument die nationalen Ausgaben kompensiert und so eine Stabilisierung erreicht werden. Auch Christine Lagarde – damals noch Präsidentin des IWF – plädiert für einen solchen »Schlechtwetterfonds«. Rund 11,4 Milliarden Euro pro Jahr müsste Deutschland nach Lagardes Rechnung in den Topf einzahlen.[35] Das ist jedoch in dreifacher Hinsicht zu kurz gedacht. Erstens zeigt die Dauer der jetzigen Rettungspolitik deutlich, dass wir nicht konjunkturelle Schwankungen überbrücken, sondern vielmehr aktiv dabei helfen, strukturelle Defizite aufrechtzuerhalten: Sprunghaft steigende Arbeitslosigkeit ist häufig durch inflexible Arbeitsmärkte bedingt. Der Fonds würde also Länder belohnen, die sich Strukturreformen verweigern. Zweitens verwundert es, dass gerade Christine Lagarde einen solchen Vorschlag unterbreitet, denn es war ausgerechnet ihr damaliges Haus, der IWF (!), der belegt hat: Ein solches Instrument ist vollkommen ungeeignet, um Schocks in der Eurozone abzufedern.[36] Eine Risikoteilung ließe sich viel besser über die Kapitalmärkte durch eine Stärkung der Europäischen Kapitalmarktunion erreichen als durch konjunkturelle Feinsteuerung der Kommission.* Und drittens läuft auch das Argument ins Leere, die Eurozone brauche ein solches Instrument zur Flexibilität, denn dieses Instrument existiert

* Die Kapitalmärkte in Europa sind stark fragmentiert. Das heißt, die einzelnen EU-Länder weisen erhebliche Unterschiede bei den Finanzierungsbedingungen auf. Die Kapitalmarktunion ist eine Initiative der EU, die auf eine Vertiefung und stärkere Integration der Kapitalmärkte der EU-Mitgliedstaaten abzielt. Ziel ist es, neue Finanzierungsquellen für Unternehmen zu erschließen, die Kosten der Kapitalaufnahme zu senken und das Angebot für Sparer in der gesamten EU zu erweitern. Private Risikoteilung wird gefördert, indem grenzübergreifende Investitionen erleichtert werden.

längst. Genau hierfür ist der Stabilitätspakt konzipiert: Im Normalfall soll ein Land bei normaler Konjunktur einen ausgeglichenen Haushalt haben; bei »Schocks« und einer Konjunkturabschwächung gibt es einen Spielraum von drei Prozentpunkten des BIP und im Fall einer tiefen Rezession sogar mehr. Doch so wurde der Pakt nie gelebt. Heute lassen die meisten Länder schon die Korken knallen, wenn sie in sehr guten wirtschaftlichen Zeiten ausnahmsweise die Drei-Prozent-Defizitgrenze nicht reißen. Wenn 19 Eurozonen-Länder ihren Haushalt in Ordnung hielten, so wie es im Stabilitätspakt gemeinsam beschlossen wurde, dann hätten wir 19 nationale Puffer. 19 Volkswirtschaften, die schwere Stürme überstehen können. Das ist viel vernünftiger, als einen neuen europäischen Schlechtwetterfonds ins Leben zu rufen, der Anreize schafft, nationales Missmanagement auf die europäische Ebene abzuschieben.

Eurozonenbudget

Die Gründerväter Europas wollten Europa durch gemeinsame Unternehmungen voranbringen. Doch Macrons Vorschläge durchzieht ein anderer Geist. Nicht gemeinsame Projekte stehen im Mittelpunkt, vielmehr geht es um die Umverteilung von Geldern. Es geht um Fonds, Budgets oder einen europäischen Finanzminister. Ein Kernpunkt Macrons ist die Idee eines Budgets für die Eurozone. Welche Politikbereiche die einzelnen Staaten verändern, welche Probleme sie lösen möchten, gerät dabei in den Hintergrund. Auch die deutschen Regierungsparteien versprechen in ihrem Koalitionsvertrag pauschal mehr Geld für Europa, erläutern jedoch nicht, welche politischen Ideen mit den zusätzlichen Mitteln finanziert werden sollen. Doch selbst wenn es neutral klingt, bleibt ein Budget eine Belastung. »Denn ein Budget fällt nicht vom Himmel, sondern entsteht durch mehr Steuern oder mehr Schulden. (…) Haushalte und Unternehmen stärker zu belasten und Gelder umzuverteilen ist ein Eingriff in die wirtschaftliche Freiheit, der nur dann friedlich verläuft, wenn er auf einem breiten gesellschaftlichen Konsens beruht und demokratisch legitimiert ist,«[37] bringt es der ehemalige Top-Berater der EZB, Christian Thimann, auf den Punkt.

Die deutsche Position zu diesem Vorschlag ist bezeichnend. Statt deutlich zu artikulieren, dass ein Eurozonenbudget keinen Mehrwert bringt und nicht mitgetragen wird, begnügt sich die Bundesregierung damit, das Volumen um ein Vielfaches kleiner anzusetzen, als vom französischen Präsidenten ursprünglich beabsichtigt. Angepeilt wird »nur noch« ein Betrag im niedrigen zweistelligen Milliardenbereich. Der niederländische Premierminister Mark Rutte hat dieses Vorhaben nicht nur grundsätzlich abgelehnt, er hat mit seiner Antwort auch die fehlende Demut der Bundesregierung bei diesem Thema vorgeführt. Die Frage, ob es nicht wenigstens einen Eurohaushalt in symbolischer Höhe geben könne, beantwortete Rutte ablehnend – es gehe schließlich um »echtes Geld von echten Steuerzahlern«.[38]

Investitionshaushalt

Bundeskanzlerin Merkel plädiert dafür, wirtschaftlich schwächeren Euroländern, die etwa beim technologischen Fortschritt Rückstände aufweisen, gezielt mit einem Investitionshaushalt zu helfen. Das ist bemerkenswert: Deutschland liegt selbst beim schnellen Internet im Vergleich mit anderen Industrienationen auf einem der hinteren Plätze und kriegt kein Breitband unter die Erde, will aber den europäischen Staaten helfen, die bei der Künstlichen Intelligenz »hinten dran« sind. Das stellt eine »Anmaßung von Wissen« im besten hayekianischen Sinne dar. Öffentliche Investitionsfantasien nehmen in den Konzepten von Macron bis Juncker eine Schlüsselrolle ein und durchziehen auch die Koalitionsvereinbarungen und die »Meseberg-Erklärung« des deutsch-französischen Ministertreffens vom Juni 2018.[39] Hinter dem Begriff Investitionsprogramm vollzieht sich ein besorgniserregender Paradigmenwechsel. Hier wandelt sich der Staat vom Schiedsrichter, der den Rahmen setzt und die Regeleinhaltung überwacht, zunehmend selbst zum Akteur. Dabei besagt alle Erfahrung, dass der Staat eben nicht der bessere Unternehmer ist.

Wie also sollen ein paar über ein Investitionsprogramm umverteilte Milliarden die astronomisch hohen Lohnnebenkosten in Italien senken, die Strukturschwäche im Mezzogiorno beheben oder etwas daran ändern, dass Italien eines der ineffizientesten Rechtssysteme der Welt besitzt?[40] Die Vorschläge suggerieren außerdem, dass es solche gemeinschaftlichen Mittel noch nicht gebe. Das ist falsch. Längst existieren reihenweise Investitionsvehikel. Der Europäische Rechnungshof hat sogar dargelegt, dass 270 Milliarden Euro aus bestehenden EU-Förderprogrammen noch gar nicht abgerufen wurden.[41] Als effizient hat sich bisher kaum eines dieser Instrumente erwiesen. Nach ökonometrischen Untersuchungen – also Analysen, die ökonomische Modelle mit mathematischen Methoden und statistischen Daten zusammendenken – von Christoph M. Schmidt, dem Vorsitzenden des Sachverständigenrates, generieren die bestehenden Kohäsions- und Strukturfonds kaum positive Auswirkungen, oft hinterlassen sie sogar aufgrund von Mitnahmeeffekten sowie Über- und Fehlinvestitionen negative Wachstumseffekte.[42]

Genau in die Länder, die jetzt durch neue »Investitionen« aufholen sollen, ist bereits unendlich viel Geld geflossen. Dem Ziel einer wirtschaftlichen Angleichung ist man damit jedoch keinen Schritt näher gekommen. Das Geld allein bewirkt offensichtlich gar nichts, sondern es kommt auf die von den Mitgliedstaaten zu verantwortenden Rahmenbedingungen an.

Macrons Vorschläge sind alles andere als neu. Nahezu jeder französische Präsident der letzten Jahrzehnte hat ähnliche Initiativen Richtung Zentralisierung und Interventionismus nach Europa getragen. Macrons glückloser Vorgänger François Hollande legte bereits vor wenigen Jahren ein fast identisches Konzept vor. Bloß hieß die Fiskalkapazität damals noch Solidaritätsfonds.[43]

Warum gelten dieselben Ideen, die bei Hollande niemanden interessiert haben, aus Macrons Aktentasche nun als große Europa-Vision? Einen Erklärungsansatz bietet ein organisationstheoretisches Verhaltensmuster, das als »Mülleimer-Modell« *(garbage can model)* bezeichnet wird.[44] In Krisen erkennen Interessensgruppen die Chance, alte lang gehegte Pläne als neue Problemlösungen zu verkaufen. Die Pläne sind weitestgehend ausgearbeitet, konnten bislang jedoch nicht überzeugen. Kommt es nun zu einer Situation, in der problemadäquate Lösungsalternativen fehlen und Politiker gleichzeitig Handlungsfähigkeit und Problemlösungskompetenz unter Beweis stellen müssen, gibt es eine historische Chance, die bisherigen Ladenhüter erfolgreich auf den Markt zu werfen. Die Folge sind Entscheidungen, mit denen eigentlich gar keine Probleme gelöst werden.

Genau diese Situation hat Macron für sich genutzt. Europa musste handeln, überzeugende Konzepte lagen allerdings nicht vor – auch wegen der deutschen Sprachlosigkeit. Die Kunst Macrons liegt also darin, zur richtigen Zeit alten französischen Wein in neue europäische Schläuche gegossen zu haben. Macrons Europa-Rede an der Pariser Universität Sorbonne ist eine starke rhetorische Leistung, ein Plan für einen Weg in die Zukunft ist sie nicht. Es ist nicht erkennbar, wie ein Schlechtwetterfonds, ein Eurozonenbudget, oder andere Transferzahlungen zwischen den Ländern die grundlegenden Probleme der Währungsunion beheben sollen.

Die EU schwankt nicht wegen zu wenig Solidarität, fehlender Fonds oder angeblichen Marktversagens. Zum einen sind die Ausgabenstruktur im bestehenden EU-Haushalt und die Gewährung von zinsgünstigen Krediten im Rahmen des Europäischen Stabilitätsmechanismus (ESM) bereits ausgesprochen solidarisch. Zum anderen hat nicht die gesamte Eurozone ein Problem, sondern einzelne Länder stecken in Schwierigkeiten. Unternehmen sehen sich dort mit hohen Lohnkosten, Abgabenbelastungen und administrativen Hürden konfrontiert. Es herrscht kein Vertrauen in den Finanzsektor, da Stabilisierungen und Umstrukturierungen im Bankensektor nicht konsequent genug angegangen worden sind – wie etwa in Griechenland oder Italien. Es fehlt an Vertrauen in die Zahlungsfähigkeit der Länder, weil Staatsschulden steigen, statt abgebaut zu werden – hier sind Italien und Frankreich traurige Paradebeispiele.

Visionsloses Deutschland?

Fest steht: Die Vorschläge Junckers und Macrons spiegeln ein verändertes Staatsverständnis wider. Ein öffentlicher Haushalt soll geschaffen werden, ein staatlicher Fonds, ein staatliches Einlagensicherungssystem oder staatliche Vorgaben in der Sozialpolitik. »Der Staat muss natürlich stets eine zentrale Rolle spielen. Diese Rolle muss sogar verstärkt werden, denn auf vielen Gebieten brauchen wir viel mehr Staat«, gibt Macron eine fragwürdige Richtung vor.[45] Die integrationspolitische Melodie eines Vordenkers wie Jacques Delors – in seiner aktiven Zeit wohl einer der einflussreichsten Europapolitiker – klang anders. Der setzte integrationspolitisch auf den Markt.

Sämtliche Vorschläge haben gemeinsam, dass sie eine Umverteilung bestehenden Wohlstands durch Transfers oder Garantien vornehmen wollen. Es geht viel zu wenig um die *Schaffung neuen Wohlstands*. Die Erwartungen an das Wohlstandsversprechen der EU haben sich damit fundamental gewandelt. Ursprünglich waren diese, dass die Schaffung eines großen gemeinsamen Marktes die Triebfeder für wirtschaftlichen Erfolg und Wohlstandsgewinn aller bilden werde. Ludwig Erhards Aufstiegsversprechen von Wohlstand für alle war ein zentraler Baustein für den großartigen Erfolg der Sozialen Marktwirtschaft und Deutschlands vom zerstörten zum Wirtschaftswunderland.

Doch wo Macron und Juncker zumindest konkrete Vorschläge machen, klafft in Deutschland und gerade auch bei der Großen Koalition eine beklagenswerte Leerstelle. Die Wahlprogramme aller Parteien, die in den Bundestag eingezogen sind, umfassen zusammen über 225 000 Wörter. Damit übersteigt die Textlänge der sechs Wahlprogramme die des Neuen Testaments! Aber Antworten, wie die mangelnde Wettbewerbsfähigkeit in Europa wiederhergestellt und Schulden bereinigt werden können, sind darin nicht zu finden. Ebenso wenig ein Wort zu der 1-Billion-Euro-Frage der deutschen Target-Forderungen.

Im Koalitionsvertrag ist der Europa-Abschnitt zwar bedeutungsschwer an erster Stelle platziert. Doch ein klares Ziel oder gar Konturen einer funktionierenden Gesamtlösung, aus denen sich eine eindeutige Richtung ablesen ließe, sind auch dort nicht erkennbar. Im Gegenteil: Noch während der Verhandlungen drifteten Union und SPD in ihren Standpunkten auseinander. Während Martin Schulz die Spar- und Reformpolitik für beendet erklärte, beteuerte die Union, an einem konsequenten Stabilitätskurs in der Tradition Wolfgang Schäubles festzuhalten.

»Das Ergebnis der Sondierungsgespräche muss man als Abschied von der Vorstellung einer auf Stabilität gerichteten europäischen Gemeinschaft verstehen. Damit werden die Versprechen gebrochen, die man den Bürgern in Deutschland vor der Einführung des Euros gegeben hat«, befürchtete Otmar Issing schon während der Koalitionsverhandlungen.[46] In der Tat unterstützte die Bundesregierung nur kurze Zeit später in der deutsch-französischen Erklärung von Meseberg die Forderungen nach einem Eurozonen- und Investivhaushalt, neuen ESM-Kreditlinien zur Prävention und einem EU-Fonds zur Stabilisierung nationaler Arbeitslosenversicherungen.

»Nun sag, wie hast du's mit der Religion?«, fragt Margarete Goethes Faust. Auch die Bundesregierung muss die europäische Gretchenfrage beantworten. Ist eine Daueralimentierung in Europa zu akzeptieren? Sind in der Währungsunion die gemeinsamen Regeln verbindlich und die Anzahl der Mitglieder dafür im Zweifel variabel? Oder sind umgekehrt die Anzahl der Mitglieder fix und die Regeln damit zwangsläufig beweglich und unverbindlich? Es ist falsch zu suggerieren, es gäbe einen Zwischenweg. Europa kann entweder eine Verantwortungsunion sein oder aber eine Haftungsunion. Ein bisschen Eigenverantwortung gibt es nicht.

Deutschland muss aufhören, das Problem vor sich herzuschieben. Das reine Markieren von roten Linien ist keine ausreichende Europapolitik. Es gibt gute Gründe, offensiv seine Vision eines stabilen und wettbewerbsfähigen Europas in die Diskussionen einzubringen und sich mit Eigenverantwortung, Subsidiarität und Wettbewerbsfähigkeit auf Erfolgsgaranten der europäischen Einigung zu berufen.

Zwei zentrale Aspekte, die diese dritte Phase des Euro prägen, wollen wir uns genauer ansehen. Zum einen den Vorschlag für eine

Europäische Einlagensicherung, ein Instrument, mit dem die Risikoteilung direkt an die Front des Sparers vorrückt. Zum anderen die Sirenengesänge nach mehr Europa: Kann »mehr Europa« auch ein besseres Europa sein?

Europäische Einlagensicherung – Brandschutzversicherung für Steinhaus und Strohhütte

Mit der europäischen Einlagensicherung EDIS (*European Deposit Insurance Scheme*) bahnt sich ein massiver Umverteilungskanal an, der ökonomische und gesellschaftliche Sprengkraft besitzt. Denn hier geht es um den Sparerschutz der Bürger. Einlagensicherungssysteme sind dafür geschaffen worden, um die Ersparnisse der Kunden zu garantieren, sollte eine Bank insolvent werden. In Deutschland bestehen gesetzliche und freiwillige Einlagensicherungssysteme, die mindestens Einlagen bis 100 000 Euro garantieren, damit die Sparer keine Angst um ihre Guthaben haben müssen.

Die Einlagensicherung, bisher von jedem Land selbst organisiert und strukturiert, soll nun als dritte Säule der Bankenunion – neben Aufsicht und Abwicklung – europäisiert werden. Nach dem Willen der Europäischen Kommission garantiert EDIS also, dass im Falle einer Bankpleite Kundengelder über einen gemeinsamen Topf europaweit gesichert sind. Es ist wichtig, sich bewusst zu machen, was das bedeutet: Länder würden unbegrenzt Steuergelder versprechen! Spätestens bis 2024 soll EDIS nach Vorgaben der Kommission vollständig eingeführt sein.

Versicherung für einen bereits eingetroffenen Schaden

Als Vorteil der gemeinschaftlichen Einlagensicherung wird angeführt, dass die Auswirkungen möglicher Krisen, die das Bankensystem eines Mitgliedstaates betreffen und dessen nationale Einlagensicherung überfordern, auf europäischer Ebene aufgefangen werden können. Indem Risiken innerhalb der EU geteilt werden, soll Vertrauen gestärkt und die Abhängigkeit der Banken von der wirtschaftlichen Lage ihres Heimatstaates verringert werden. Der klassische Run auf die Banken bliebe aus. EDIS – so argumentiert die Kommission – trägt also dazu bei, die Verbindung zwischen der Solvenz von Banken und der jeweiligen Nationalstaaten zu entkoppeln und gleichzeitig die finanzielle Integration im Euroraum zu erhöhen.

Länder	Kredite insgesamt	Brutto NPLs	Brutto NPLs Verhältnis	Abschreibungen der NPLs	Deckungsquote	Netto NPL Quote	Kosten-Ertrags-Verhältnis
AT	248.516	12.088	4,9 %	6.188	51,2 %	2,4 %	65,2 %
BE	428.506	15.501	3,6 %	6.585	42.5 %	2,1 %	58,9 %
CY	51.718	20.833	40,3 %	8.015	38,5 %	24,8 %	51,0 %
DE	2.357.014	63.045	2,7 %	25.402	40,3 %	1,6 %	77,3 %
EE	14.755	212	1,4 %	60	28,3 %	1,0 %	n / a
ES	2.324.159	136.099	5,9 %	60.447	44,4 %	3,3 %	51,8 %
FI	269.136	4.018	1,5 %	1.070	26,6 %	1,1 %	49,4 %
FR	3.670.920	137.742	3,8 %	69.104	50,2 %	1,9 %	68,7 %
GR	242.402	114.060	47,1 %	55.026	48,2 %	24,4 %	49,5 %
IE	212.941	37.803	17,8 %	14.372	38,0 %	11,0 %	56,8 %
IT	1.690.028	271.337	16,1 %	128.318	47,3 %	8,5 %	67,6 %
LT	17.010	693	4,1 %	230	33,3 %	2,7 %	45,6 %
LU	61.932	1.130	1,8 %	359	31,7 %	1,2 %	n / a
LV	9.884	359	3,6 %	99	27,7 %	2,6 %	42,0 %
MT	12.428	576	4,6 %	205	35,6 %	3,0 %	n / a
NL	1.700.714	43.576	2,6 %	15.719	36,1 %	1,6 %	58,5 %
PT	182.529	36.140	19,8 %	15.399	42,6 %	11,4 %	61,4 %
SI	14.519	2.439	16,8 %	1.625	66,6 %	5,6 %	60,0 %
SK	31.206	1.434	4,6 %	775	54,1 %	2,1 %	n / a
Gesamt	**13.540.317**	**899.085**	**6,6 %**	**408.999**	**45,5 %**	**3,6 %**	**64,2 %**

Daten: EZB

Abb. 4: Faule Kredite in der Eurozone (Zahlen des 3. Quartals 2016; Euro, Millionen und Prozente).

Modellmäßig sind die angeführten Gründe für ein europäisches System durchaus überzeugend. Bei einem Blick auf die Ausgangslage und die Details zu den Plänen wird jedoch sichtbar, dass die politische Ökonomie hinter den Vorschlägen eine ganz andere ist. Denn neben den steigenden Staatsschulden in der Eurozone hat sich längst ein zweiter großer Schuldenberg aufgetürmt, auf den wir noch zu sprechen kommen werden – sogenannte faule oder auch notleidende Kredite in den Bankbilanzen (*Non Performing Loans* – kurz NPL). Wie Abbildung 4 zeigt, befanden sich im Jahr 2016 erschreckende 900 Milliarden Euro an diesen Papieren in den Büchern der europäischen Banken. Siebzig Prozent davon entfallen auf vier Länder (Italien, Frankreich, Spanien und Griechenland), fast ein Drittel liegt allein in Italien.

Besorgniserregend sind die Quoten aber auch in Portugal und Irland. Für Slowenien sieht die Situation aufgrund der relativ hohen Absicherung (*Coverage Ratio*) etwas entspannter aus. Hoch dramatisch sind dagegen die Zahlen in Griechenland und Zypern. Wenn fast jeder zweite Kredit in den Bankbüchern nicht performant ist – also von seinem Schuldner nicht in den vereinbarten Raten zurückgezahlt werden kann –, ist schlicht der Motor einer Wirtschaft kaputt und es kann kein Wachstum finanziert werden. Die Situation in Griechenland beleuchten wir im Abschnitt »Die griechische Tragödie«. Zypern greift auf ein vielsagendes Konstrukt zurück: Einer der wenigen blühenden Wirtschaftszweige des Landes ist der Verkauf von EU-Pässen. Bei einem Immobilienkauf ab zwei Millionen Euro gibt es die Staatsbürgerschaft hinzu (die aufgrund der Personenfreizügigkeit nicht auf Zypern beschränkt ist). Laut *The Guardian* hat der Verkauf von »goldenen Visa« Zypern mindestens 4,8 Milliarden Euro eingebracht.[47] Eine der Firmen, die am meisten von dieser Praxis profitiert und knapp vierzig Prozent der Einbürgerungsanträge abwickelt, gehört übrigens der Familie von Staatspräsident Nikos Anastasiadis. Ist das wirklich ein nachhaltiges Geschäftsmodell?

Man spricht von einem sogenannten *Level Playing Field*, wenn für alle Teilnehmer eines Marktes gleiche und faire Wettbewerbsbedingungen gewährleistet sind. Die Verteilung der faulen Kredite zeigt, dass man in der Eurozone kaum weiter von einer solchen Gewährleistung entfernt sein könnte. Der niederländische Finanzminister Wopke Hoekstra hat die Situation bei der Finanzmarktklausur 2018 des Wirtschaftsrates genial zusammengefasst:

> Das europäische Einlagensicherungssystem ist so etwas wie eine Feuerversicherung. Und Sie wissen ja: Je größer der Versichertenkreis, desto niedriger die Prämie. Allerdings hat die Sache ein großes Aber. Die Risiken der Versicherten müssen vergleichbar sein. Wenn Sie alle in einem Steinhaus wohnen und ich in einer Strohhütte, haben Sie ein viel geringeres Interesse.[48]

Es ist davon auszugehen, dass die ausgewiesenen notleidenden Kredite sogar nur die Spitze des Eisbergs sind. Der Wirtschaftswissenschaftler und Buchautor Philipp Bagus stellt in diesem Zusammenhang der Marktkapitalisierung der Banken deren Buchwerte gegenüber und verweist auf die zahlreichen europäischen Banken mit einem Kurs-Buchwert-Verhältnis von unter eins. Sinkt dieser Wert unter eins, bedeutet dies nichts anderes, als dass ein Investor Gewinne einstreichen würde, sollte er eine Bank zum derzeitigen Preis kaufen und ihr Anlagevermögen zum Buchpreis liquidieren. Aber die Investoren greifen nicht zu: Offensichtlich glauben sie nicht an die von den Banken ausgewiesenen Buchwerte für ihr Anlagevermögen. Das Kurs-Buchwert-Verhältnis der griechischen Banken Piraeus und Greek Alpha etwa liegt bei 0,14 beziehungsweise 0,34.[49]

Eine Berechnung des Risikoexperten Markus Krall macht die wahnwitzige Dimension deutlich: Die vier großen Banken Griechenlands haben gemeinsam ein Kreditportfolio von knapp über 200 Milliarden Euro, wovon über 100 Milliarden Euro faule Kredite sind. Zu deren Abdeckung steht aber nur ein Eigenkapital von 26 Milliarden Euro zur Verfügung, wovon zwei Drittel aus Steuergutschriften des griechischen Staates bestehen. Eine Randbemerkung: Erstaunlicherweise haben alle vier Banken die durchgeführten europäischen Stresstests bestanden.[50]

Schwach kapitalisierte Banken, die auf einem hohen Bestand fauler Kredite sitzen, vermeiden es gern, diese Kredite abzuschreiben. Es gibt viele Spielräume, um eine angemessene Risikovorsorge und Wertberichtigung zu umgehen. Da eine akkurate Risikovorsorge zulasten des Eigenkapitals geht, wird häufig versucht, eigentlich nicht mehr solventen Kreditnehmern zusätzlich Geld nachzuschießen, damit diese weiterhin ihren Schuldendienst leisten können. Vereinfacht gesagt verteilt in diesem Fall eine Bank mit vollen Händen Geld aus leeren Kassen in die Hosentaschen eines Kunden, der längst ohne Beinkleid dasteht: Zombie-Banken halten auf diese Weise Zombie-Unternehmen am Leben.

Die Auswirkungen sind in zweifacher Hinsicht fatal: Zum einen wird die gesamtwirtschaftliche Produktivität gedrückt, weil unproduktive Unternehmen, die den Markt nicht verlassen, Arbeitskräfte in unproduktiven Jobs halten – übrigens ein Hauptgrund der »Japanischen Krankheit«. Die OECD schätzt, dass allein in Italien das Produktivitätswachstum um mehr als 2 Prozentpunkte ansteigen könnte, sofern die Hürden für eine tief greifende Umstrukturierung – etwa durch eine Reform des Insolvenzrechts – gesenkt würden.[51] Zum anderen sind für die Bankenaufsicht die verdeckten faulen Kredite schwer zu erkennen. Markus Krall hat berechnet, dass in Europa Kredite in einer Höhe von circa 1500 Milliarden Euro existieren, die bei einer Zinswende oder einem anderen gesamtwirtschaftlichen Schockereignis zusätzlich zu den bereits bestehenden faulen Krediten ausfallgefährdet sind.

Hinzu kommt, dass gerade die Banken, die mit faulen Krediten stark belastet sind, besonders viele Anleihen ihres eigenen Staates in ihren Bilanzen halten. In der Summe braut sich hier ein explosives Gemisch zusammen. Stabilität und Risiken unterscheiden sich derart elementar, dass EDIS unweigerlich zu einer gewaltigen Umverteilung führen würde. Die stabileren Bankensysteme müssten für die schwächeren haften, bis sie selbst in die Knie gezwungen werden.

Insolvenzrecht als Schlüssel

Wir haben gesehen, dass die Quoten der faulen Kredite sich in den Ländern der Eurozone signifikant unterscheiden. Die Gründe dafür liegen ausschließlich in nationaler Verantwortung. Das wird bei dem Ruf nach Solidarität und Risikoteilung gern vergessen. Normalerweise gibt es nämlich selbst für die faulen Kredite einen Markt. NPL-Quoten von über 10 Prozent sind ein klares Signal dafür, dass der Rahmen für einen solchen Markt nicht richtig gesetzt ist. Diesen Rahmen zu korrigieren wäre die Aufgabe der Politik, nicht das Umverteilen von Sparvermögen.

Was bedeutet das? – Sehen wir uns das Prozedere konkret an: Gerade Hedgefonds kaufen die faulen Kredite normalerweise mit Abschlag auf und verwerten die Sicherheiten. Eine schnellere Verwertbarkeit – also die Möglichkeit, die Außenstände rasch einzutreiben – führt dabei zu einem höheren Marktwert der NPL und ermöglicht so einen schnelleren Bilanzabbau. Die Länder mit hohem NPL-Bestand haben aber ein rigides Insolvenzregime, das genau das verhindert. In Italien etwa ist die Verwertbarkeit hoch unsicher und Gläubiger müssen häufig sieben bis zehn Jahre auf einen Rechtstitel gegenüber ihren Schuldnern beziehungsweise dessen Durchsetzung warten. Anders ausgedrückt: Das italienische Insolvenzrecht macht es den Banken nahezu unmöglich, notleidende Kredite einzutreiben. Unter einem anderen Rechtssystem könnten die Altlasten relativ einfach einem professionellen Workout unterzogen werden, was den Banken erlauben würde, sich auf das Neugeschäft zu fokussieren.*

Dass Europa hinsichtlich der Einlagensicherung nur langsam vorankommt, liegt also nicht, wie häufig dargestellt, an der mangelnden deutschen Zustimmung. Vielmehr weigern sich die Peripherie-

* Die Abwicklung und Bearbeitung (*workout*) von faulen Krediten erfolgt über die Verwertung von Sicherheiten. Bei einer Anhäufung von faulen Krediten trennen sich Banken gern von den Problemkrediten. Investoren kaufen dann Forderungen mit einem Abschlag, zahlen also etwa für eine Forderung von einem Euro nur 0,40 Euro. Wenn die Sicherheit wie etwa eine Immobilie verwertet wird, kann ein Gewinn herausspringen.

staaten hartnäckig, ihre nationalen Rechtssysteme an europäische Standards anzupassen. Alternativ den deutschen Sparer zur Querfinanzierung zu rufen, ist offensichtlich der falsche Weg. Doch genau das wäre die Konsequenz, wenn etwa in Italien Mittel der Einlagensicherung eingesetzt würden.

Druck von Draghi und Juncker

Obwohl die Risiken unübersehbar sind, nimmt der politische Druck auf Deutschland zu, den Weg zu einer gemeinsamen zentralen Einlagensicherung endlich frei zu machen. Im November 2015 lehnten die Bundestagsfraktionen von CDU/CSU und SPD eine europäische Einlagensicherung in einem gemeinsamen Entschließungsantrag noch strikt ab.[52] Im Juni 2016 vereinbarten die Euro-Finanzminister auf deutsch-niederländischen Druck zumindest eine klare Schrittfolge. Die Verhandlungen über die Teilung von Bankenrisiken über eine europäische Einlagensicherung sollten erst fortgesetzt werden, wenn die Nullgewichtung* von Staatsanleihen in den Bankenbilanzen schrittweise aufgehoben und ausreichend Fortschritte beim Abbau der faulen Kredite gemacht worden seien. Nicht um ein Jota ist man hier vorangekommen. Die EU-Kommission, die EZB und auch nationale Regierungschefs wie Macron haben den Fahrplan trotzdem immer wieder infrage gestellt und mit äußerst fragwürdigen Argumenten auf eine überhastete Umsetzung gedrängt. Der CDU-Politiker Ralph Brinkhaus kritisiert diesen Kurs mit Blick auf das von der Kommission am 6. Dezember 2017 vorgestellte Nikolauspaket:

> Diese Reihenfolge wirft die Kommission ohne Not über den Haufen, indem sie bereits in den nächsten eineinhalb Jahren den Auffangmechanismus für den Bankenabwicklungsfonds und eine weiter vergemeinschaftete Einlagensicherung auf den Weg bringen möchte. (...) Umso schwieriger wird es, für die notwendige Akzeptanz des europäischen Projektes in Deutschland zu werben.[53]

---

* Staatsanleihen müssen von Banken bisher nicht mit Eigenkapital unterlegt werden, weil sie als risikolos gelten.

EU-Kommissionspräsident Juncker hielt solchen kritischen Stimmen entgegen, sie mögen besser die Zahlen konsultieren. Das Eigenkapital der Banken sei erheblich gestiegen, und der Bestand an notleidenden Krediten sei doch deutlich gesunken. Auf diese Weise argumentierte wiederholt auch EZB-Präsident Mario Draghi. Dabei sind die von der EZB vorgeschlagenen strengeren und einheitlichen Regeln zum Abbau des Altbestands an faulen Krediten vor allem am Widerstand Italiens und Griechenlands krachend gescheitert. Draghi und Juncker vermittelten deshalb auf fahrlässige Weise ein falsches Gefühl der Sicherheit. Zwar ist der Bestand der NPLs in den italienischen Banken im Jahr 2017 tatsächlich etwas gesunken und die Deckungsquoten haben sich leicht erhöht. Doch hieraus lässt sich keineswegs eine grundsätzliche Trendumkehr ablesen oder die Erfüllung der Voraussetzungen für ein gemeinsames Einlagensicherungssystem herbeireden.

Was als eine nachhaltige Verbesserung der Kreditqualität gepriesen wird, ist in Wahrheit lediglich ein fragwürdiger Einmaleffekt, wie eine Analyse des Flossbach von Storch Research Institutes zeigt.[54] Der beschriebene Rückgang beruht im Wesentlichen auf Abschreibungen von 26 Milliarden Euro, die vier große italienische Banken durchgeführt haben. Allein die UniCredit veräußerte 2017 faule Kredite in Höhe von fast 18 Milliarden Euro. Die restlichen 8 Milliarden Euro entfallen hauptsächlich auf die Krisenbank Monte dei Paschi di Siena sowie die im Juni 2017 liquidierten Häuser Banca Popolare di Vicenza und Veneto Banca. Der Hergang ist also nicht nur nicht geeignet, um neues Vertrauen zu wecken, er hat sogar eine gefährliche Folge: Obwohl es keinerlei strukturelle Verbesserung gegeben hat, müssen die Banken als Folge der zyklischen Struktur von Kreditrisikomodellen weniger Rückstellungen für Kreditrisiken vornehmen. Wie wir im Abschnitt »Italienisches Endspiel« zeigen, hat sich in Hunderten von italienischen Banken die Kreditqualität keineswegs verbessert. Vielmehr spitzt sich die Situation dramatisch zu.

Auffällig ist auch, dass die Positionen der EZB und der Deutschen Bundesbank in dieser Frage diametral entgegenlaufen. Die Deutsche Bundesbank warnt beständig davor, Risiken, die in nationaler Verantwortung entstanden sind, rückwirkend durch EDIS zu vergemeinschaften. Für Bundesbankpräsident Jens Weidmann ist die richtige zeitliche Schrittfolge – erst Risikoreduktion, dann Risikoteilung – eine Frage des »gesunden Menschenverstands«.[55] Mario Draghi hält von einer solchen Schrittfolge dagegen gar nichts. Seine Maxime ist: *Risikoteilung jetzt* hilft und unterstützt bei *Risikoreduktion später*.[56] Damit setzt er den gefährlichen Anreiz, die Restrukturierung der maroden Banken aufzuschieben und die Kosten der Altlasten in größtmöglichem Umfang auf die anderen Euroländer abzuwälzen.

Der Druck, mit dem das Projekt zur Vergemeinschaftung der Einlagensicherung vorangetrieben wird, irritiert auch deshalb, weil grundlegende Fragen bislang nur ungenügend beantwortet sind. Bis heute wurde keine Auswirkungsstudie vorgelegt, die belegt, dass EDIS überhaupt notwendig oder anderen Optionen überlegen ist. Selbst die Analysen, die eigentlich die Vorteile einer gemeinsamen Einlagensicherung herausstellen sollen, können keineswegs überzeugen. Bezeichnend hierfür ist etwa die Studie der wissenschaftlichen Abteilung der Europäischen Zentralbank.[57] Der Wirtschaftsjournalist Markus Frühauf kommentiert sie pointiert:

> Die Berechnungen zeigen, dass Griechenland in einem Krisenszenario für jeden eingezahlten Euro mehr als 11 Euro zurückerhielte. Damit lassen sich die deutschen Sparer nicht überzeugen, deren Banken ein Drittel in den Sicherungstopf einzahlen müssten. Dagegen sollen die italienischen Institute, auf die noch immer ein Viertel aller faulen Kredite im Euroraum entfällt, nur 11 Prozent beitragen. Das Missverhältnis lässt sich nicht mit der Behauptung der EZB-Forscher vereinbaren, die Beiträge zur Einlagensicherung in ihrer Studie wären risikoorientiert.[58]

Nicht einmal die Risiken sind bislang angemessen quantifiziert worden. Das muss man sich auf der Zunge zergehen lassen: Bei jeder mittleren öffentlichen Investition werden aufwendige Kosten-Nutzen-Analysen erstellt. Doch bei diesem Billionen-Thema werden die einfachsten Hausaufgaben nicht gemacht. Einlagensicherung ist Bankinsolvenzanalyse. Doch bislang ist nicht eine versicherungsmathematische Studie zum Thema auf den Tisch gelegt worden, die die Wahrscheinlichkeiten der Inanspruchnahme der Versicherung und die Schadenshöhe kalibrieren. Auch eine andere Frage bleibt unbeantwortet: Wie soll eine europäische Einlagensicherung gegen die externen freien Finanz-und Bankenmärkte vor Missbrauch und Manipulation beispielsweise aus den immer noch riesigen Offshore-Zentren, den Steueroasen und den nach Sicherheit suchenden Anlagen von Schattenbanken oder Oligarchen geschützt werden? Mit der heute bestehenden Finanztechnologie ist es ein Leichtes, riesige Summen per Mausklick auf verschiedene europäische Konten à 100 000 Euro zu verteilen. Zahlreiche Beispiele der jüngeren Vergangenheit zeigen, wie schnell Hilfsgelder in falsche Kanäle laufen können, wie etwa das Exposure* der zypriotischen Banken nach Russland, der österreichischen Hypo Alpe Adria auf dem Balkan oder der portugiesischen Banco Espírito Santo nach Angola unterstreichen.

Irrweg EDIS

Ohne dass zentrale Voraussetzungen vollständig erfüllt sind, ist es unverantwortlich, das stabile und sich seit über achtzig Jahren bewährende deutsche System für ein wackliges europäisches Konstrukt preiszugeben. Das Kernproblem sind fraglos die beschriebenen Altlasten in den Bankbilanzen. Die Schaffung entsprechender Insolvenzregime, der konsequente Abbau der faulen Kredite und eine entsprechende Risikovorsorge sind die unabdingbaren Grundlagen. Wer etwas anderes behauptet und die Risiken aus den bestehenden ausfallgefährdeten Krediten schon vorab auf die europäische Ebene überführen möchte, dem geht es in Wirklichkeit nicht um Stabilität, sondern um die Verschiebung der finanziellen Lasten. Zur Ehrlichkeit gehört dann auch der Hinweis, dass ein solcher Bereinigungsprozess wohl gut und gern ein Jahrzehnt dauern wird. EDIS – und diese Botschaft fehlt in der notwendigen Klarheit leider

* Ein Exposure beschreibt die Gefährdung, die von einem einzelnen Risiko oder einem Risikobestand ausgeht.

völlig in der politischen Debatte – ist deshalb kein Projekt für morgen oder übermorgen.

Ein weiterer gegen die Einführung einer europäischen Einlagensicherung sprechender Fakt ist die unheilige Allianz von Bank und Staatsschulden. Den Status quo in die Einlagensicherung zu übertragen hieße, Staaten zu erlauben, sich nach Belieben bei ihren Banken zu verschulden und dann die Anleihen ausfallen zu lassen. Die Verluste könnten bequem auf die gemeinsame Einlagensicherung abgewälzt werden. EDIS ließe sich so als Blaupause zur Vergemeinschaftung von Staatsschulden konzipieren. Eine wesentliche Hausaufgabe vor der Diskussion über die Einlagensicherung ist deshalb noch nachzuholen: Staatsrisiken in Bankbilanzen müssen – etwa über Großkreditgrenzen – nachhaltig abgebaut und die regulatorische Vorzugsbehandlung von Staatsanleihen abgeschafft werden. Auch das wird kein Selbstläufer. Seit Jahren ist dieses Problem bekannt, es wird aber nicht angegangen, weil eine Konsequenz davon wäre, dass sich für einige Finanzminister die Refinanzierung der Staatsschuld verteuerte. Dieser Nexus war und ist politisch gewollt.

Häufig wird das Argument vorgebracht, eine funktionierende Währungsunion benötige nun mal eine gemeinsame Einlagensicherung. Als Beispiel werden dann die USA genannt. Vom Ausbruch der Finanzkrise 2008 waren einige Bundesstaaten, etwa Arizona, besonders stark betroffen. Analog hat es in Europa etwa Spanien durch das Platzen der Immobilienblase verstärkt getroffen. Wegen der bestehenden Einlagensicherung in den USA waren Banken aus Arizona nicht vom Kapitalmarkt abgetrennt, spanische Banken dagegen weitestgehend schon. Doch der Grund dafür ist, dass in den USA hinter der Einlagensicherung die FDIC (*Federal Deposit Insurance Corporation*) steht. Die FDIC ist eine United States Government Corporation und besitzt eine Kreditlinie von 100 Milliarden Dollar beim Finanzministerium der Vereinigten Staaten von Amerika (US-Treasury). Die Einlagensicherung ist dort also explizit an eine Fiskalunion gekoppelt. Wenn Europa den Schritt zu einer Fiskalunion gehen will, dann muss man es offen tun und klar benennen. Sie durch die Hintertür einer Einlagensicherung einzuführen ist unzulässig.

Unbestritten gibt es gute Gründe darüber nachzudenken, das europäische Element in der Einlagensicherung zu stärken. Doch die von der EU-Kommission unterbreiteten Vorschläge weisen gravierende rechtliche und ökonomische Probleme auf und widersprechen ordnungspolitischen Grundsätzen. Eine überhastete Umsetzung wäre deshalb ein katastrophaler Irrweg. Da neben Deutschland noch zehn weitere Mitgliedstaaten fundamental gegen eine solche Einlagensicherung sind, ist es geradezu grotesk von der Kommission und der EZB, EDIS als ein einendes Projekt zu bezeichnen. Es würde Europa vielmehr auseinanderreißen.

Das heißt nicht, dass es keine Einlagensicherung geben sollte. Doch ein einheitliches Schutzniveau lässt sich auch anders erreichen als über eine europäische Einheitslösung. Deutschland ist das beste Beispiel dafür: Auch hier gibt es verschiedene Systeme der Einlagensicherung, die auf unterschiedlichen Zusammenschlüssen von Solidargemeinschaften fußen. Einheitliche Regeln erfordern keineswegs eine gemeinsame Haftung.

Was bei den Diskussionen um EDIS besonders irritiert, ist die Fahrlässigkeit, mit der die anderen ungefragt aufgebürdeten Risiken klein geredet, ja sogar ins Lächerliche gezogen werden. Mahnungen, sich an Regeln zu halten, werden als deutscher Fetisch abgetan, der Verweis auf Moral Hazard und falsche Anreizwirkungen als akademische Petitesse verspottet. Mit einer ähnlichen Grundhaltung wischt man auch die Fehlentwicklungen der Target-Salden und die negativen Begleiterscheinungen der Nullzinspolitik vom Tisch. Häufig seien die Leidtragenden ohnehin selbst schuld, heißt es dann: Deutschland exportiere eben zu viel (Target) und seine Sparer legten ihr Geld schlicht dumm an (Nullzins). Oder man verkauft offensichtliche Verschlechterungen als heilsbringende Reformen: »Mit der richtigen europäischen Einlagensicherung hätten die Deutschen nicht mehr Probleme, sondern weniger«, bagatellisiert etwa EZB-Direktoriumsmitglied Benoît Cœuré die begründeten deutschen Sorgen in Bezug auf EDIS.[59]

Risiken sind nicht nur theoretischer Natur. Die Vorstellung, dass sich Risiken realisieren und tatsächlich einmal als Schadensfall eintreten, mag zwar nicht in diesen Zeitgeist der dauerhaft eingeübten Schmerzvermeidung passen. Aber nur weil eine Vorstellung unangenehm ist, ist sie nicht unrealistisch. Jeder seriöse Finanzberater empfiehlt Ehepaaren bei aller Verliebtheit, die Altersvorsorge eigenständig zu betreiben und sich nicht vom Partner abhängig zu machen. Was für die Lebensgemeinschaft gut ist, kann für die Währungsgemeinschaft nicht schlecht sein. Es ist gefährlich, dass eigenverantwortliche Vorsorge zu einem Unwort verkommt und ausreichende Risikoprämien als unverantwortliche Zumutung wahrgenommen werden gegenüber all jenen, die sich hemmungslos verschulden wollen. Auf dem aktuellen Irrweg ist an die Stelle von Eigenverantwortung die Erwartungshaltung getreten, ein übergeordnetes Kollektiv müsse sämtliche Fehlentwicklungen wieder in Einklang bringen. Doch irgendwann kommen wir nicht umhin, die Summe aller Ansprüche in Relation zur Leistungsfähigkeit des Systems zu stellen.

Ist mehr von etwas Gutem zwangsläufig etwas Besseres?

Die europäische Integration

Spätestens der Brexit sollte auch dem hartnäckigsten Optimisten die Augen öffnen: Erstmalig in der Nachkriegszeit geht der Prozess der europäischen Integration nicht mehr mit einer wachsenden Mitgliederzahl vonstatten. Vielmehr beschließt ein Land – dazu eines mit einer Schlüsselrolle für das wirtschaftliche und interne Gleichgewicht der Union –, diesem Europa den Rücken zu kehren.

Ablehnung seitens der Bürger gab es schon vorher. Frankreich und die Niederlande stimmten 2005 gegen die EU-Verfassung, die Iren 2008 gegen den Vertrag von Lissabon. Doch mit den Briten wandert nun tatsächlich ein Volk aus dem europäischen Projekt aus. Das ist ein tiefer Einschnitt. Die wirtschaftlichen Konsequenzen des Brexit sind in ihrem vollen Umfang längst noch nicht zu erkennen.

Das symbolische Gewicht der »Leave«-Entscheidung dagegen schon: Der europäische Integrationsprozess hat den Nimbus der Unumkehrbarkeit verloren.

Die heilsamste Reaktion auf diesen Schock wäre wohl eine kritische Selbstreflexion gewesen. Belegt der Brexit, dass wir Europa zu sehr bürokratisiert und zentralisiert haben? »Ohne den Zwang zur Integration wäre der Brexit niemals passiert«, bilanziert Churchill-Enkel und *Tory*-Abgeordneter Sir Nicholas Soames.[60] Müssen wir diese Dynamik stoppen? Sie vielleicht neu justieren? Ähnliche Fragen hätten gestellt werden müssen, nachdem die Eurokrise eklatante Defekte der Währungsunion offengelegt hat, ganz zu schweigen von der Hochzeit des Flüchtlingsansturms, als zahlreiche betroffene Staaten die Verpflichtung, die Binnengrenzen im Schengen-Raum offen zu halten, nicht mehr erfüllen wollten.

Die Reaktionen in der Krise haben gezeigt, dass die Währungs- und Grenzsouveränität zwar auf die EU-Ebene übertragen wurden, im Härtefall den Mitgliedstaaten aber das nationale Hemd näher ist als die europäische Hose. Offensichtlich wollen sich die meisten Länder ihre Finanz- oder Flüchtlingspolitik nicht von Brüssel vorschreiben lassen. Exemplarisch dafür steht etwa der kläglich gescheiterte Versuch, Flüchtlinge nach einem Quotenschlüssel zu verteilen.

In der ever closer *Union*

Stimmen, die hinterfragen, ob die Europa im Härtefall zugestandenen Kompetenzen überhaupt mit dem Selbstverständnis der Bürger im Einklang stehen, waren und sind so gut wie nicht zu hören. Stattdessen wird die Debatte von europäischen Entscheidungsträgern dominiert, die jetzt vor allem die Chance sehen, einen großen Schritt zu einer »*ever closer Union*«, wie sie die Präambel des EU-Vertrags fordert, voranzukommen. Der 2015 erstellte Bericht der fünf Präsidenten hat hierfür eine beängstigende Integrations-Blaupause geliefert.[61] Der glücklose SPD-Kanzlerkandidat Martin Schulz ließ sich sogar dazu hinreißen, die Vereinigten Staaten von Europa bis 2025 zu fordern – wer nicht mitmachen will, sollte nach seinem Ansinnen gleich aus der EU ausgeschlossen werden.

Es ist erstaunlich, wie treffsicher man an den Stimmungen der Bürger vorbeischießen kann. Die *Neue Zürcher Zeitung* bringt es auf den Punkt: »Man müsste blind sein, um nicht zu erkennen, wie sehr die Idee eines schrankenlosen Europa, in dem Unterschiede immer mehr nivelliert werden, an Rückhalt verloren hat.«[62] Das kann man bedauern, es zu ignorieren wäre töricht.

Für Deutschland hat der Ökonom Roland Vaubel eindrucksvoll zusammengestellt, was die Bürger von der politischen Zentralisierung halten. Danach meinen etwa drei Viertel der Deutschen, keinerlei Einfluss auf Entscheidungen der europäischen Ebene ausüben zu können. Nur 28 Prozent geben an, Vertrauen in die Europäische Union zu haben. Die Zahl derer, die Europa weniger Kompetenzen geben wollen, ist doppelt so hoch wie die jener, die sich für eine europäische Kompetenzausweitung aussprechen.[63] Doch anstatt die hinter diesen deutlichen Zahlen stehenden Ängste und Wünsche der Bürger ernst zu nehmen und ein stabiles und effizientes Gleichgewicht zu finden, wird der Zentralisierungsprozess rigoros weiter vorangetrieben. Die Zentralisierungsneigung der maßgeblichen europapolitischen Akteure liegt signifikant höher als die der Bürger, wie zahlreiche Studien und Umfragen ausweisen.[64]

Nach Ansicht der Integrationsenthusiasten ist die Entfremdung der Bürger von der europäischen Idee lediglich ein Kommunikationsproblem. In dieser Lesart belegt der Brexit, dass das Haus Europa so labil ist, dass wir es festigen müssen – indem wir Integration und Zentralisierung vertiefen. Stellvertretend hierfür steht Junckers Rede zur Lage der Union am 13. September 2017, in der er skizzierte, wie sich die EU bis zum Jahr 2025 weiterentwickeln soll.[65]

In seinem Programm plädiert Juncker für eine europäische Arbeitsbehörde: »Es erscheint absurd, dass eine Bankenaufsichtsbehörde darüber wacht, ob Bankenstandards eingehalten werden, dass es aber keine gemeinsame Arbeitsbehörde gibt, die für Fairness innerhalb des Binnenmarkts sorgt. Wir werden sie schaffen.«[66] Kleiner Schönheitsfehler: Hier besitzt die EU überhaupt keine Zuständigkeit! Die Sozialpolitik ist aus gutem Grund nationale Aufgabe. Das ist nur einer von zahlreichen Vorschlägen Junckers, der dem Grundsatz der Subsidiarität scharf entgegenläuft. Ebenso gilt, dass gemeinschaftliche Sozialstandards und die Vereinheitlichung von Systemen sozialer Sicherung gerade in einer Währungsunion offenkundig widersprüchlich sind. Wenn schon alle Länder den gleichen »monetären Anzug« tragen, kann eine Anpassung der Wettbewerbsfähigkeit doch nur noch über flexible Märkte erfolgen. Eine Sozialunion dagegen würde diesen wichtigen Anpassungsmechanismus ausschalten. Viel effektiver ist ein Systemwettbewerb, bei dem die einzelnen Länder durch wechselseitiges Lernen die Chance haben, sich untereinander sinnvoll ab- und anzugleichen – wir werden darauf noch zurückkommen.

Juncker pocht zudem auf eine schnelle Aufnahme Rumäniens und Bulgariens in den Schengen-Raum und fordert, dass grundsätzlich alle EU-Mitglieder den Euro einführen müssen. Bemerkenswert, wenn man sich vor Augen führt, dass der Euro sich nun schon seit zehn Jahren in der politischen Dauerrettung befindet. Das ist aber noch nicht alles. Juncker will die Einstimmigkeit in Steuerfragen abschaffen und das Vetorecht der Mitglieder durch qualifizierte Mehrheiten verwässern. Als Kernstück schließlich soll ein neuer Euro-Wirtschafts- und Finanzminister bei Krisen die Letztentscheidung darüber erhalten, wie die Staaten Europas ihr Geld ausgeben – ein fundamentaler Verstoß gegen demokratische Grundprinzipien der nationalen Parlamentshoheiten.

Kurzum: Der Einfluss der Mitgliedstaaten soll geschwächt, die Position der EU-Kommission gestärkt werden. Die Bewältigung der akuten Krisen gerät auf fatale Weise in den Hintergrund. Die Vision einer vermeintlichen Zukunftsgestaltung wird missbraucht, um Kompetenzen der zentralen Verwaltung immer weiter zu steigern und die Macht in Brüssel zu konzentrieren. Doch indem man zusätzliche Institutionen gründet und neue europäische Förder- und Umverteilungsprogramme auflegt, wird man weder dem Gefühl des nationalen Kontrollverlustes entgegenwirken noch das Schreckgespenst des europäischen Superstaats entgeistern können.

Mehr Europa, weniger Demokratie?

Besonders besorgniserregend ist, dass diese Vorschläge auf einer gefährlichen Mischung aus erodierender nationaler Souveränität und bedingter demokratischer Legitimität basieren. Für weitere Integrationsschritte wären vielfach Verfassungsänderungen oder nationale Referenden notwendig. Aus Angst, dass die Bürger dies ablehnen, werden sie jedoch ganz bewusst umgangen. Juncker will die einschneidenden Veränderungen lieber im bestehenden Rahmen vornehmen und Vertragsveränderungen um jeden Preis vermeiden.

Einer von Junckers einflussreichsten Beratern, der Ökonom und Experte für Internationale Beziehungen Paweł Świeboda, spricht dies sehr offen aus: »Eine Debatte über Vertragsänderungen dauert Jahre. Sie würde stark polarisieren, da es letztlich um divergierende Eigeninteressen geht. Im Vertrag von Lissabon ist viel möglich.«[67] Das sehen wir dezidiert anders: Europa braucht dringend eine neue Arbeitsgrundlage, einen neuen Konsens, einen neuen Vertrag. Mit dem Erbe der Krise und des Krisenmanagements finden wir uns plötzlich auf einem Integrationsniveau wieder, für das wir Bürger uns noch gar nicht entschieden hatten. Demokratisch fragwürdig legitimierte Institutionen wie der ESM und vor allem die EZB sind zu Schlüsselspielern geworden. Das ist keineswegs nur ein Kommunikationsproblem, sondern vielmehr ein eklatantes Legitimationsdefizit.

Die Äußerungen aus Kommissionsreihen offenbaren ein fatales Demokratieverständnis. Denn sie bedeuten, dass die Kommission sich sehr bewusst ist, dass die Bürger einem weiteren Souveränitätstransfer nicht zustimmen werden. Also fragt man sie erst gar nicht und führt die Integration ohne entsprechenden Rückhalt fort. Ein solcher Integrationsmodus kann dem europäischen Projekt keine Festigkeit und Stabilität verleihen, denn er erschafft ein wurzelloses Europa!

Umso mehr führt es uns in eine Sackgasse, wenn Europa aus politischem Wunschdenken die notwendigen demokratischen Entwicklungsschritte im Windschatten der Rettungspolitik überspringt.

Grundsatzentscheidungen wie die Weiterentwicklung der europäischen Institutionen, die Vertiefung der Integration oder die Beseitigung des Demokratiedefizits müssen von Gesellschaft, Politik und Wirtschaft gemeinsam erstritten werden. Statt Intransparenz, Zwangsintegration, Regelbruch und Vergemeinschaftung durch die Hintertür kommt es darauf an, die Bürger auf den Weg der Erneuerung mitzunehmen. Warum wird plötzlich so gern vergessen, dass demokratische Einigungsprozesse – so mühsam sie auch sind – durchlaufen werden müssen, wenn man dem Gefühl der Entfremdung entgegenwirken und die Menschen begeistern will?

Von Fahrrädern, Dächern und Schirmen

Elisabeth Wehling von der University of California in Berkeley hat erforscht, wie Akteure in politischen Debatten Deutungshoheiten erringen – sie tun es, was zunächst wenig überraschend ist, mit den Mitteln der Sprache.[68] Dennoch lohnt es, sich die von Wehling dargelegte Wirkungsweise von Sprache noch einmal vor Augen zu führen. Grob vereinfacht funktioniert das so: Gezielt eingesetzte Sprachbilder, die zu einem beabsichtigten Deutungsrahmen – in unserem Zusammenhang dem sogenannten *Political Framing* – zusammengesetzt werden, können bestimmte Assoziationen hervorrufen und die Wahrnehmung von Information selektiv in eine angesteuerte Richtung lenken. Im Zuhörer oder Leser überlagern dann meist die »gefühlten« Inhalte einer Aussage ihre rational überprüfbaren Anteile – und schlimmstenfalls schnappt die Manipulationsfalle zu.

Die Rhetorik der europäischen Rettungspolitik ist voll solcher oft sehr manipulativer Frames. »Euro-Rettungsschirm« etwa suggeriert, dass die Bürger vor natürlichen und unvermeidlichen Phänomenen – wie dem Regen – geschützt werden müssen. Die Aspekte von Verursacher und Verantwortlichkeit dagegen werden durch die Begrifflichkeit vollkommen ausgeblendet. Die »Haftungsvergemeinschaftung« wurde im politischen Sprachgebrauch einfach gegen die viel freundlicher daherkommende »Risikoteilung« ausgetauscht. Und der Begriff »exogene Schocks« wird vorgeschoben, um neue Hilfstöpfe zu rechtfertigen, die Mitgliedstaaten vor vermeintlich unverschuldeten Ereignissen und bösen Mächten schützen sollen. Das allumfassende Motto lautet: *Wir müssen den Schwachen helfen.* Letztlich geht es hier jedoch um den Versuch, das Versagen der nationalen Politik mit europäischem Geld zu überspielen.

Gerade beim Thema europäische Integration wird ein besonders hoher rhetorischer Aufwand betrieben. Das beginnt bereits mit der vielsagenden Parole von der »europäischen Vertiefung«. Wer kann schon etwas gegen Vertiefung haben? Tiefe Gedanken, tiefes Vertrauen, tiefes Wissen – das klingt verlockend. Doch betrachtet man die konkreten politischen Maßnahmen und Konzepte, die sich hinter diesem ausgelobten Tiefgang verbergen, verflacht die Angelegenheit sehr schnell: Was wohlfeil klingt, meint aber nur Zentralisierung, Bürokratisierung und Entdemokratisierung. Ist das wirklich das richtige Rezept?

Man müsse die EU immer weiterentwickeln, weil sie wie ein Fahrrad sei, das umfällt, wenn es stillsteht. Man müsse das europäische Dach jetzt reparieren, solange die Sonne scheint. Das sind die schweren Geschütze, mit denen nationale Kompetenzen unter Beschuss genommen werden. Das Gefährliche an diesen Sprachbildern ist, dass sie den Fortgang des Integrationsprozesses als eine logische Zwangsläufigkeit beschwören – und damit Alternativen per se ausschließen. Das Bild vom Haus Europa ist da viel offener und ehrlicher, denn es beschwört wichtige Fragen herauf: Ist es tatsächlich sinnvoll, ein weiteres Stockwerk aufzusetzen, obwohl wir wissen, dass es schon jetzt gravierende Probleme mit der Statik gibt? Sollten wir nicht erst einmal die Fundamente festigen? Immerhin haben wir das Haftungsprinzip ausgehebelt und grundlegende marktwirtschaftliche Prinzipien abgeschafft oder blockiert – Ludwig Erhard hätte diesen Zustand wohl »organisierte Unverantwortlichkeit« genannt.

Europa auf der Weltbühne?

Das am häufigsten vorgebrachte und wohl am wenigsten reflektierte Argument für eine fortlaufende europäische Integration lautet, dass sich nur ein geeintes Europa im Konzert der Weltmächte Gehör verschaffen könne. Jeder Staat allein sei längst viel zu klein, um seine Interessen auf internationalem Parkett zu vertreten. Der französische Wirtschaftsminister Bruno Le Maire benutzt dieses Argument prominent, wenn er die historische Herausforderung unserer Zeit darin sieht, ein Europa zu erschaffen, das China und den USA standhalten kann.[69] Ein bisschen Europa-Stolz und Pathos gepaart mit einer Prise Antiamerikanismus kommen in Zeiten eines sich erratisch verhaltenden Donald Trump immer gut an.

Doch hier wird eine Illusion verbreitet. In vielen wichtigen Bereichen gibt es nämlich gar nicht *das* europäische Interesse. Besonders deutlich wird das etwa bei der Zinspolitik, die immer auch ein Verteilungskonflikt zwischen Gläubigern und Schuldnern ist. Hier prallen vollkommen gegensätzliche europäische Ausgangssituationen und Ziele aufeinander. Auch die Feststellung »Europa braucht Größe« ist viel zu pauschal und benötigt eine differenzierte Begründung. In einigen Bereichen ist mehr Europa fraglos im Interesse aller und die beste Vorsorge für das 21. Jahrhundert. Doch Zentralisierung bedeutet nicht unbedingt Handlungsfähigkeit, ganz im Gegenteil. Um das zu verstehen, ist es hilfreich, sich vor Augen zu führen, warum es der EU bislang nicht gelungen ist, sich als starker Akteur auf der Weltbühne zu etablieren. Das liegt zu einem großen Teil daran, dass die EU ihr Wirken von Anfang an sehr stark nach innen gerichtet hat.

Peter Graf von Kielmansegg stellt zu Recht die Frage, ob die Kommission überhaupt die richtigen Werkzeuge im Instrumentenkasten hat, um mehr Handlungsfähigkeit nach außen zu erreichen.[70] Die Kommission versteht ihre Aufgabe wesentlich darin, den Prozess europäischer Normenproduktion stetig vorwärtszutreiben. Sie hat sich zu einer Gesetzgebungsmaschinerie entwickelt, die unaufhörlich daran arbeitet, das Netz homogenisierenden europäischen

Rechts immer enger zu flechten. Der *acquis communautaire* – der alle für die Mitgliedstaaten der EU verbindlichen Rechtsakte umfasst – wird schon heute auf 100 000 Seiten geschätzt, jährlich kommen 5000 Seiten dazu.

Natürlich sind solche Regelungen wichtig. Aber wenn die Kommission fortfährt, in ihnen ihre Hauptaufgabe zu sehen, müssen wir davon ausgehen, dass »mehr Europa« nicht etwa mehr europäisches Gewicht auf der Weltbühne bedeutet, sondern nur eine weitere Verdichtung des Netzes europäischen Rechts – in einem Wort: mehr Bürokratie.

Ludwig Erhard hat in seinem wegweisenden Buch *Wohlstand für Alle* eindringlich vor einer europäischen Gleichmacherei gewarnt:

> Von Sizilien bis zum Ruhrgebiet kann es keine gleiche Produktivität und mithin auch keine gleichen Arbeitskosten geben. (…) Selbst wenn durch künstliche Manipulationen an einem bestimmten Stichtag gleiche Startbedingungen gesetzt werden könnten, würden am Tage danach schon wieder Veränderungen Platz greifen, weil die Vorstellungen und das Verhalten der Menschen und auch der Völker hinsichtlich ihres Sparen-und-Verbrauchen-Wollens, des Leistungsstrebens, ihres Fleißes u. ä. m. auch in einem gemeinsamen Markt niemals auf einen gemeinsamen Nenner gebracht werden können. Jene Forderung beruht also auf einer völlig illusionären Verkennung ökonomischer Gesetze und Tatbestände.[71]

Diese Worte Erhards sind auch heute noch frappierend gültig. Mit mehr Staat, weniger regelgebundener Politik und mehr gesichtslosem Zentralismus lässt sich kein zukunftsfähiges Europa bauen. Es gilt, die Kraft des europäischen Binnenmarktes zu nutzen, damit Wachstum für alle Regionen erzeugt werden kann. Europa hat enorme Potenziale im Bereich der europäischen Sicherheitspolitik, in der Vertiefung der Energieunion oder der Gestaltung des digitalen Ordnungsrahmens. Warum schreitet Europa hier, wo es den europäischen Gedanken endlich konkret sichtbar legitimieren könnte, nicht entschlossen voran? Wirtschaftliche Kraft ermöglicht globalen Einfluss. Der größte zusammenhängende Wirtschaftsraum der Welt ist gerade in Zeiten zunehmenden Protektionismus ein Pfund und eine Versicherung zugleich.

Die Epizentren der Eurokrise

Italienisches Endspiel

*»Es gibt nicht genug Geld auf der Welt,
um das italienische Bankensystem zu retten.«*
Nouriel Roubini

»Seit 1945 hat Italien immer wieder die Währung abgewertet und sich so angepasst. Die Deutschen können mit fiskalischer Disziplin leben, aber Italien nicht (...), niemals.«
Lord David Owen

Die Sollbruchstelle des Euro heißt Italien. Als drittgrößte Volkswirtschaft der Eurozone ist das Land, wie es so schön heißt, *too big to fail*. Italien trägt zur Wirtschaftskraft des Euroraums mit seinen 19 Staaten so viel bei wie die 13 kleinsten Volkswirtschaften der Eurozone zusammen. Gleichzeitig ist Italien aber auch viel zu groß, um im Fall einer starken Rezession oder eines exogenen Schocks gerettet zu werden. Die Verschuldung beträgt 133 Prozent der Wirtschaftsleistung – mehr als doppelt so viel, wie es die Regeln des Stabilitätspaktes erlauben. Das ist der vierthöchste Schuldenberg der Welt.

Knapp 2,3 Billionen Euro Staatsschulden hat Italien angehäuft und liegt damit über der kombinierten Schuldensumme aller fünf Eurostaaten, die bisher unter den Rettungsschirm geflüchtet sind (Spanien, Portugal, Griechenland, Zypern und Irland). Carmen Reinhart, Harvard-Wirtschaftswissenschaftlerin und Co-Autorin des Standardwerks über Staatsschulden *This Time is different* sieht keine Chance, dass Italien sich am eigenen Schopf aus dem Sumpf ziehen könnte: »Es ist schwer vorstellbar, wie eine Umstrukturierung der italienischen Schulden vermieden werden könnte.«[1]

Ohne Wenn und Aber: Das Land darf nicht pleitegehen und kann im Fall der Fälle nicht gerettet werden. *Too big to fail, too big to bail.*

Fünf-Sterne-Aussicht auf Europa

Wahrscheinlich wird die Frage, ob Italien im Euro zurechtkommt, über das Schicksal der Gemeinschaftswährung entscheiden.

Kein Land der Eurozone hat so hohe Target-Verbindlichkeiten wie Italien, keines sitzt auf einem solch hohen Bestand an faulen Krediten, ist derart abhängig vom Staatsanleihenkaufprogramm der EZB und hat eine so enge Verflechtung von Bank- und Staatsschulden. Solange es nicht gelingt, diesen römischen Knoten zu zerschlagen, bleiben sämtliche notwendigen EU-Reformen blockiert. So herrscht etwa seit Jahren weitestgehend Konsens darüber, dass Staatsanleihen in den Bankbilanzen risikogewichtet mit Eigenkapital unterlegt werden müssen. In Italien ist das schlicht nicht umsetzbar. Auch die Initiative der EZB zur Bekämpfung der Altlasten an faulen Krediten scheiterte nicht zuletzt am Widerstand Italiens.

Bis zur italienischen Parlamentswahl 2018 basierte die Euro-Reformdebatte auf der Annahme, dass alle nationalen Regierungen an einer gemeinsamen europäischen Stabilität interessiert seien. Plötzlich nahm Italien seine stabilitätspolitische Verantwortung jedoch vorsätzlich nicht wahr. Wie durch ein Brennglas offenbarte sich ein schwerer struktureller Mangel der Währungsunion. Für den Krisenfall und die Situation, dass ein Land seine Kooperation provokativ einstellt, besteht kein geeignetes Instrumentarium. Die italienische Regierung aus *Lega* und Fünf-Sterne brach zwar miteinander, bevor sie die Chance hatte, den Euro auseinanderzubrechen – doch unabhängig von der politischen Konstellation bleiben die dahinter liegenden ökonomischen Probleme ungemindert bestehen.

Siebzig Prozent der Wähler haben ihre Stimme bei der italienischen Wahl im März 2018 eurokritischen Parteien gegeben. Ab dem 1. Juni 2018 wurde das Land von einer Koalition aus rechten und linken Parteien regiert – von der populistischen *Cinque Stelle* und der fremdenfeindlichen *Lega*. Schon im Wahlkampf hatten sich die Parteien trotz einer unvergleichlichen Staatsverschuldung darin überboten, eine hemmungslose Ausgabenpolitik anzukündigen: Höhere Renten, 1000 Euro garantiertes Mindesteinkommen, unentgeltliche Tierarztbesuche und ein kostenloses Gebiss für Rentner lauteten nur einige der großzügigen Versprechungen.

Entstanden ist ein Buch voller Träume, wie Lorenzo Codogno, ehemaliger Chefökonom im italienischen Finanzministerium, das Regierungsprogramm bezeichnete.[2] Für die europäischen Partner war es ein Albtraum und ein provokativer Verstoß gegen die EU-Regeln zur Verschuldung. »Scheißegal«, brachte Innenminister und *Lega*-Chef Matteo Salvini seine Wertschätzung für die Brüsseler Vorgaben zum Ausdruck.[3]

Italiens Wirtschaft kommt seit über 15 Jahren nicht in Fahrt. Das Pro-Kopf-Einkommen liegt heute unter dem von 2007. Italien ist das einzige Land der Eurozone, dessen Wohlstandsniveau seit Einführung der Gemeinschaftswährung gesunken ist. Die Automobilproduktion, einst die Vorzeigeindustrie des Landes, erreicht heute Zahlen, die nur noch halb so hoch sind wie 1989. Einst einer der fünf weltweiten Top-Automobilstandorte, ist das Land auf einen deprimierenden und belanglosen 19. Rang zurückgefallen. Ein trauriges Symbol: Der traditionsreiche Fiat-Konzern, der maßgeblich zur Industrialisierung des Landes beitrug, hat Italien 2014 den Rücken gekehrt und den operativen Hauptsitz nach London verlegt.

Die Ursachen für diesen Abstieg sind vielfältig. Das Land ist zu wenig produktiv und wächst kaum. Wie zahlreiche Studien ausweisen, wird Italien durch vieles gelähmt: eine erhebliche Bürokratie, Klientelismus, Korruption, Steuerflucht und leider auch organisierte Kriminalität. Auf dem Korruptionswahrnehmungsindex 2018 von Transparency International etwa rangiert Italien auf Platz 53 – irgendwo zwischen Namibia und Mauritius. Zum Vergleich: Deutschland belegt Platz 11.[4] Im Doing-Business-Index der Weltbank belegt Italien 2019 einen abgeschlagenen 51. Rang hinter Ländern wie Weißrussland, Ruanda und dem Kosovo.[5] Italien muss mit einem schwerfälligen Rechtssystem fertigwerden – Zivilprozesse ziehen sich ewig hin und italienische Gerichte stehen vor einem kafkaesken Berg von fünf Millionen unerledigter Verfahren.

Als besonders schwere Hypothek erweist sich die gewaltige Staatsverschuldung. Seit Jahrzehnten wird deshalb nicht genug in die Zukunft investiert, um im Wettbewerb der Hochtechnologieländer mithalten zu können. Die Infrastruktur verkümmert. Für Zinsen muss Italien mittlerweile ebenso viel aufbringen, wie es für Bildung bereitstellt. Die Ausgaben für Forschung und Entwicklung sind – gemessen an der Wirtschaftsleistung – nur etwa halb so hoch wie in Deutschland oder Frankreich.

Private Investitionen stagnieren ebenfalls auf sehr geringem Niveau. Kein Wunder: Italien hatte seit dem Zweiten Weltkrieg mehr Regierungswechsel als jedes andere Land in der EU. Jede neue Regierung stoppt vermeintlich missglückte Reformen ihrer Vorgänger. Neue Gesetze werden regelmäßig infrage gestellt, bevor sie ihre Wirkung entfalten. Diese Unstetigkeit ist ein hoher Unsicherheitsfaktor und Gift für Investitionen.

In Italien bahnt sich zudem ein gefährlicher Generationskonflikt an, schon jetzt ist die Vermögensverteilung stark zugunsten der älteren Generation verzerrt, es herrscht die dritthöchste Jugendarbeitslosigkeit Europas. Dramatisch viele junge Italienerinnen und Italiener finden keine oder nur unsichere und schlecht bezahlte Jobs. In Süditalien hat jeder zweite Jugendliche zwischen 15 und 24 Jahren keine Arbeit, jeder dritte ist langzeitarbeitslos. Drei Viertel der italienischen Unternehmen bilden nicht aus. Die Jungen können sich häufig nicht leisten, von zu Hause auszuziehen. »Mammoni« wird die Generation genannt, die auch nach Abschluss von Ausbildung oder Studium im Elternhaus wohnen bleibt. Der Rest wandert aus. Allein 2016 verließen 115 000 junge Menschen Italien, zwei Drittel von ihnen haben einen Hochschulabschluss.

Durchschnittlich erst mit 38 Jahren erreichen Italiener die finanzielle Unabhängigkeit, 2004 gelang ihnen das noch mit 30 Jahren.[6] Entsprechend spät beginnen sie mit der Familienplanung. Die Geburtenrate zählt zu den niedrigsten in Europa und ist seit neun Jahren in Folge rückgängig. 2017 sind in Italien so wenig Kinder geboren worden wie nie zuvor seit Beginn der Erhebungen im Jahr 1861. In ihrem Buch *Euro. Der Kampf der Wirtschaftskulturen* beschreiben die drei Finanzexperten Markus Brunnermeier, Harold James und Jean-Pierre Landau, wie die ohnehin ausgeprägte ungleiche Vermögensverteilung durch öffentliche Transfers noch verschlimmert wird: »Auf die Altersrenten entfallen 57 Prozent der Sozialausgaben und 14 Prozent des Bruttoinlandsprodukts. Diese Transfers müssen von immer weniger jungen Menschen getragen werden.«[7]

Eine politische Ordnung, die keine Chancengerechtigkeit, keine Gerechtigkeit der Möglichkeiten, keine Perspektive für junge Menschen bietet, ist langfristig nicht tragfähig. Die Ermöglichung von Chancen und Chancengerechtigkeit gehört zu den grundlegenden Prinzipien der Sozialen Marktwirtschaft. Sie baut ja ganz wesentlich auf Aufstiegsmobilität und Leistungsstreben auf.

Die Situation schreit förmlich danach, einen Schuldigen zu benennen – gern werden die nationalen Missstände auf die europäische Ebene projiziert. Zwar liegt der Ursprung der Probleme zum großen Teil lange vor der Euro-Einführung. Das Korsett der Gemeinschaftswährung und der für Italien zu starke Euro wirken aber wie ein Verstärker – gefundenes Fressen für die Populisten. Die »deutsch dominierte« Eurozone habe »die Kaufkraft der Italiener halbiert«, klagte der ehemalige Europaminister Paolo Savona. Dabei haben weder die mangelnden Strukturreformen noch die hohe Verschuldung ihre Ursache in der deutschen Lohnzurückhaltung. Gleichwohl hat die italienische Europamüdigkeit einen verständlichen Kern, der in enttäuschten Erwartungen liegt.

Für viele Menschen in Italien war der Beitritt zur Währungsunion an die Hoffnung geknüpft, eine bessere Wirtschaftspolitik herbeizuzwingen. Ein starker Ordnungsrahmen sollte die heimischen Politiker disziplinieren. Doch diese Hoffnung hat sich nie erfüllt. Der Ökonom Thomas Mayer führt dazu aus:

> Die Qualität der Politik wurde während der EWU-Mitgliedschaft deutlich schlechter. Die Weltbank berechnet für eine Vielzahl ihrer Mitgliedsländer regelmäßig einen Index zur Qualität der politischen Verwaltung eines

> Landes. Zwischen 1996 und 2014 fiel der Index für Italien um elf Punkte, die schlechteste Entwicklung in der Eurozone. Mit 67 von maximal 100 Punkten war Italien im Jahr 2014 das Schlusslicht unter den EWU-Mitgliedsländern. Sogar Griechenland lag mit 69 Punkten vor Italien.[8]

Italiens Anfrage lautete: mehr Ordnung; Europa hat aber nicht geliefert. Ein weiterer Beleg dafür, dass nur ein regelgebundenes Europa akzeptiert wird.

Der alte italienische Politikstil ist also auch in der Währungsunion fortgeführt worden. Früher hätte Italien einfach abgewertet. Diesen Anpassungsmechanismus gibt es aber in der Währungsunion nicht mehr. Das Land kann deshalb nur Wettbewerbsfähigkeit erreichen, wenn es die Kosten (Löhne) senkt oder die Produktivität steigert. Beides misslingt dramatisch. Die Produktivität macht kaum Fortschritte und durch die Kreditblase bei der Euro-Einführung wurde Italien viel zu teuer. Seit 1995 – dem Jahr, als der Euro beschlossen wurde – verteuerten sich Italiens Güter relativ zu Deutschland um 38 Prozent. Auf der anderen Seite sind mit den osteuropäischen Ländern und vor allem China neue Akteure auf die Weltmärkte gekommen, die preislich in einer gänzlich anderen Liga spielen.

Die Divergenz, also das Auseinanderklaffen der Wettbewerbsfähigkeit, hat augenscheinlich dramatisch zugenommen. Eine Trendwende ist nicht erkennbar. Im Gegenteil: Die strukturellen Probleme sowie die mangelnden privaten und öffentlichen Investitionen führen zu einem Abbau des Kapitalstocks und zementieren, dass die Unterschiede morgen sogar noch größer sein werden.

Vom Regen in die Traufe

Was bleiben Italien nun noch für Optionen? Von den europäischen Partnern kommen die wohlfeilen Appelle, Italien müsse jetzt eben mehr sparen, obwohl niemand mehr glaubt, dass es damit getan sei. Italien bräuchte über einen Zeitraum von mindestens zehn Jahren eine harte Rosskur der beständigen Lohn- und Preiszurückhaltung, um seine Wettbewerbsfähigkeit zurückzuerlangen. Eine solche »innere Abwertung« über Lohnsenkungen hat hohe soziale Kosten.

Hans-Werner Sinn bezeichnet diesen Weg deshalb als »Chemotherapie«.[9] Ob die Italiener – nachdem sie jetzt bereits zehn Jahre Flaute erlebt haben – bereit sind, noch weitere zehn Jahre eine viel intensivere Leidenszeit und Rezession zu akzeptieren, ist ausgesprochen fraglich, schon jetzt ist das Land politisch gespalten. Nicht zu unterschätzen ist zudem die Gefahr einer Kettenreaktion – sinkende Löhne führen dazu, dass die Bürger ihre Kredite nicht zahlen können und mehr faule Kredite bringen das ohnehin angeschlagene italienische Bankensystem in Schieflage.

Ein hartes Sparprogramm machen also die Bürger Italiens offenbar nicht mehr mit. Die Alternative, eine Transferunion, bei der die fehlende Wettbewerbsfähigkeit dauerhaft durch Gelder aus anderen Ländern finanziert wird, machen die Bürger der nordischen Länder nicht ewig mit. Warum sollten sie auch? Mehrere Studien belegen, dass das Median-Vermögen* in Italien mehr als doppelt so hoch ist wie das deutsche.[10] Das ist keine Frage für europäische Solidarität, sondern eine für nationale Steuergesetzgebung. Karsten Wendorff von der Deutschen Bundesbank hat deshalb eine italienische Zwangsanleihe für einen nationalen Schuldenfonds statt europäischer Risikoteilung vorgeschlagen: »Die italienische Bevölkerung wäre verpflichtet, die Solidaritätsanleihen zu erwerben, und zwar beispielsweise in Abhängigkeit vom Nettovermögen der Haushalte.« Auch wenn das rechtliche Diskussionen aufwirft – so könnte Italien Schulden abbauen, ohne von der EU abgesichert werden zu müssen.[11]

In den Augen vieler Italiener bleibt nur eine Option: Nicht mehr wettbewerbsfähige Länder könnten zumindest vorübergehend aus dem Euro austreten und abwerten. Die Einführung einer Parallelwährung wäre ein Schritt in diese Richtung.

Bereits 2012 konstatierte die Bank of America Merrill Lynch, dass sich ein Austritt aus dem Euro für kein Land so sehr lohnen

* Der Median ist der Wert, bei dem eine genau gleich große Hälfte der Haushalte mehr und die andere weniger hat. Er ist statistisch weniger anfällig für Ausreißer als der Durchschnittswert.

würde wie für Italien. Die auf Spieltheorie beruhende Analyse prognostizierte für die Eurozone, dass Italien Deutschland erpressen werde. Das *Wall Street Journal* kommentiert die Studie:

> Das bedeutet nicht, dass dies das beste Ergebnis für beide Seiten sein wird; in der Spieltheorie ist das wahrscheinlichste Ergebnis nicht das »Pareto Optimum«, was allen Spielern das beste Ergebnis liefert. Stattdessen wird das »Nash-Gleichgewicht« für die Eurozone – die Situation, in der kein Spieler mehr einen Anreiz hat, seine Strategie zu ändern (…) – darin bestehen, dass Italien sich weigert, seine Wirtschaft zu reformieren, und Deutschland sich weigert, Italien herauszukaufen, um das Land zum Bleiben zu bewegen.[12]

Genau auf diese Situation steuern wir mit Vollgas zu. Umfragen zeigten bereits, dass eine Mehrzahl der italienischen Bürger die Gemeinschaftswährung ablehnte.[13] Ein erschütterndes Ergebnis, zählte Italien doch lange zu einem der Länder, in denen der Euro die höchsten Zustimmungswerte erzielte. Befeuert wird dieser Trend von Politikern wie Savona, der den Euro als ein »deutsches Gefängnis«[14] brandmarkte. Der Ausstieg sei weniger ein italienisches Problem als vielmehr ein deutsches. »Das wird Deutschland in den Abgrund reißen, schließlich hat Deutschland am meisten ins Euro-System investiert«, bekräftigte *Lega*-Wirtschaftssprecher Claudio Borghi. Der Ökonom Heiner Flassbeck, ehemaliger Staatssekretär im Bundesfinanzministerium unter Oskar Lafontaine, unterstützt Italien in der Strategie, Berlin mit konkreten Drohungen zu kommen. Wer dagegen wie Alexis Tsipras nach Berlin gehe und ohne Druckmittel einen Schuldenschnitt forderte, werde nur ausgelacht, warnt er.[15] Die Austrittsdrohungen gehören in denselben Instrumentenkasten wie die Ankündigungen zur Einführung einer Parallelwährung.

Italien stützte sein kühnes Vorpreschen auch auf die stochastische Analyse der drei Finanzexperten Alberto Bagnai, Brigitte Granville und Christian Mongeau Ospina.[16] Demnach breche das Wirtschaftswachstum in den ersten drei Jahren nach einem Euro-Austritt zusammen. Doch bereits im vierten Jahr gewinne die italienische Wirtschaft wieder an Fahrt. Ein weiteres Jahr später sei man nicht nur durch den Tunnel, sondern beginne sogar, stark zu wachsen.

Die Strategie, die die italienische Regierung verfolgte, ist in der Spieltheorie als Angsthasenspiel oder *Chickengame* bekannt. Zwei Autos fahren frontal aufeinander zu. Verlierer ist derjenige, der zuerst ausweicht. Der Gewinner erhält dann alleinig den Ruhm für seinen Mut. Weicht aber keiner der beiden Fahrer aus, stoßen die Autos zusammen und das Spiel endet für beide tödlich. Weichen beide aus, gewinnt niemand. Die Chance auf einen höheren Gewinn hat nur der Spieler, der ein sehr großes Risiko eingeht.

Drei Gefahren eines solchen Kurses werden sofort sichtbar. Erstens wären ein Euro-Ausstieg und die anschließende Abwertung für die Italiener selbst mit riesigen Vermögensverlusten verbunden. Zwar lässt sich unter Preisgesichtspunkten Konkurrenzfähigkeit erreichen, gleichzeitig muss man aber auch den Kaufkraftverfall hinnehmen, was zu einer Verarmung der Gesellschaft führt. »Es gibt keinen einzigen Fall in der Geschichte, in dem ein Default und ein Austritt wie der von Italien keine großen Einschnitte verursacht haben. Es gibt keinen einzigen Fall, in dem der Wohlfahrtsstaat mit der Abwertung nicht massiv eingeschränkt wurde«, warnt der spanische Ökonom Daniel Lacalle.[17] Zweitens könnte ein unkontrollierter oder unzureichend vorbereiteter Austritt eine gefährliche Kettenreaktion auf den Märkten auslösen. »Wenn Italien den Euro verlässt, dann würde das eine Krise auslösen von der Größenordnung des Bebens, das wir nach dem Lehman-Bankrott erlebt haben«, prognostiziert etwa der Wirtschaftswissenschaftler Ashoka Mody.[18] Und drittens, dieser Punkt ist ganz entscheidend, kann es nicht Geist einer gemeinsamen Union sein, dass Kooperationen nicht mehr politisch gestaltet, sondern durch ökonomische Drohungen und ein »Gleichgewicht des Schreckens« erzwungen werden. Sollte sich der politische Diskurs in diese Richtung entwickeln, ist der Preis dafür der Zerfall der europäischen Idee: Italienische Operation gelungen, europäischer Patient tot.

Erpressung leicht gemacht

Schon Silvio Berlusconi schwadronierte zu seiner Zeit als Ministerpräsident vom Euro-Austritt. Die ökonomischen Fundamentaldaten laufen ebenfalls seit langer Zeit in Richtung Katastrophe. Umso unverständlicher ist es, dass in den letzten Jahren keine Brandmauern hochgezogen worden sind. Entwicklung eines Insolvenzverfahrens für Staaten? Nicht vorhanden. Begrenzung, Verzinsung oder Unterlegung der Target-Forderung? Fehlanzeige. »Ich glaube, dass wir das gelassen betrachten können«, kommentierte Bundesfinanzminister Olaf Scholz im Juni 2018 die Zuspitzung in Italien.[19] Eine Erpressbarkeit von Deutschland und der EU durch Italien könne er nicht erkennen. Die Märkte bewerten die Situation in dieser Zeit vollkommen anders – die Kosten für Kreditausfallversicherungen, sogenannte *Credit Default Swaps* (CDS), italienischer Anleihen schossen in die Höhe und lagen plötzlich in einer Kategorie mit Ländern wie Vietnam, Marokko und Russland. Zeitgleich wurde bekannt, dass die Target-Forderungen der Bundesbank im Mai 2018 durch die Unruhen in Italien um unfassbare 54 Milliarden Euro anstiegen. Die Kapitalflucht aus Italien betrug zu dieser Zeit über 1 Milliarde Euro täglich. Allein der Anstieg der deutschen Target-Forderungen aus dem Mai 2018 war dreimal so hoch wie die gesamten Soli-Einnahmen aus dem Jahr 2017 und viereinhalbmal so hoch wie die vorgesehenen öffentlichen Aufwendungen für den Breitbandausbau der gesamten Legislatur.

Ist man wenigstens bei der Auflösung der unheiligen Allianz von Bank und Staatsschulden, etwa durch risikogewichtete Eigenkapitalunterlegung von Staatsanleihen und Großkreditgrenzen vorangekommen? Im Gegenteil. Über die Geldschwemme der EZB haben die italienischen Banken vor den Augen der europäischen Partner ein fragwürdiges Geschäftsmodell perfektioniert: Ich hole mir Geld von der EZB für null Prozent Zinsen und kaufe dafür eine mit zwei Prozent verzinste italienische Staatsanleihe – einen besseren Carry-Trade kann ich nicht kriegen. Also wird die Bilanz bis unters Dach damit vollgeschaufelt. Zur Belohnung stellt Brüssel eine Sozialisierung fauler Privatschulden über ein europäisches Einlagensicherungssystem oder einen *common backstop** beim ESM ins Schaufenster.

Vorkehrungen wurden keine getroffen. Dieses Versäumnis wiegt schwer und macht die EU erpressbar. Seit Jahren stehen wir wie das Kaninchen vor der Schlange vor dem aufziehenden Unheil in Italien und sind offensichtlich unfähig, ein anderes Rezept als die Geldflutung über die Europäische Zentralbank einzusetzen.

Italien wäre ohne das Kraftfutter der Notenbank längst gescheitert. Vor Mario Draghis Garantie, den Euro um jeden Preis zu retten, musste Italien mehr als 7 Prozent für zehnjährige Staatsanleihen zahlen – ein Zinsbereich, der damals als »Todeszone« bezeichnet wurde. Durch das Aufdrehen der EZB-Geldschleusen fiel 2015 die Rendite für italienische Schuldpapiere unter 2 Prozent, Mitte 2016 wurde der Tiefstwert von 1,05 Prozent erreicht. 2017 konnte der italienische Staat sogar eine Anleihe von fünfzig Jahren (!) Laufzeit zu 3 Prozent platzieren. Durch die EZB-Subventionierung wurde also die Risikoprämie radikal gestutzt und Italien spart Jahr für Jahr Refinanzierungskosten in mindestens zweistelliger Milliardenhöhe.

Der Schuldenstand in Italien hat sich von 2008 bis 2017 von 1670 auf 2270 Milliarden Euro erhöht. Während das Land 2008 noch mehr als 80 Milliarden Euro an jährlichen Zinsen aufbringen musste, waren es dank der Politik der EZB Mitte 2017 für den viel höheren Schuldenberg nur noch 66 Milliarden Euro.[20] Und das trotz eines Ratings knapp über »Ramsch-Status«! Das hat keinen Bezug mehr zu den ökonomischen Fundamentaldaten und ist bar jeglichen gesunden Menschenverstands. So wird Verschuldung künstlich möglich gemacht. Ein solcher Schuldenberg macht aber gleichzeitig den Ausstieg aus dem Zinstal nahezu unmöglich. Stiegen die Zinsen, würde

* Der europäischen Bankenabwicklungsfonds SRM soll beim Rettungsschirm ESM eine Kreditlinie erhalten, für den Fall, dass eine größere europäische Bank pleitegeht und die Mittel des SRM nicht ausreichen. Der ESM dient damit als Letztsicherung (Common Backstop).

Abb. 5: Italien: Schulden und Zinsen.

der Schuldenturm und damit das Land zusammenbrechen, wie es Abbildung 5 zeigt: Immer höhere Schulden erfordern immer tiefere Zinsen.

Reformverhinderungsprogramm Niedrigzinspolitik

Am Beispiel Italien erweist sich die überstrapazierte Parole, die Notenbank würde »Zeit kaufen«, als Chimäre. »In Wahrheit hat man sich vor der Verantwortung gedrückt und Zeit fürs Nichtstun gekauft«, kritisiert Hans-Werner Sinn.[21] Wie gezeigt hat Italien die Niedrigzinsphase nicht genutzt, um seinen gewaltigen Schuldenberg abzutragen oder mit entschlossenen Reformen seine Strukturprobleme anzupacken und ist in den Reformrankings der OECD seit *whatever it takes* entsprechend dramatisch zurückgefallen. Es ist geradezu grotesk, dass sich italienische Politiker über die angebliche Austeritätskeule beschweren, die die Deutschen vermeintlich aufgezwungen hätten. Der Schuldenstand des Landes stieg seit 2010 um 400 Milliarden Euro, trotz der künstlich niedrigen Zinsen! Was hat das mit Austerität zu tun?

Italien hat die Zeit der Niedrigzinspolitik jedoch sehr wohl dafür genutzt, um sich im Rahmen des Schuldenmanagements auf eine erneute Eskalation vorzubereiten und die Anfälligkeit zu reduzieren. Viele Schuldpapiere aus früheren Hochzinsphasen wurden durch langlaufende günstige Papiere ersetzt. Das bedeutet, selbst wenn die Zinsen steigen, wird es mehrere Jahre dauern, bis sich höhere Zinsen auch als höhere Zinsausgaben für den italienischen Staat durchschlagen. Jörg Krämer, Chefökonom der Commerzbank, hat ausgerechnet, dass die Zinszahlungen des italienischen Staates in Prozent des Bruttoinlandsprodukts noch bis 2024 fallen werden – selbst wenn die Renditen der italienischen Anleihen auf dem hohen Niveau vom Sommer 2018 bleiben sollten.[22]

Auch die Investorenstruktur hat sich entschärft. Der Anteil der italienischen Anleihen in den Händen von Investoren, die nicht aus der Eurozone stammen, hat sich deutlich verringert. Damit reduziert sich das Risiko von plötzlichen Verkaufswellen. Seit dem europaweiten Anleihekaufprogramm sind die EZB und die nationale Banca d'Italia zum wichtigsten Gläubiger Italiens geworden. Dieser Mix aus Laufzeit- und Investorenstruktur wirkt für Italien wie ein Puffer gegen eine plötzliche Nervosität an den Märkten (siehe Abbildung 6, Seite 90).

Auf den ersten Blick sieht es also durchaus danach aus, als könne der italienische Staat längere Zeit mit höheren Risikoaufschlägen für seine Schuldpapiere leben. Doch beim genaueren Hinsehen fallen die zahlreichen Gefahrenherde ins Auge, die sich sehr schnell auf uns alle auswirken könnten. Schwenkt eine italienische Regierung wieder auf den Kurs der beschriebenen wirtschaftspolitischen Geisterfahrt, müssten die Ratingagenturen italienische Staatsanleihen herabstufen und sie tatsächlich auf Ramschniveau setzen. Die Ratingagentur Moody's hatte gleich nach Bekanntgabe der Koalitionsbeschlüsse mit einer möglichen Herabstufung der Bonität des Landes gedroht. Das wäre jedoch fatal. Institutionelle Anleger wie Versicherungen oder Pensionsfonds müssten ihre Anteile reduzieren, da sie keine Ramschanleihen in ihre Portfolios aufnehmen dürfen. Der Verkauf führte zu einem weiteren Renditeanstieg mit ent-

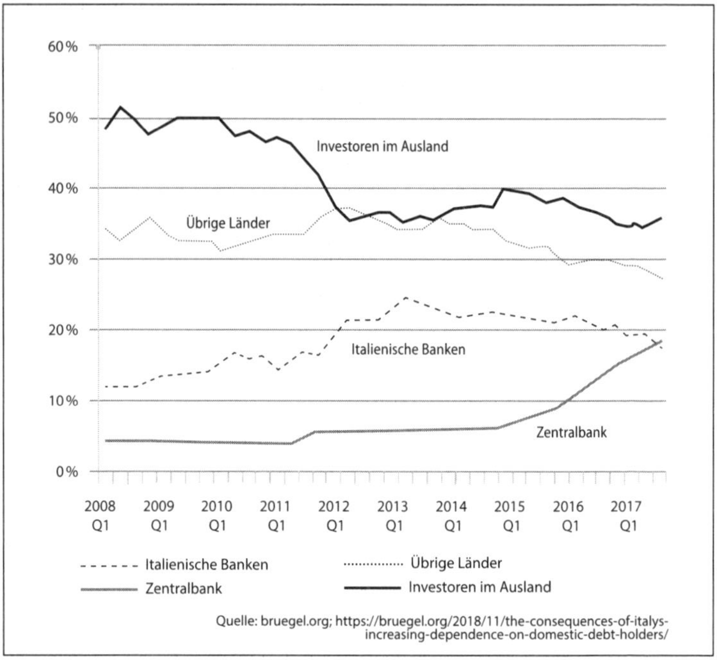

Abb. 6: Träger der Staatsschulden Italiens.

sprechenden Unruhen an den Finanzmärkten. Vor allem dürfte die EZB die Staatspapiere aus Rom bei einer Rating-Herabstufung gar nicht mehr aufkaufen. Ohne dieses Sicherheitsnetz würde Italien schnell die Puste ausgehen.

Das eigentliche Problem ist jedoch die bereits erwähnte beispiellose Verquickung von Bank- und Staatsschulden. Der Staat-Banken-Nexus ist in Italien besonders ausgeprägt und hat sich seit dem Ausbruch der Finanzkrise 2007 sogar noch stärker zugezogen. Die Profitabilität der Banken hängt damit ganz wesentlich vom Kursverlauf der Anleihen ab. Das bedeutet, dass etwaige politische Turbulenzen direkt den Bankensektor treffen. Das funktioniert folgendermaßen: Durch die verstörenden Handlungen und Äußerungen der italienischen Regierung muss der Staat einen höheren Risikoaufschlag auf seine Schulden bezahlen, weshalb die Anleiherenditen steigen. Höhere Renditen gehen mit fallenden Anleihekursen einher. Wer also bereits eine Anleihe besitzt, verzeichnet Verluste. Die italienischen Banken haben sich ihre Bilanzen wie erwähnt mit solchen Staatspapieren im Wert von über 400 Milliarden Euro vollgeschaufelt. Stärkere Verluste würden die ohnehin spärlichen Reserven schnell aufzehren.

Dass die Reserven so spärlich sind, hat mehrere Gründe, aber einer ist besonders interessant: Seit 2009 haben die italienischen Banken mit Dividenden geprasst und einen Großteil ihrer Gewinne ausgeschüttet, anstatt ihre Eigenkapitalbasis zu stärken und sich für künftige Krisen zu wappnen. 2014 haben sie sogar mehr Dividende ausgeschüttet, als sie vom Gewinn einbehalten haben. Ein Verhalten, das europaweit einmalig ist, wie Hyun Song Shin, Leiter der Analyse bei der Bank für Internationalen Zahlungsausgleich (BIZ) unterstreicht. Hanno Mußler, Wirtschaftsredakteur von der *FAZ*, weist zu Recht auf einen fragwürdigen Zusammenhang hin:

> Dass italienische Banken trotz ihrer großzügigen Dividendenpolitik bei gleichzeitiger Kapitalknappheit die gegenwärtigen aufsichtsrechtlichen Kapitalquoten noch weitgehend erfüllen, liegt im Wesentlichen daran, dass Staatsanleihen als risikolos gelten und Banken dafür kein Eigenkapital vorhalten müssen.[23]

Während die italienischen Banken gern als Staatsfinanzierer bereitstehen, solange dafür kein Eigenkapital belegt wird, würde ein scharfer Zinsanstieg (und damit Anleihe-Kursverlust) dazu führen, dass sie ihre Risiken zurückfahren und die Kreditvergabe an die Wirtschaft bremsen.

Um zu verstehen, warum eine Zuspitzung in Italien auch eine Kettenreaktion auslösen könnte, lohnt sich ein Blick auf die Euro-Rentenfonds. In den meisten davon machen italienische Staatsanleihen über 20 Prozent aus. Italienische Anleihen sind bei Fonds und Versicherungen auffallend beliebt. Warum? Deutsche Staatsanleihen bringen negative Rendite. Wollen sie mindestens die Managementgebühren einspielen, müssen sie zugreifen. Die meisten Kredite in Italien haben übrigens mit Abstand französische Banken ausstehen. Nach Zahlen der BIZ beliefen sich ihre Forderungen Ende 2017 auf

311 Milliarden Dollar – rund 12 Prozent des französischen Bruttoinlandsproduktes –, davon 63 Milliarden Dollar, ein gutes Fünftel, gegenüber dem italienischen Staat. Kein Wunder also, dass Präsident Macron in Sachen EU-Einlagensicherung auf die Tube drückt.

Hier wird Italiens doppeltes Sicherheitsnetz erkennbar. Das Kalkül: Frankreich muss die italienischen Forderungen im Ernstfall unterstützen – wegen des Banken-Exposures. Deutschland wird im Zweifel auch nicht im Wege stehen, weil bei einem italienischen Austritt nicht nur ein Großteil der Target-Forderungen verloren wäre, sondern sich die gesamte bisherige Rettungspolitik als teure Illusion demaskierte. Um dieses Drohpotenzial noch stärker aufzurüsten, gießen italienische Politiker immer wieder Öl ins Feuer. Eine ihrer beliebtesten Taktiken ist es, beständig die Vorzüge der Einführung einer Quasiwährung von Schuldscheinen mit kleinen Nennwerten hervorzuheben. Eine solche Parallelwährung über Steuerzertifikate wäre ein zusätzliches Schuldenvehikel und absehbar der erste Schritt aus dem Euro.

Der Posterboy der neuen Finanzkrise

Eine weitere und womöglich die entscheidende tickende Zeitbombe sind die besagten faulen Kredite (*Non Performing Loans*, kurz NPL) in den italienischen Bankbilanzen. Als faul oder notleidend werden Kredite mit mehr als neunzig Tagen im Zahlungsverzug angesehen. Italien hält fast ein Drittel aller faulen Kredite in der Eurozone und verfügt zudem über nationale Besonderheiten, die ein entschlossenes Angehen der Probleme verhindern. So können in Italien im Durchschnitt nur 64 Prozent eines notleidenden Kredits über ein Insolvenzverfahren wieder eingetrieben werden. In Deutschland liegt der Wert bei 84 Prozent. Zudem sind die Verfahren in Italien länger und teurer.

Eine geeignete Kennzahl, die ein gutes Verständnis für die Dimension des Problems vermittelt und einem gleichzeitig nachts den Schlaf raubt, ist das sogenannte Texas Ratio. Dieser Wert setzt den

Bruttobetrag der notleidenden Kredite ins Verhältnis zum Eigenkapital plus Rücklagen. Vereinfacht gesagt: Er teilt alles Schlechte durch das vorhandene Geld, das da ist, um für die schlechten Sachen einzustehen. Ein Texas Ratio von 1:1 oder 100 Prozent ist demnach offensichtlich ein ungesunder Zustand. Bei einem Konjunktureinbruch kann es schnell zu dramatischen Engpässen kommen, bei Schocks ist die Anfälligkeit sehr hoch. Die Banca Monte Dei Paschi ist bei einem Wert von knapp 150 Prozent in die Knie gegangen. Abbildung 7 (Seite 94) zeigt eindrucksvoll den Zusammenhang zwischen einem hohen Texas Ratio und Bankpleiten in den USA.

Bei kaum einer europäischen Bank überschreitet das Texas Ratio einen Wert von 50 Prozent. Das der Deutschen Bank liegt bei 13 Prozent, das der HSBC beträgt 11 Prozent und die Société Générale bringt 34 Prozent auf die Waage.* Abbildung 8 zeigt die katastrophale Situation in Italien. 114 von 500 italienischen Banken haben ein Texas Ratio von über 100 Prozent. Zahlreiche Häuser liegen sogar jenseits der 200 Prozent. Und selbst damit ist noch nicht alles ausgeschwitzt. Laut der Organisation für wirtschaftliche Zusammenarbeit und Entwicklung (OECD) ist der Anteil des Kapitals, das in unproduktiven Zombie-Unternehmen** gebunden ist, zwischen 2007 und 2013 von 7 auf 19 Prozent gestiegen. Gerade für Italien

* Das Texas Ratio ist zwar eine gute Kennzahl, um ein Gefühl für die Risikoanfälligkeit zu bekommen, sagt allerdings nichts über die Profitabilität aus. Aus einem geringen Texas Ratio kann also keineswegs auf ein tragfähiges Geschäftsmodell geschlossen werden.

** Den Begriff »Zombie-Unternehmen« haben die Ökonomen Ricardo J. Caballero, Takeo Hoshi und Anil K. Kashyap in ihrer Analyse »Zombie Lending and Depressed Restructuring in Japan« geprägt. Als Zombie-Unternehmen gelten unrentable und verschuldete Unternehmen, die aus ihren Gewinnen nicht einmal die Zinsen auf ihre Schulden zahlen können. Sie werden von Banken, die ihnen weiterhin Geld leihen, um ihre bestehenden Kredite bezahlen zu können, künstlich am Leben erhalten. In einer Nullzinswelt scheiden diese unproduktiven Unternehmen nicht aus dem Markt aus, sondern binden zulasten der Produktivität weiter Ressourcen. Vgl.: https://www.nber.org/papers/w12129.pdf (zuletzt abgerufen am 10.09.2019).

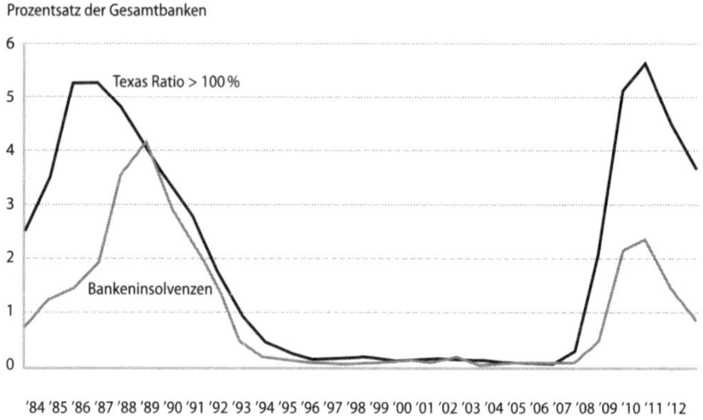

Quelle: dallasfed.org; Daten: Federal Financial Institutions Examination Council; FDIC

Abb. 7: Der Zusammenhang von Texas Ratio und Bankpleiten in den USA.

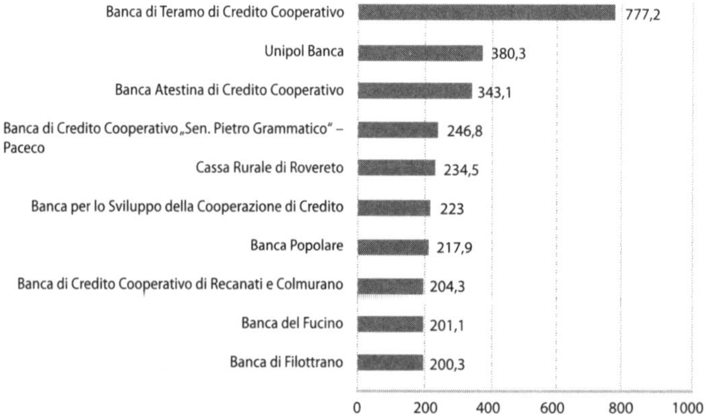

Daten: Mediobanca (Budgetdaten 2015)

Abb. 8: Italienische Banken mit einem Texas Ratio über 200 Prozent (Auswahl).

gilt, die Zombies von heute sind die faulen Kredite von morgen. Die italienischen NPLs sind der Posterboy einer neuen Finanzkrise.

In Geiselhaft?

Diese Betrachtung ist ernüchternd. Natürlich ist Italien nicht nur überschuldet und mit tief gehenden strukturellen Schwächen belastet, sondern auch noch immer mit einer enormen industriellen Substanz ausgestattet. Italiens wichtigste Exportbranche ist nach wie vor die Königsdisziplin der Industrie: der Maschinenbau. 2017 wurde sogar das beste Exportergebnis aller Zeiten eingefahren. Italien hat in den vergangenen Jahren zudem stets einen Primärüberschuss erwirtschaftet. Das Tragische ist, dass trotz dieser Punkte auf der Habenseite keinerlei Verbesserung der Gesamtsituation in Aussicht ist. Wie soll das Bild dann erst aussehen, wenn sich der Konjunkturzyklus dreht, die EZB die Zinsen erhöht oder ein neuer Wahlkampf wieder den üblichen pawloschen Reflex von Wahlgeschenken auslöst?

Wir sind deshalb davon überzeugt, dass die Risikosituation in Italien viel zu positiv beurteilt wird und wir sehenden Auges in eine verheerende Krise hineinlaufen. Jede der Möglichkeiten, das Dilemma aufzulösen, ist mit schmerzhaften Nebenwirkungen verbunden, die weit über Italien hinausreichen. Verschärft sich die Situation in Italien – etwa in der nächsten Rezession –, könnte die Debatte schnell in eine neue Richtung abdriften. So kommt etwa Ashoka Mody zu dem Schluss, dass von einem Austritt Italiens zwangsläufig ein Beben für das globale Finanzsystem ausgehen würde. Einen Austritt Deutschlands dagegen sieht er ganz anders: »Das wäre der am wenigsten schmerzhafte Weg zur Zerschlagung der Währungsunion.«[24] Dieser Einschätzung widersprechen wir fundamental, wirtschaftlich wie politisch wäre das ein Fiasko. Es zeigt aber, in welche Richtung sich der Wind plötzlich drehen kann.

Die Entwicklungen in Italien zwingen uns, eine Neubewertung vorzunehmen: Die europäischen Regeln haben nachweislich zu keiner Anpassung des italienischen Politikstils geführt. Kultureller Wandel vollzieht sich nicht auf Knopfdruck, klientelistisch organisierte Politik löst sich nicht über Nacht aus bestehenden Strukturen und auch ein neues Ethos braucht Zeit, um von den Menschen angenommen zu werden. Italien belegt, dass eine Stabilitätskultur nicht auf wundersame Weise vom Himmel fällt und dass sie selbst durch Drohungen, Transfers oder Brüsseler Bürokratie nicht erzwungen werden kann. Diese Erkenntnis entzieht der gesamten Rettungspolitik ihre Grundlage.

Die Politik des Zeitkaufens, der Risikoteilung und der Solidarität basiert auf der Erwartung, dass sie eine Dynamik der Eigenverantwortung entfacht. »Hilfe zur Selbsthilfe« oder »Gelder nur gegen Reformen« lauteten die Narrative, mit denen die Feuerwehreinsätze gerechtfertigt wurden. Doch was tun, da diese Begründung sich als unhaltbar erweist? Die Italiener haben sich demokratisch gegen EU-Regeln und Reformen und für höhere Staatsverschuldung entschieden. In einer anderen Konstellation wäre das eine italienische Entscheidung und ein italienisches Problem. Durch die Gemeinschaftswährung wird es unmittelbar zu einem europäischen.

Klar ist, wir benötigen endlich eine politische Lösung – keine geldpolitische. Die Gefahr ist jedoch groß, dass die Politik sich weiter als unfähig erweist und unwillig ist, auch nur eine ehrliche Debatte über die Situation zu führen. Als Folge werden sich wohl wieder alle Augen auf die EZB richten. Sollte die Notenbank tatsächlich wieder in den Feuerwehranzug schlüpfen und die Währungsunion zusammenhalten, würde sie dafür einen Preis zahlen, der weit über Italien hinausgeht: geringe Reformen, ineffiziente Investitionen, niedriges Wirtschaftswachstum und ein langfristig schwacher Euro. Vor allem aber würde sie ihre Glaubwürdigkeit unwiederbringlich einbüßen. Die EZB könnte sich nicht mehr von dem Schaden erholen, ein Land, das fahrlässig die eigene Zahlungsfähigkeit aufs Spiel setzt und so die gesamte EU in Geiselhaft nimmt, zu alimentieren.

Die griechische Tragödie

»Jeder weiß, dass Griechenland seine Schulden niemals zurückzahlen wird.«
Romano Prodi

»Die Aufnahme Griechenlands in die Währungsunion war ein Fall von Staatsbetrug.«
Heinrich August Winkler

Anders als Italien – das nie ein ausgewiesenes Hilfsprogramm beantragt hat – ist Griechenland acht Jahre lang von Kredithilfen der Europartner und zum Teil des IWF abhängig gewesen. Das Land der Hellenen ist zum Symbol der Eurokrise geworden. Im August 2018 verlässt Griechenland schließlich das Rettungsprogramm. Ende gut, alles gut?

Acht Jahre, vier Wahlen, drei Hilfsprogramme und ein Schuldenschnitt – hinter diesen Zahlen steckt die gewaltige Kraftanstrengung, die seit 2010 notwendig war, um ein in Schulden versinkendes Griechenland im Euro zu halten. Von Beginn an werden die Hilfskredite an Auflagen geknüpft, über deren Durchsetzung die sogenannte Troika aus Europäischer Kommission, EZB und IWF wacht, die inzwischen »die Institution« genannt wird. Die Auflagen umfassen Kürzungen der Staatsausgaben, Privatisierungen, Deregulierungen, Strukturreformen und Steuererhöhungen. Doch selbst bei sichtbarer Nichterfüllung der Reformvereinbarungen wurden stets weitere Hilfen gewährt. Eine fatale Dynamik, die die Soziale Marktwirtschaft und ihr zentrales Prinzip Handlung und Haftung unglaubwürdig macht.

Ein neuer Ton in Europa

Aus den Parlamentswahlen im Januar 2015 geht das radikale Linksbündnis *Syriza* mit seinem Chef Alexis Tsipras als Sieger hervor. Ein neuer Umgangston prägt fortan die europäische Debatte. Nur einige Episoden: Tsipras' Finanzminister Yanis Varoufakis bezichtigt die Eurogruppe des »Terrorismus«.[25] Die damalige IWF-Chefin Christine Lagarde benennt als oberste Priorität, »den Dialog von Erwachsenen im Raum wiederherzustellen«.[26] Und EU-Währungskommissar Pierre Moscovici berichtet davon, wie er nur mühsam Handgreiflichkeiten zwischen Varoufakis und dem zu dieser Zeit amtierenden Eurogruppen-Chef Jeroen Dijsselbloem verhindern kann.

In einem Referendum im Juni 2015 lehnen die griechischen Bürger die Sparpolitik mit großer Mehrheit ab. Angetreten, um das »Diktat« der Geldgeber zu beenden, vollzieht Tsipras eine Kehrtwende – nicht ohne zuvor Bankschließungen und Kapitalverkehrskontrollen in Kauf genommen und das Land kurz vor den Finanzkollaps geführt zu haben. Jetzt stimmt er genau dem Mix von Spar- und Reformplänen zu, den die griechischen Bürger im Referendum abgelehnt und den Tsipras und seine Regierung während der fünfmonatigen ergebnislosen Verhandlungen mit den Institutionen wiederholt als toxisch bezeichnet haben.

Doch es findet keineswegs eine Saulus-Paulus-Wandlung von Tsipras und seiner Mannschaft zu seriösen Reformern statt. Im Gegenteil: Schnell entwickelt es sich zum Kernproblem, dass die *Syriza*-Regierung keine Verantwortung und kein Ownership für das Reformprogramm übernimmt. Kulturminister Aristidis Baltas erklärt die wenigen erfolgten Privatisierungen als »Niederlage auf dem Weg zum Sozialismus«.[27] Arbeitsminister Giorgos Katroungalos sieht keine gemeinsame Basis, um mit dem IWF überhaupt auch nur über Arbeitsmarktreformen zu verhandeln, und Tsipras lässt keine Chance verstreichen, zu betonen, dass er an das gesamte Programm nicht glaubt. Kann so ein Kulturwandel gelingen?

Das Bild, das die »Institutionen« auf der anderen Seite abgeben, ist kaum besser. Wie sollen die EU-Bürger an eine erfolgreiche Griechenland-Rettung glauben, wenn die verschiedenen Gläubigerinstitutionen synchron immer wieder Analysen vorlegen, die sich nicht nur grundsätzlich unterscheiden, sondern sogar einander widersprechen? Der IWF etwa läutet regelmäßig das Totenglöckchen, spricht Griechenland die Schuldentragfähigkeit ab und fordert einen weiteren Schuldenschnitt. Die EU-Kommission dagegen bleibt unerschütterlich optimistisch, sieht die Talsohle längst durchschritten und plädiert für konsequentes Kurshalten.

Ohne gemeinsame Diagnose lässt sich offensichtlich nicht die richtige Medizin verschreiben. Aber genau das hat die Troika getan und ist krachend gescheitert; sogar mit öffentlichem Attest des Europäischen Rechnungshofes: In einem Sonderbericht der Prüfstelle vom November 2017 werden die ersten beiden Griechenlandprogramme sowie die Rolle der EU-Kommission und des IWF eingehend untersucht. Der dritte Partner, die EZB, verweigerte die Mitwirkung bei der Prüfung und legte erst gar keine Nachweise in ausreichendem Umfang vor. Das Ergebnis des Europäischen Rechnungshofes ist vernichtend. Die Essenz des Berichts lautet: Keine Erfahrung, keine Strategie, keine Prioritäten, kein Erfolg.[28] Die wichtigsten Kritikpunkte lauten:[29]

- *Keine spezifischen internen Leitlinien* für die eigentliche Ausgestaltung der Programmbedingungen, zum Beispiel hinsichtlich des Umfangs oder Detaillierungsgrads.
- Die Bedingungen im ersten und im zweiten Programm wurden nicht angemessen nach ihrer relativen Bedeutung gereiht, und sie waren *nicht in einer umfassenderen Strategie* für das Land verankert.
- Die operationellen Einzelheiten der Zusammenarbeit der Kommission mit den Programmpartnern, vor allem mit dem IWF und der EZB, wurden *nie formalisiert.*
- Mängel bei der Dokumentation, der Begründung der Annahmen und den Qualitätskontrollen.
- In allen Politikbereichen wurde eine Reihe wesentlicher Reformen mit *erheblichen Verzögerungen oder nicht wirksam* umgesetzt.
- Dem *Bankensystem* wurden mehr als 45 Milliarden Euro zugeführt, von denen nur ein geringer Teil möglicherweise wiedererlangt werden kann.
- Die Kommission hat *keine umfassende Evaluierung* der ersten beiden Programme durchgeführt.

- Auch aufgrund *mangelhafter Umsetzung* ist es nicht gelungen, die Fähigkeit des Landes, sich auf den Finanzmärkten selbst zu finanzieren, wiederherzustellen.
- Die spezifischen Ziele der Programme wurden *nur in begrenztem Umfang* erreicht.

Trotz dieses Dokuments des Scheiterns kommt keinerlei Diskussion über eine grundlegende Richtungsänderung auf. Stattdessen handeln die Verantwortlichen nach dem Prinzip: Als wir merkten, dass wir in die falsche Richtung liefen, verdoppelten wir das Tempo.

Die Kommunikation der Bundesregierung trug zusätzlich zu dem bedrohlichen Gefühl bei, Willkür sei bereits die beste ihrer Küren. Kein Schuldenschnitt und eine zwingende finanzielle Beteiligung des IWF, das waren die beiden klaren Bedingungen, unter denen der Bundestag seine Zustimmung zum dritten Griechenlandpaket erteilt hatte.* Beide Versprechungen wurden gebrochen. Zum Ende des dritten Hilfsprogramms erhielt Griechenland massive Schuldenerleichterungen. Der Ökonom Dirk Meyer bezifferte sie auf 46,9 Milliarden Euro. 12 Milliarden davon entfielen auf Deutschland.[30] Der IWF steuerte dagegen keine Kredite bei, weil er keine Schuldentragfähigkeit erkennen konnte. Einen Aufschrei des Parlamentes oder der deutschen Öffentlichkeit, dass die Geschäftsgrundlage des dritten Hilfspaketes weggefallen ist, gab es nie. Probleme werden nicht gelöst, sondern in die Zukunft verschoben. Die Zeche zahlt die nächste Generation.

* Bundesfinanzminister Schäuble hatte bei der Verabschiedung des dritten Hilfspakets im Bundestag im August 2015 gesagt, eine finanzielle Beteiligung des IWF sei »unverzichtbar«.

Von gefälschten Zahlen zu geschönten Prognosen

Damit kommen wir vom Alpha, dem Ausbruch der Krise, zum vermeintlichen Omega, dem Ende. Zum Abschluss des dritten Rettungsprogramms im Sommer 2018 erklären Politiker in Athen und Brüssel die Krise für beendet. »Griechenland hat es geschafft. Wir haben es geschafft. Denken Sie an die langen Nachtsitzungen, an die Gefahr für den Euro. Jetzt ist nicht nur die Krise in Griechenland überwunden, sondern die Eurokrise insgesamt«, erklärt EU-Währungskommissar Pierre Moscovici.[31]

Um künftig auf eigenen Beinen stehen zu können, bekommt Griechenland als Starthilfe noch reichlich Kraftfutter. Die Laufzeiten der bestehenden Kredite werden nochmals verlängert, im Durchschnitt betragen sie nun 42 Jahre. Zinsen und Tilgung werden bis 2032 gestundet. Das bedeutet, dass alle Kredite erst in 15 Jahren zahlungswirksam werden. Bis 2055 bleibt die Liquiditätsbelastung aus diesen Krediten für Griechenland insgesamt sehr gering. Ökonomisch entspricht der Barwert eines Kreditpapieres mit unendlicher Laufzeit ohne Tilgung bei Nullzins genau null Euro. Aus kaufmännischer Sicht müsste Deutschland heute Abschreibungen auf wertlose Griechenlandkredite in einem mittleren zweistelligen Milliardenbereich vornehmen. Otmar Issing hat dieses Vorgehen klar eingeordnet: »Die Kredite sind so oder so verloren. Vermutlich werden die Gläubiger die Laufzeiten um weitere Jahrzehnte verlängern. Offiziell ist das kein Schuldenschnitt, läuft aber auf das Gleiche hinaus. In einem Unternehmen würde man das Bilanzfälschung nennen.«[32] Zudem erhält Griechenland auch noch einen Finanzpuffer von stolzen 15 Milliarden Euro.

Die vermeldete Rückkehr Griechenlands an den Kapitalmarkt erweist sich damit als Mogelpackung, da Griechenland mit der getroffenen Schuldenvereinbarung in den nächsten Jahren keine Nettoneuschulden aufnehmen muss. Eine weitere Auffälligkeit: 2014 hatte Griechenland nach Abschluss des zweiten Hilfspaketes bereits eine vergleichbare Kreditlinie (*Enhanced Conditions Credit Line*, ECCL) als Sicherheitsnetz eingeräumt bekommen. Für die Gewährung einer solchen ECCL-Kreditlinie musste damals der Deutsche Bundestag zweimal befasst werden. Als im Sommer 2018 abschließend deutlich mehr Geld als »Puffer« überwiesen wird, umgeht die Regierung das mühsame Verfahren einer ordentlichen Parlamentsbeteiligung. Eine solcherart schleichende Deparlamentarisierung ist ein Stilmittel der Eurokrise.

Ist Griechenland mit diesen umfassenden Maßnahmen denn tatsächlich über den Berg? Davon kann keine Rede sein: Die wirtschaftlichen Fundamentaldaten sind schlechter als vor zehn Jahren und stehen im krassen Gegensatz zu den Erfolgsnachrichten der Politik. Scheinbar wechselt das, was mit gefälschten Zahlen begann, nun zu geschönten Prognosen. Glaubt man diesen, soll Athens Schuldenlast bis 2060 auf 127 Prozent des BIP sinken. Diese Schuldentragfähigkeitsanalyse beruht auf unrealistischen Annahmen und steht damit in bester Tradition zu den viel zu optimistischen Erwartungen an die bisherigen Rettungs- und Reformprogramme. Erinnern wir uns etwa an die Erlöse aus Privatisierungen, die 2015 als Teil des dritten Hilfsprogramms vereinbart wurden. Abwegige 50 Milliarden Euro sollte Griechenland mit dem Verkauf von Staatsbesitz einnehmen. Für den Zeitraum 2011 bis 2017 lassen sich jedoch nur magere 5,1 Milliarden Euro aufführen. Allein 2015 erwartete man Privatisierungserlöse von 15 Milliarden Euro – realisiert wurden gerade einmal 300 Millionen Euro. Oder schauen wir auf die Prognosen von IWF und EU-Kommission, die realitätsfern von einem hohen Wirtschaftswachstum ausgingen und uns jahrelang vorrechneten, die öffentliche Schuld Griechenlands lasse sich bis zum Jahr 2020 auf annähernd 120 Prozent und langfristig auf unter 90 Prozent reduzieren. Erst 2015 schwenkte der IWF um und stellte die Schuldentragfähigkeit infrage.

Angesichts der bisherigen Fehlprognosen erscheint auch die im Sommer 2018 vorgelegte Schuldentragfähigkeitsanalyse als Schönfärberei. Griechenlands Konsolidierungspfad windet sich um die Voraussetzung, dass das Land bis 2022 einen Primärüberschuss von jährlich 3,5 Prozent des BIP und danach bis 2060 – also auf absehbare Ewigkeit – von jährlich 2,2 Prozent aufweist.* Wird das umsetzbar sein? »Ich glaube, dass das Anstrengungen zur Folge hat«, schätzt Finanzminister Olaf Scholz unbesorgt.[33] Deutlicher wird Peter Dolman, Leiter der Delegation des IWF in Griechenland: »Unsere Studien zeigen auf Basis der historischen Daten, dass ein Land über einen solch langen Zeitraum sehr schwer Primärüberschüsse von über 1,5 % des BIP aufrechtzuerhalten vermag. Es gibt keine entsprechenden historischen Präzedenzfälle.«[34]

Ist es denn schlimm, wenn die Prognosen um ein paar Zehntel-Prozentpunkte danebenliegen? Aufschluss darüber gibt eine Analyse der EU-Kommission. Selbst wenn nur leichte Abweichungen stattfinden, kippt das Schiff auf die andere Seite und die griechische Schuldenquote würde nicht sinken, sondern auf mehr als 230 Prozent des BIP ansteigen. Dafür reichen schon ein um 0,7 Prozentpunkte geringerer Haushaltsüberschuss und ein um 0,2 Punkte geringeres Wirtschaftswachstum oder der durchaus realistische Fall, dass Griechenland nur etwas mehr für seine Schulden zahlen müsste (höhere Refinanzierungskosten). Kein Wunder, dass der IWF eine Kalkulation, die sich auf so dünnem Eis bewegt, nicht mittragen will und sich deshalb am dritten Hilfspaket finanziell nicht beteiligt.

Die Maßnahmen aus dem Sommer 2018 werden Griechenland also lediglich eine Atempause verschaffen. Sie schreiben deshalb nach Ansicht vieler Ökonomen nur ein zusätzliches Kapitel in der Insolvenzverschleppung.[35]

Motorschaden

Michalis Chrysochoidis, der Wirtschaftsminister der Regierung Lucas Papademos, brachte die Ursache der griechischen Tragödie bereits 2012 auf den Punkt:

> Wir haben mit der einen Hand das Geld der EU genommen, haben es aber mit der anderen nicht in neue, wettbewerbsfähige Technologien in-

* Der Primärüberschuss gibt den Überschuss des öffentlichen Haushalts an, ohne Ausgaben für den Schuldendienst einzubeziehen.

vestiert. Alles ging in den Konsum. Das Ergebnis war, dass alle diejenigen, die etwas produzierten, ihre Betriebe schlossen und Importfirmen gründeten, weil sich damit mehr Geld verdienen ließ.[36]

Zu viel Konsum und keine Investitionen in die Zukunft lassen sich auch heute aus den Wirtschaftsdaten Griechenlands ablesen. Die Rettungspolitik hat also an den falschen Stellschrauben angesetzt.

Wie das Centrum für Europäische Politik (cep) 2018 herausstellt, leben die Verbraucher in keinem EU-Land so sehr über ihre Verhältnisse, wie das in Griechenland der Fall ist.[37] Die griechische Konsumquote liegt seit 2005 ausnahmslos über der kritischen Schwelle von 100 Prozent des verfügbaren Einkommens. Zuletzt lag der Wert bei 112,5 Prozent. Zum Vergleich: 2017 betrug die deutsche Konsumquote 88 Prozent, die der EU 93 Prozent.

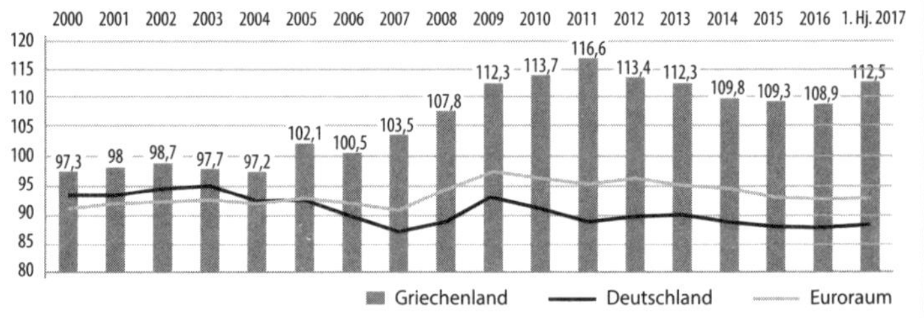

Quelle: cepDefault-Index 2018

Abb. 9: Konsumquote – Griechenland lebt über seine Verhältnisse.

Besonders dramatisch ist zudem, dass Griechenland von seiner Substanz lebt. Seit Ausbruch der Krise schrumpft der Kapitalstock des Landes kontinuierlich. Das heißt: Es werden weder Ersatz- noch Erweiterungsinvestitionen in Fabriken, Maschinenparks oder Werkshallen vorgenommen. 2017 war der Einbruch sogar stärker als jemals zuvor.[38] Ursache dafür sind sowohl mangelnde öffentliche als auch mangelnde private Investitionen. Griechenland verliert stetig weiter an Wettbewerbsfähigkeit, statt aufzuschließen. Athen gibt also immer noch mehr aus, als es einnimmt und es fehlt an kapazitätssteigernden Investitionen in die Zukunft. Der Motor der griechischen Wirtschaft ist kaputt. Das wird sofort deutlich, wenn wir einen kurzen Blick hinter die griechischen Kulissen werfen.

Der griechische Staat hat auch ohne die milliardenhohen Target-Verbindlichkeiten weit mehr als 350 Milliarden Euro Schulden. Das übertrifft deutlich den Stand von vor acht Jahren – im Verhältnis zur Wirtschaftsleistung sind die Verbindlichkeiten inzwischen auf schwindelerregende 180 Prozent gestiegen.*

Die Industrieproduktion befindet sich auf dem Niveau der späten 1970er-Jahre. Seit 2008 hat Griechenland 40 Prozent seines Bruttoinlandsproduktes eingebüßt. In der Rangliste des Weltwirtschaftsforums (WEF) zur internationalen Wettbewerbsfähigkeit liegt Griechenland hinter allen anderen Euroländern und selbst hinter Staaten wie Kolumbien oder Mauritius.[39] Bei der Arbeitslosigkeit bleibt Griechenland mit 17 Prozent trauriger Spitzenreiter in der EU. Unter den 15- bis 24-Jährigen beträgt die Arbeitslosenquote 33 Prozent. Rechnet man die Personen mit ein, die monatlich unter 300 Euro verdienen – die also ihren Lebensunterhalt nicht selbstständig bestreiten können –, liegt die Quote weiterhin deutlich über 20 Prozent. Nach Zahlen der Sozialversicherung EFKA bleiben nahezu einem Drittel aller Griechen nur 390 Euro nach Abzug der Sozialbeiträge übrig.[40]

Einen weiteren fragwürdigen Spitzenplatz in Europa belegt Griechenland in der Kategorie der fälligen Verbindlichkeiten an den Fiskus. Die Steuerschulden in Griechenland haben die Schallgrenze von 100 Milliarden Euro bereits durchbrochen und nehmen weiter zu. Ein erheblicher Teil der fälligen Verbindlichkeiten wird kaum jemals beim Fiskus ankommen. Über 12 Milliarden Euro sind bereits als »nicht beitreibungsfähig« charakterisiert.

---

* Dass man bei diesem Schuldenstand überhaupt noch eine Schuldentragfähigkeit unterstellen kann, liegt daran, dass nicht der Nennwert eines Kredits, sondern der Zeitwert entscheidend ist. Und da hat Griechenland einen gewaltigen Wettbewerbsvorteil. Laut Matthias Kullas vom cep spart Griechenland pro Einwohner mehr als 30 000 Euro aufgrund der niedrigen Zinsen und langen Laufzeiten. Die Schuldenerleichterungen aus dem Sommer 2018 sind hier noch nicht einmal eingerechnet.

Bleiben oder gehen?

Griechenland braucht dringend Investitionen. Aber mit welchen Argumenten will man Investoren ins Land locken? Fehlende Rechtssicherheit und quälend lange Genehmigungsverfahren dominieren das Land. Der Erhalt von Betriebs- oder Niederlassungslizenzen dauert mitunter eineinhalb Jahre. Ein Fall im Handelsrecht zieht sich über 1580 Tage hin.

Doch es kommen nicht nur keine neuen Investitionen. Eine Reihe von internationalen Unternehmen hat in der letzten Zeit bekannt gegeben, sich aus ihrer Produktionsaktivität in Griechenland vollständig zurückzuziehen. Die deutsche BSH (ehemals Bosch und Siemens Hausgeräte GmbH) schließt im Oktober 2017 die Pitsos-Fabrik in Renti. Ihren Rückzug aus dem Zweig des Olivenöls gab einen Monat zuvor die Elais-Unilever bekannt. Die Marken Altis, Elanthi, Vitam, Flora, Becel, Super Fresco sowie die Oliven- und Kernölfabrik in Piräus stehen zum Verkauf. PepsiCo hat bereits Jahre zuvor der Produktion von Erfrischungsgetränken in Griechenland ein Ende gesetzt und sowohl die Abfüllanlage in dem bei Korinth liegenden Loutraki als auch den Betrieb der Fabrik in Inofyta aufgegeben. Froneri (Nestlé) schloss die größte Speiseeisfabrik in Griechenland (in Tavros).

Während sich europäische Investoren rarmachen, baut China seine Investitionen in Hellas strategisch aus. Griechenland steht im besonderen Fokus des chinesischen Investitionsrahmens und entwickelt sich aktuell zum Einstiegstor nach Europa. Chinesische (Staats-)Unternehmen investieren mit weitsichtigem Kalkül in Hafengesellschaften, Flughäfen und Energieprojekte. Schon Wilhelm Busch hat erkannt, dass ein Onkel, der Gutes mitbringt, besser ankommt als eine Tante, die bloß Klavier spielt. Die neue griechisch-chinesische Verbundenheit kann sich schnell in eine fragwürdige Richtung entwickeln. Aufgrund des Einstimmigkeitsprinzips ist Griechenland in der Lage, mit seinem Veto künftige EU-Beschlüsse etwa gegenüber China zu blockieren.

Das Vertrauen der eigenen Bevölkerung zurückzugewinnen

könnte sich als noch schwieriger erweisen. Zwar ist die Arbeitslosenquote in den letzten Jahren etwas gesunken, das liegt aber zu einem großen Teil auch an der Abwanderung aus Perspektivlosigkeit. Die gut ausgebildeten jungen Griechen wandern aus, wodurch Griechenland noch strukturschwächer wird. Seit 2010 sind fast eine halbe Million Menschen ausgewandert – darunter 180 000 mit Universitätsdiplom. Griechenland hat rund 11 Millionen Einwohner. Drei von vier Griechen unter 35 denken über Auswanderung nach.

Griechenland verliert nicht nur seine besten Talente, sondern auch sehr viel Geld. Die Ausbildung eines Arztes kostet den Staat rund 100 000 Euro. Dieses Geld ist verloren, wenn die Akademiker nach ihrer Ausbildung ins Ausland gehen. Allein zwischen 2010 und 2016 wanderten etwa 18 000 griechische Ärzte aus.[41] Das entspricht, nur auf die Ausbildung bezogen, einem Verlust von 1,8 Milliarden Euro.

Auch der angebliche Aufschwung der griechischen Wirtschaft ändert nichts an diesem fatalen Aderlass. Höhere Einnahmen verbucht nämlich insbesondere die Tourismusindustrie, deren Arbeitsplätze saisonal angelegt sind und keine seriöse Zukunftsperspektive bieten, vor allem, weil sie nur knapp 800 Euro im Monat einbringen – weit unter den Vorstellungen der jungen Leute, die studiert haben. Um diesen *brain drain* zu durchbrechen, wird potenziellen »Heimkehrern« nun ein Job im ohnehin aufgeblähten Staatsdienst versprochen.

Sollbruchstellen

Wie kaputt die Wirtschaft ist, zeigt die Summe der faulen Kredite in den Büchern der Banken, die gut die Hälfte des Kredit-Portfolios füllen. Diese Werte sind außerhalb jeder Norm und Teil eines Teufelskreises: Wegen der schlechten Liquiditätslage geben die Institute kaum neue Darlehen aus und verdienen deshalb immer weniger am Zinsgeschäft – das bremst die Konjunktur und erschwert den Abbau fauler Kredite.

Das griechische Insolvenzrecht macht es den Banken nahezu unmöglich, notleidende Kredite einzutreiben. Ohne handlungsfähige Banken stürzt Griechenland jedoch vollends ins wirtschaftliche Chaos. Nur mit einer soliden Depositenbasis werden die Banken Vertrauen zurückgewinnen können. Sonst droht die Kreditvergabe schon sehr bald vollkommen zusammenzubrechen und die Anleger werden bei jeder Gelegenheit weiter ihr Geld abziehen.

Aber es gibt noch ganz andere Schwierigkeiten. Unabhängige Gutachten haben festgestellt, dass die griechische Statistikbehörde Elstat nach wie vor nicht die Mindeststandards der EU erfüllt und keine verlässlichen Daten ermitteln kann.[42] Zudem bleibt Griechenland der einzige EU-Staat, der kein flächendeckendes Kataster besitzt. Dessen Erstellung scheitert unter anderem noch immer an den Privilegien der orthodoxen Kirche. Niemand weiß, wem welche Flächen gehören. Ein Paradies für Rechtsanwälte, Notare und Richter, die sich im Dickicht der zahllosen Auseinandersetzungen um Besitztitel eingenistet haben. Ein Fiasko dagegen für den Staat, der keine Bemessungsgrundlage für die Grundsteuer hat. Auch Investoren müssen fürchten, dass ihnen Eigentumsrechte später streitig gemacht werden. EU-Kommissar Pierre Moscovici musste 2017 zugeben, dass es ein funktionsfähiges Kataster nur für rund 10 000 Quadratkilometer gibt, was gerade einmal 7,6 Prozent der Landesfläche entspricht.[43] Griechenland fehlen noch immer Grundpfeiler eines modernen Staatswesens. Bis 2021 soll Griechenland nun erstmals ein flächendeckendes Kataster bekommen.

Griechenland ist mit seiner wichtigsten Exportbranche, der Reederei, äußerst wettbewerbsfähig. Das Land hat die größte und wettbewerbsstärkste Handelsflotte der Welt. Wie Ministerpräsident Tsipras bei der Eröffnung der Schifffahrtsmesse »Posidonia« im Juni 2018 herausstellte, befinden sich 50 Prozent der europäischen Handelsflotte in griechischen Händen.[44] Die Griechen machen nur 0,15 Prozent der Weltbevölkerung aus, kontrollieren aber 20 Prozent der Schiffe, die Handelsgüter weltweit transportieren. Und diese Zahl erfasst nur einen Bruchteil der Realität. Die Handelsschifffahrt ist effektiv drei- bis viermal so groß wie in der Leistungsbilanz und in der volkswirtschaftlichen Gesamtrechnung ausgewiesen.[45] Nicht umsonst wird immer wieder gefordert, dass Griechenland die Exporterlöse seiner Reedereien – entsprechend der Praxis nahezu aller anderen Länder mit einer gewichtigen Handelsflotte – in der Wirtschaftsstatistik abbilden und für eine entsprechende Besteuerung sorgen solle.

Alle Umfragen belegen, dass die griechischen Bürger ein tiefes Misstrauen gegenüber den politischen Parteien, dem Staat und den sogenannten Eliten besitzen. Zu Recht: 33 Milliarden Euro pro Jahr kostet die Korruption Griechenland nach Angaben von Leandros Rakintzis, dem langjährigen Generalinspektor der Verwaltung. Im Transparency International Korruptionsindex CPI 2018 liegt Griechenland auf einem erschütternden 67. Platz – hinter Ruanda, Saudi-Arabien und Kuba.[46] Das Land wäre bald nicht mehr auf internationale Hilfe angewiesen, wenn es die Korruption in den Griff bekäme.

Apropros Hilfen: Griechische Politiker klagen regelmäßig, ihr Land bekomme in der Flüchtlingskrise die Verantwortung für die Schutzsuchenden aufgehalst. Ohne Frage sind die nach offiziellen Angaben rund 60 000 in Griechenland lebende Flüchtlinge für den extrem verschuldeten Staat eine große Herausforderung. Allerdings leben allein in Berlin 61 300 anerkannte Asylbewerber und solche im Verfahren. In dieser Zahl sind die vielen abgelehnten Asylbewerber noch nicht enthalten. Gleichwohl hat die EU zur Bewältigung der Flüchtlingskrise bereits mehr als 1,5 Milliarden Euro nach Athen überwiesen. Die Bilanz der Dublin-Überstellungen – derjenige Teil des gemeinsamen europäischen Asylverfahrens, in dem Asylsuchende in das zuvor für sie bestimmte Land auch abgeschoben werden können – deckt 2017 ein eklatantes Ungleichgewicht auf: Die Bundesregierung hat 2312 Übernahmeersuchen an Griechenland gestellt: In 81 Fällen erkannte Griechenland seine Zuständigkeit an. Tatsächlich überstellt wurde kein einziger Migrant. Griechenland hingegen stellte an Deutschland 5692 Übernahmeersuchen, 5307-mal stimmte das Bundesamt für Migration und Flüchtlinge (BAMF) zu. In 3164 Fällen gelang die Überstellung.[47]

Exodos

Im Sommer 2019 wurde Kyriakos Mitsotakis zum neuen Ministerpräsidenten Griechenlands gewählt. Er ist mit einer Vielzahl von mutigen Initiativen, die für eine reformorientierte Wirtschaftspolitik sprechen, gestartet und vermittelt das Gefühl, dass Griechenland jetzt eine Regierung hat, die für die Bürger ein funktionierendes Land will. Doch auch wenn wir alle wollen, dass sich die Situation in Griechenland endlich verbessert, dürfen wir nicht die Augen vor der Realität verschließen. Die herkömmliche Rettungspolitik funktioniert nicht. In Griechenland ist sie gescheitert. Die Abgabe von Haushaltskompetenzen an die europäische Ebene in Verbindung mit hohen Ausgleichs- und Hilfszahlungen hat keine Trendumkehr gebracht. Warum auch? Es gelingt ja nicht einmal innerhalb Deutschlands, die seit über zwanzig Jahren aus dem Ruder laufenden Haushalte Bremens oder des Saarlandes in den Griff zu bekommen. Dafür haben wir für die Rettungspolitik einen dramatisch hohen Preis gezahlt. Das Vertrauen in das europäische Projekt wurde massiv erschüttert und der innere Zusammenhalt geschwächt. Die gescheiterte Griechenlandrettung hinterlässt tiefe Narben auf der europäischen Haut.

Die Gläubigerinstitutionen scheinen zu hoffen, dass der Kapitalpuffer bis 2032 trägt. Die Euro-Finanzminister haben schon beschlossen, dass dann erneut über Zinsstundungen und Laufzeitverlängerungen beraten wird. Die Situation in Griechenland wird sich wie gezeigt bis dahin kaum zum Besseren gewandelt haben. Dafür könnte der Stabilitätsrahmen in Europa dann längst weiter aufgeweicht und die Bemühungen, Europa zur Haftungsunion umzubauen, vorangekommen sein. Ist das das Kalkül hinter den Vereinbarungen? Eine europäische Arbeitslosenversicherung, Abfederungen gegen wirtschaftliche Schocks, europäische Einlagensicherung – auf irgendeinem Kanal werden die griechischen Probleme sich in den nächsten Jahren schon europäisieren lassen.

Deutsche Bürger fragen sich, warum sie für jahrelange griechische Misswirtschaft bezahlen sollen. Die jungen Griechen wollen verständlicherweise nicht für die Sünden der Vergangenheit geradestehen. Doch genau das scheint ihr Schicksal zu sein. Griechenland wird so lange unter verstärkter EU-Beobachtung stehen, bis 75 Prozent der Kredite zurückgezahlt sind. Das wäre nach aktueller Kalkulation in 45 Jahren. Ein junger Grieche, der bei der Europawahl 2019 mit 19 Jahren das erste Mal wählen durfte, kennt seit seinem neunten Lebensjahr nichts anderes als Krise. Zu dem Zeitpunkt, wo die verstärkte EU-Beobachtung ausläuft und eine griechische Regierung erstmals wieder selbstständig Politik gestalten kann, wird er in Rente gehen. Ein Leben unter dem Vorzeichen der Krise.

Eine Situation, die nach den europäischen Verträgen und dem Geist der Währungsunion nie hätte entstehen sollen. Es bleibt deshalb geboten, dass wir uns die Frage stellen, ob die europäische Rettungspolitik nicht ein System am Leben hält, das schlussendlich nicht zukunftsfähig ist. Um ganz klar zu sein: Die griechischen Bürger haben in den letzten Jahren extreme Opfer gebracht und unglaublich harte Einschnitte hinnehmen müssen. Aber das kranke System bleibt. Wolfgang Schäuble wies bereits 2012 zu Recht darauf hin, dass Griechenlands Problem das komplette Versagen seiner Eliten ist.[48] Die Geschichte kennt keine überzeugenden Beispiele dafür, dass sich Finanzkrisen dieses Ausmaßes anders lösen ließen als durch eine Kombination aus Schuldenschnitt und Abwertung. Uns fehlt bis heute ein tragfähiger Gegenentwurf.

Exportweltmeister Deutschland?

»Die Deutschen sind schlecht, wirklich schlecht.
Schauen Sie sich die Millionen von Autos an, die sie in den USA verkaufen.
Es ist schrecklich. Wir werden dem ein Ende setzen.«
Donald Trump zu Jean-Claude Juncker

»Es ist keine gute Idee, in einer überschuldeten Welt Gläubiger zu sein.«
Daniel Stelter

Es gilt mittlerweile als Binsenweisheit, dass Deutschland der Hauptprofiteur des Euro sei. Um diese weitverbreitete Auffassung zu untermauern, werden insbesondere im Ausland gern die hohen deutschen Außenhandelsüberschüsse ins Feld geführt. Deutschland wird wegen dieser Überschüsse jedoch nicht als wirtschaftliche Lokomotive gefeiert oder als Freihändler bejubelt, sondern als ein »wirtschaftlicher Aggressor« betrachtet.[49] Die Überschüsse, heißt es allenthalben, gingen zulasten der Partner.

Immer lautstärker und offensiver erheben sich Forderungen, dass Deutschland als Ausgleich für die vermeintlich ungerechten Vorteile auch höhere finanzielle Lasten übernehmen müsse. Der deutsche Widerstand gegen ständig steigende Transfers in andere Staaten der Eurozone wird deshalb mittlerweile offen als egoistisch und antieuropäisch gebrandmarkt. Auch innerhalb Deutschlands steigt der Druck, das Büßergewand anzuziehen. Sollte man nicht teilen, was man auf diese Weise erworben hat?

Ein Exportmodell gerät unter Beschuss

Gerade die Grünen tun sich hier in besonders unverantwortlicher Weise hervor. Exemplarisch lautet es in ihrem Wahlprogramm zur Europawahl 2019: »Denn ein Exportland wie Deutschland, das am meisten vom Euro profitiert und in dem Millionen von Arbeitsplätzen von einer stabilen Währung abhängig sind, kann sich nicht damit zufriedengeben, wenn wir einen Haushalt mit schwarzer Null vorlegen, anderswo aber die Jugendarbeitslosigkeit steigt.« Die Botschaft ist klar. Aber es ist unlauter und ökonomisch unsinnig, solide Haushaltsführung gegen Jugendarbeitslosigkeit in anderen Ländern auszuspielen. Offensichtlich wollen die Grünen neue Schuldenkapazitäten schaffen, für die Deutschland zahlen oder zumindest haften soll – es wäre ja in unserem eigenen Interesse.

Doch warum soll eigentlich gerade Deutschland zahlen?

Die deutschen Haushalte gehören zu den Ärmsten in Europa. Das ist kein Witz. Wie Abbildung 10 zeigt, besitzen die Deutschen eines der geringsten Median-Haushaltsvermögen im gesamten Euroraum und auch den geringsten Anteil an Wohneigentum.

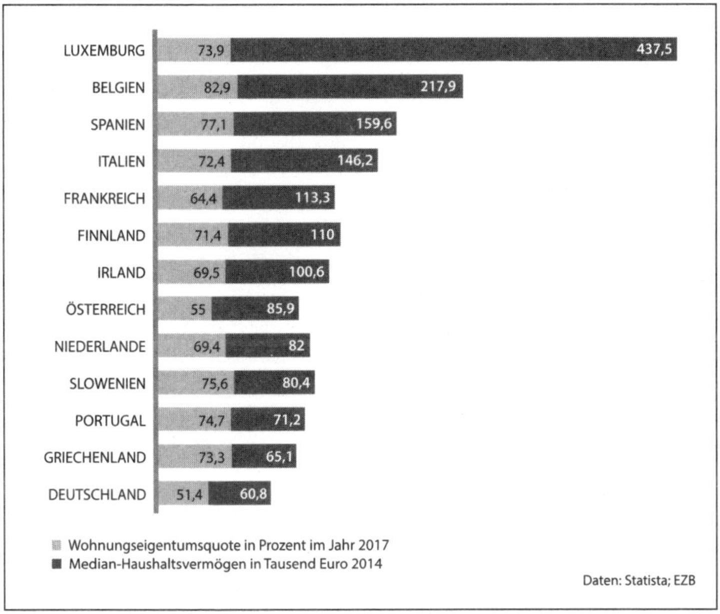

Abb. 10: Vermögensverteilung im Euroraum.

Trotz der enormen Wirtschaftsstärke Deutschlands und der ausgeprägten Sparsamkeit der Bürger belegen wir bei der Vermögensbildung im Vergleich mit anderen europäischen Ländern einen der letzten Plätze. Warum ist das so?

Deutschland hat unter anderem die zweithöchste Steuer- und Abgabenquote der OECD-Staaten, wir teilen uns mit Dänemark den höchsten Strompreis der EU und wir sparen schlicht und ergreifend falsch. In Ländern wie den Niederlanden oder Dänemark liegt das Pro-Kopf-Einkommen ähnlich hoch wie in Deutschland, die Einwohner verfügen aber über ein doppelt so hohes Median-Vermögen. Dabei ist die Sparquote in Deutschland sogar höher! Doch deutsche Sparer geben zinsbasierten Anlageformen zumeist den Vorzug vor Eigenkapitalanlagen – sprich Sparbuch vor Aktien. An dem Wachstum der Wirtschaft und laufenden Erträgen der Unternehmen lässt sich so nicht partizipieren. Friedrich Merz hat dieses wichtige Thema bei seiner Kandidatur zum CDU-Parteivorsitzenden auf die Tagesordnung gesetzt und eine bessere Vermögensbildung der eigenen Bevölkerung durch Förderung einer Aktienkultur vorgeschlagen. Eine ähnliche Diskussion müssten wir längst auf nationaler Ebene führen. Denn so erfolglos wir individuell sparen, so unklug sparen wir als Volkswirtschaft.

Bevor wir uns also für die hart erarbeiteten wirtschaftlichen Erfolge schämen und reumütig und pflichtbewusst die auf den Weltmärkten verdienten Früchte verschenken, lohnt es sich, die These vom Euro-Gewinner zu hinterfragen und die hinter dieser Vorwurfshaltung steckenden Dynamik zu verstehen. Drei Fragen sind dabei grundlegend: Was bedeutet eigentlich der Deutschland anhängende Titel als Exportweltmeister? Ist Deutschland wirklich der große Euro-Profiteur? Und welche Alternativen gibt es für unser Wirtschaftsmodell?

Allein 2018 lag der deutsche Leistungsbilanzüberschuss bei 300 Milliarden Euro – Weltmeister mit großem Vorsprung. Was bedeutet das konkret? Ein Leistungsbilanzdefizit etwa entsteht, wenn ein Land – wie etwa die USA – mehr verbraucht, als es produziert und sich im Ausland verschuldet. Analog sagt ein Leistungsbilanzüberschuss wie der deutsche aus, dass die inländischen Ersparnisse größer sind als die inländischen Investitionen: Ersparnisse werden also im Ausland aufgebaut. Es ist wichtig, sich das klarzumachen: Die deutschen Leistungsbilanzüberschüsse gehen mit einem Netto-Kapitalexport einher und messen, um wie viel sich das Ausland bei Deutschland verschuldet hat. Der Titel des Exportweltmeisters gilt also für Waren und Ersparnisse gleichermaßen.

Im Prinzip ist es aus deutscher Sicht nicht unvernünftig, hohe Forderungen gegen das Ausland aufzubauen. Wenn wir in einigen Jahren die Alterungsfolgen in vollem Ausmaß zu spüren bekommen, können wir diese Forderungen einlösen. Heutiges Sparen kann und soll also zukünftigen Konsum ermöglichen. Die Exportüberschüsse sind für uns jedoch nur dann vorteilhaft, wenn wir mit ihnen positive Rendite erzielen und uns zudem das Auslandsvermögen eines Tages auch wieder zurückholen können. Doch beides klappt nicht. Während Länder wie Norwegen werthaltige und renditestarke Forderungen aufbauen, geht es uns wie dem Eichhörnchen, das fleißig Nüsse sammelt und versteckt, diese aber im Winter nicht wiederfindet, so der Ökonom Daniel Stelter.[50] Wirtschaftsexperte Gunther Schnabl berechnet: »Das offiziell ausgewiesene Nettoauslandsvermögen Deutschlands war Ende 2017 mit 1927 Milliarden Euro um 833 Milliarden Euro niedriger als die Summe der seit 1981 erwirtschafteten Leistungsbilanzüberschüsse.«[51]

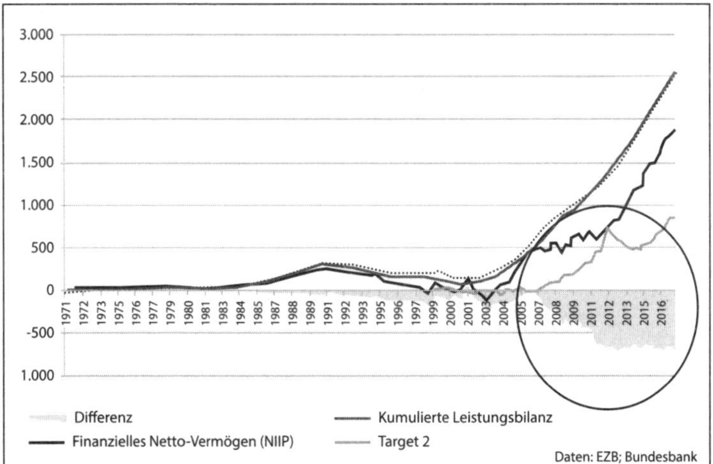

Abb. 11: Deutschlands verschenkte Leistungsbilanzüberschüsse.

Wie kann das sein? Es gibt im Wesentlichen drei Gründe dafür. Die Target-Salden des Eurosystems, die anhaltende Nullzinspolitik der Notenbanken und ein Anlageverhalten, das uns weltweit den Ruf von *Stupid German Money* eingebracht hat. Gemeinsam führen diese drei Faktoren zu einem fatalen Ergebnis: Langfristig wird ein großer Teil unserer Exportüberschüsse schlicht und ergreifend verschenkt.

Target-Salden

Der Euro zwingt uns zur zinslosen Kreditvergabe an faule Schuldner. Durch die großen Ungleichgewichte im innereuropäischen Handel häuft die Bundesbank riesige Forderungen von letztlich zweifelhafter Güte an, die nicht fällig gestellt werden können und die momentan zins- und tilgungsfrei sind. Fast die Hälfte des gesamten Nettoauslandsvermögens der Bundesrepublik Deutschland befindet sich in diesen Target-Salden – wir kommen später noch einmal ausführlich auf sie zurück. Allein die Tatsache, dass durch Target weit mehr als die Hälfte der Aktiva der Bundesbank – also die Summe ihres Vermögens – unter »Sonstige Forderungen« ausgewiesen wird, ist ein klares Zeichen für eine ungesunde Anomalie. Angesichts der enormen Schuldensituation einiger Euroländer muss man sich fragen, was wir eigentlich von den Handelsüberschüssen haben, die wir mit den anderen Ländern des Euroraumes erzielen.

Denn es steht in den Sternen, ob die Target-Schuldner eines Tages willig und fähig sein werden, ihre Verbindlichkeiten vollständig zu begleichen. Das gilt nicht nur für den Fall eines Auseinanderbrechens der Eurozone. Viele Eurostaaten mit großen Verbindlichkeiten im Target-System haben die gleichen demografischen Probleme wie Deutschland. Eine schrumpfende erwerbsaktive Bevölkerung soll also in einigen Jahren nicht nur immer mehr heimische Rentner versorgen, sondern auch die angesammelten Schulden zurückzahlen. Wenn der Mühlstein für den Schuldendienst irgendwann zu schwer wird, bringt das nicht nur Probleme für die betroffenen Länder, sondern auch für Deutschland als Gläubiger.

Dass Schuldnerländer nicht mehr zahlen wollen oder können, kann sogar relativ schnell passieren. Der deutsche Überschuss ist international so groß, dass durch ihn der Euroraum in seiner Gesamtheit einen substanziellen Leistungsbilanzüberschuss aufweist. Das wird irgendwann zu einer Währungsaufwertung führen, die den schwächeren Ländern wirtschaftlich das Genick brechen könnte. Im Wesentlichen sind drei Szenarien wahrscheinlich: Im »besten« Fall bekommen wir auf unsere Ersparnisse lediglich keine Zinsen. Kommt es zu weiteren Schuldenrestrukturierungen im Euroraum, verlieren wir zusätzlich zumindest einen Teil unserer Forderungen. Der Worst Case ist der Zerfall der Währungsunion, der zu einem Totalverlust unserer Forderungen führen könnte.

Nullzins

Hier sind wir wieder bei den Grünen, die bei jeder Gelegenheit zum Besten geben, dass Deutschland am meisten von niedrigen Zinsen profitiert – schließlich habe Deutschland seine Staatsschuld gesenkt und die Bundesfinanzminister Schäuble und Scholz bekamen bei Negativzinsen sogar noch Geld »geschenkt«, wenn sie Schulden aufnehmen. »Zehn Jahre Krise in Europa haben den deutschen Haushalt saniert. Es ist eine Frage der Gerechtigkeit, dass Deutschland davon etwas zurückgibt und für europäische Investitionen zur Verfügung stellt«, fordert der haushaltspolitische Sprecher der Grünen, Sven-Christian Kindler.[52] Aus ökonomischer Sicht ist diese Argumentation, wie es im Berliner Börsenjargon so schön heißt, reiner Mumpitz. Deutschland ist in seiner Gesamtheit aus Staat, Unternehmen und privaten Haushalten ein Nettogläubiger, seine Förderungen übersteigen also seine Verbindlichkeiten. Das heißt, der Zinsrückgang belastet Deutschland in der Summe der verschiedenen Sektoren. Sparer verlieren durch den Nullzins hunderte Milliarden Euro.

Um zu verstehen, warum gerade die deutschen Sparer im besonderen Maße Sicherheit und Rendite benötigen, lohnt es sich, das Rentensystem – genauer gesagt die sogenannte Netto-Ersatzquote –

anzusehen. Diese Kennzahl setzt die Höhe der durchschnittlichen Rente ins Verhältnis zum durchschnittlichen Arbeitsverdienst. Bei einer Netto-Ersatzquote von 50 Prozent führen beispielsweise 2000 Euro Nettolohn zu 1000 Euro Nettorente. In den OECD-Staaten beträgt die durchschnittliche Netto-Ersatzquote 63 Prozent. Frankreich leistet sich 70 Prozent, Spanien knapp 82 und in Italien und Portugal sind es sogar jeweils über 90 Prozent. In Deutschland erhält ein Rentner dagegen nur 50 Prozent seines durchschnittlichen Arbeitseinkommens.[53] Diese im Vergleich ausgesprochen niedrige Netto-Ersatzquote erklärt die ausgeprägte deutsche Angst vor Altersarmut sowie die Bedeutung des Langfristsparens.

Stupid German Money

Offenbar beherrscht Deutschland die Kunst, Geld zu verbrennen. *Stupid German Money* ist seit Jahren ein fester Begriff an den globalen Finanzmärkten. Ursprünglich wurde die Bezeichnung um die Jahrtausendwende von US-amerikanischen Filmproduzenten für Gelder aus geschlossenen deutschen Medienfonds* geprägt.

Mit diesen großzügigen Fondsgeldern konnten Produzenten und Initiatoren selbst bei erfolglosen Filmen kräftig verdienen. Die deutschen Anleger gingen dagegen meist leer aus. Seitdem wurde dieser Begriff auf eine Vielzahl von Finanztransaktionen ausgeweitet. Viele deutsche Konzerne haben spektakuläre Übernahmen mit hohen Verlusten bezahlt. Nachdem Ron Sommer und die Telekom etwa für Voicestream 51 Milliarden Dollar hinlegten, folgte ein Wertverfall von über 90 Prozent.

Gerade kurz vor dem Ausbruch der weltweiten Finanzkrise im Jahr 2008 hat sich Deutschland mit besonders ungeschicktem Verhalten hervorgetan. Denken wir an Institute wie die HSH Nordbank oder die Bayern LB, die im vierten Quartal 2007 – also unmittelbar

* Bei geschlossenen Medienfonds tragen Anleger mit ihren Investitionen zur Finanzierung einer Filmproduktion bei und werden dafür am Einspielergebnis beteiligt.

vor dem Platzen der Immobilienblase – noch 60 Milliarden Euro in die USA transferierten. Die staatseigene Förderbank Kreditanstalt für Wiederaufbau (KfW) lieferte schließlich das Paradebeispiel dafür, zu spät zur Party zu kommen und zu lange zu bleiben. Sie überwies an Lehman Brothers noch 320 Millionen Euro – wohlgemerkt nachdem die Bank den Insolvenzantrag gestellt hatte. Unvergesslich auch das bekannt gewordene Telefonat irischer Pleite-Banker aus dem Jahr 2008, die deutsche Investoren verspotten, die ihnen bereitwillig Geld geliehen hatten. Die Top-Manager der bankrotten Anglo Irish Bank amüsierten sich besonders darüber, dass die Deutschen einer Garantie des irischen Staates für Bankeinlagen vertrauten, was sie schließlich dazu veranlasst, höhnisch »Deutschland, Deutschland, über alles« zu singen.[54] In der Hochzeit der Krise zwischen 2006 und 2012 haben deutsche Investoren im Ausland rund 600 Milliarden Euro verloren.[55] Die Bundesrepublik war damit einer der größten Verlierer der Krise.[56]

Der deutsche Sparer und die USA

Viel zu wenig machen wir uns die Ausgangslage bewusst: Wir Deutschen sind in einer überschuldeten Welt einer der größten Gläubiger. Und das in einer Zeit, in der es einen internationalen Konsens von Politik und Zentralbanken gibt, die Märkte bewusst zum Vorteil der Schuldner und Sachwertbesitzer zu steuern. Diese Konstellation ist keine gute Nachricht für den deutschen Sparer und es mag überraschen, aber sie hat längst geostrategische Bedeutung erlangt. Das lässt sich etwa am Beispiel der USA verdeutlichen. Die transatlantische Partnerschaft zwischen den USA und Deutschland ist ein wesentlicher Stützpfeiler der deutschen Außenpolitik. Doch das bedeutet keineswegs, dass auch die ökonomischen Interessen gleichgelagert sind. Vielmehr brechen Verteilungskonflikte zwischen Gläubigern und Schuldnern auch hier immer offener durch.

Die USA leben seit Jahrzehnten über ihre Verhältnisse. Nicht nur der Staat ist über beide Ohren verschuldet, sondern auch die Unternehmen. Und im Gegensatz zu Deutschland sind die Mehrheit der privaten Haushalte und damit der Wähler ebenfalls betroffen. Der Schuldenstand der US-Unternehmen hat ein Rekordvolumen erreicht, das längst die Höchstwerte während der Internet-Hausse und des Immobilienbooms übersteigt. Besonders besorgniserregend ist, dass die Unternehmen das geliehene Geld nicht in die Entwicklung neuer Produkte oder Maßnahmen zur Erhöhung ihrer Produktivität investieren, sondern größtenteils Kurspflege und ein fragwürdiges *financial engineering* betreiben. Sie nutzen die niedrigen Zinsen, um den Kreditmarkt anzuzapfen und kaufen mit dem frischen Geld ihre eigenen Aktien zurück. Das treibt kurzfristig die Gewinne an, erhöht jedoch auch den Verschuldungsgrad. Vor allem ist es eine riskante Wette auf anhaltend tiefe Zinsen.

Goldman Sachs stellte schon 2016 fest, dass Aktienrückkäufe die Hauptquelle für die Nachfrage nach US-Aktien waren und es ohne diese Maßnahmen an den US-Börsen kaum Aussicht auf positive Kursentwicklungen gegeben hätte.[57] Damals setzten die Unternehmen 600 Milliarden Dollar ein. 2018 ist das Volumen der Aktienrückkäufe im amerikanischen Unternehmenssektor sogar auf 1,1 Billionen Dollar hochgeschossen.[58] Laut dem ehemaligen Hedgefondsmanager Florian Homm beruhen 82 Prozent der Gewinnsteigerungen von 2007 bis heute auf den niedrigen Zinskosten.[59] Eine gesunde wirtschaftliche Dynamik und ein selbsttragender Aufschwung sehen definitiv anders aus.

Die US-Unternehmensschulden haben sich nicht nur sprunghaft erhöht, sondern ihre Qualität hat sich zudem dramatisch verschlechtert. Das lässt sich daran ablesen, dass das Segment der US-Firmenanleihen, die gerade noch mit der Ratingnote BBB versehen sind, seit 2007 von 750 Milliarden Dollar auf 2,7 Billionen Dollar angewachsen ist. Damit befindet sich ein Großteil der ausstehenden US-Unternehmensanleihen an einer besonders kritischen Schwelle. Alles was darunter liegt, wird dem sogenannten nicht investierbaren Bereich zugerechnet und als Ramsch oder spekulativ bezeichnet. Institutionelle Investoren wie Pensionskassen und Versicherungen wären im Fall einer Herabstufung in diesen Bereich aufgrund ihrer

Anlagerichtlinien unmittelbar zu Verkäufen gezwungen. Die Hälfte aller Unternehmens-Bonds im investierbaren Bereich steht also an einer gefährlichen Klippe.

Die Mischung aus Konjunkturabschwächung, politischen Unsicherheiten und Zinsanstieg könnte schnell zum Streichholz an diesem Pulverfass werden und dazu führen, dass eine nie gesehene Anzahl von Unternehmensschulden auf »Ramschniveau« zurückgestuft würde. Die Folge wäre eine sich selbst verstärkende Dynamik: Zunächst stiegen die Zinskosten und Investoren sprängen ab. Die Unternehmen gerieten unter Druck. Bei den beliebten Indexfonds (ETF) käme es zu Verkäufen, wenn einzelne Emittenten aufgrund schwächerer Ratings aus dem Index fielen. Eine kaum aufzuhaltende Abwärtsspirale nähme ihren Lauf.

Auch die Schulden der amerikanischen Privathaushalte wachsen seit Jahren in sämtlichen Schuldenkategorien an. Von Hypotheken- über Studentendarlehen und Autokrediten bis zu Kreditkartenschulden schießt alles in die Höhe. Gleichzeitig befindet sich die Sparneigung auf einem ähnlich tiefen Stand wie zuletzt vor dem Ausbruch der Finanzkrise Ende 2007. Laut der amerikanischen Notenbank FED könnten 46 Prozent der Amerikaner eine plötzliche Notausgabe von 400 Dollar nicht stemmen.[60] Es segeln aber keineswegs nur die Haushalte mit niedrigem Einkommen hart am Wind. Selbst 20 Prozent der befragten Haushalte mit einem Einkommen von über 100 000 Dollar gaben an, eine ungeplante Ausgabe von 400 Dollar nicht problemlos bewältigen zu können.

Eine Ursache dafür liegt in der hohen Bedeutung des Eigenheimbesitzes. Viele Amerikaner haben ihre Mittel fest im eigenen Haus gebunden und verlassen sich auf das Eigenheim als Altersvorsorge und zum Teil auch als Geldautomat. Wenn die Immobilien an Wert zulegen, wird ein Sparkonto überflüssig. In dieser besonderen Bedeutung des Eigenheimbesitzes lagen schon die Ursachen der letzten Finanzkrise: Banken reichten damals Immobilienkredite an Personen aus, denen offensichtlich die notwendigen Mittel fehlten. Anschließend luden sie die Risiken bei den staatsnahen Hypothekenfinanzierern Fannie Mae und Freddie Mac ab. Die US-Regierung betrachtete die Kreditvergabe an untere Einkommensschichten zum Erwerb von Immobilien quasi als Sozialprogramm und Ersatz für die kaum vorhandenen staatlichen Transferzahlungen.

Die amerikanische Schuldensituation bringt mehrere politische Implikationen mit sich, die für Deutschland hoch relevant sind und den deutschen Sparer vor schlechte Aussichten stellen.

Erstens: Die Rettungsorgien werden fortgesetzt. Der Werterhalt und die Wertentwicklung von Immobilien und anderen Sachanlagen wie Aktien haben für die US-Politik höchste Priorität. Deshalb ist die US-Regierung, entgegen ihrer eigentlichen Marktrhetorik, bei Marktunruhen und Börseneinbrüchen stets an vorderster Rettungsfront zu finden. So wurde der Begriff *too big to fail* bereits 1984 bei der Rettung der Bank Continental Illinois geprägt. Staats- und Notenbankhilfen waren auch die Antwort auf die US-amerikanische Sparkassenkrise (*Savings-and-Loan Crisis*) in den frühen 1990er-Jahren. Spätestens der Milliarden-Beistand für den Hedgefonds LTCM, der sich 1998 im großen Stil mit russischen Staatsanleihen verzockt hatte, setzte das Gleichgewicht von Handlung und Haftung sichtbar außer Kraft. »Markt ohne Marktwirtschaft« nennt der Manager Leonhard Fischer das entstandene Gebilde, bei dem Gewinne belohnt, Verluste aber nicht bestraft, sondern abgewälzt werden.[61]

Kein Wunder, dass die USA auch in der Eurokrise permanent auf eine bedingungslose Rettung gedrungen haben und es weiter tun werden. Paul Craig Roberts, stellvertretender Finanzminister in der Regierung Reagan, bringt die amerikanische Perspektive auf die anwachsende europäische Zentralisierung und die Rettungspolitik auf den Punkt: »Bei dieser Zentralisierung der Macht geht es um viel Geld. Vieles davon ist amerikanisches Geld. Ein vereintes Europa ist leichter zu steuern als ein zersplittertes Europa.«[62]

Zweitens: Steigende Realzinsen werden vermieden. Da die US-Schulden stark von Sparernationen wie China oder eben Deutschland gekauft werden, kommt ein Zinsanstieg aus amerikanischer Perspektive einem Nettovermögenstransfer ins Ausland gleich. Aus diesem Grund haben die USA kein Interesse an einem deutlich positiven Realzins – also Nominalzinsen, die höher sind als die Inflationsraten. Die amerikanische Notenbank FED hatte zwar im Gegensatz zur EZB mit zaghaften Zinserhöhungen begonnen, sie lief aber immer kontrolliert der Inflation hinterher, ohne sie einfangen zu wollen.

Drittens: Eine Deflation wird weiter durch Gelddrucken bekämpft. Deflation schadet dem Schuldner. Die USA werden deshalb auch künftig versuchen, jede deflatorische Anpassung schon im Keim durch eine expansive Geldpolitik zu ersticken. Nicht anders verhielt es sich 2008, als der Markt erforderte, die Überschuldung durch eine starke Deflation zu lösen. Letztlich verhinderte nur die Feuerkraft der Notenbanken einen entsprechend drastischen Preisrückgang und die anschließenden Pleitewellen. Den Preis dafür zahlen wir heute in Form der Nullzinspolitik.

Die amerikanischen Interessen als Schuldner liegen bei diesen Themen größtenteils quer zu den deutschen Interessen als Gläubiger. Mittlerweile hat sich ein Muster etabliert: Die USA betreiben entweder eine expansive Geldpolitik, die den Dollar abwertet und damit den realen Wert der Auslandsverschuldung senkt. Oder sie schaffen Finanzmarktblasen, wir erinnern uns an die Dotcom-Blase oder die Hypothekenmarktblase. Auf diese Weise brauchen die USA einen beträchtlichen Teil ihrer Auslandsverschuldung nicht mehr zurückzuzahlen. Seit 1980 haben sie ein Leistungsbilanzdefizit von 10,8 Billionen Dollar angehäuft, ihre Nettoauslandsverbindlichkeiten liegen aber fast 3 Billionen Dollar niedriger.[63]

Wenn wir über Handelspolitik sprechen und streiten, müssen wir diese Zusammenhänge viel tiefer beleuchten. Wir müssen uns fragen, ob die Nachfrage nach den deutschen Produkten letztlich dank verschenktem Geld boomt. Wir müssen hinterfragen, warum Deutschland der größte Gläubiger der Welt ist, deutsche Akteure aber nahezu in keiner Asset-Klasse als bedeutende Investoren auftreten.

Der große Euro-Gewinner?

Schauen wir wieder auf die Eurozone. Hier scheint die Situation eindeutig: Viele Länder im Euroraum haben erhebliche Probleme, die deutsche Wirtschaft dagegen brummt und die Arbeitslosenzahl ist gering. Soll da etwa kein Zusammenhang bestehen? Das hinter dieser Überlegung stehende Argument lautet folgendermaßen: Wäre Deutschland nicht Mitglied der Eurozone, wäre der Wechselkurs einer möglichen D-Mark höher, das Wirtschaftswachstum niedriger und die Arbeitslosigkeit würde ebenfalls steigen.

Tatsächlich ist Deutschland doppelt unterbewertet.[64] Zum einen im Euro unterbewertet. Produkte aus Deutschland sind im Vergleich zu denen anderer Euroländer zu billig, weil – wie gezeigt – die heutigen Krisenländer nach der Euro-Einführung mithilfe von Krediten Lohnerhöhungen durchsetzten, die jenseits der Produktivitätsentwicklung lagen. Zum anderen ist der Euro gegenüber den Nicht-Euroländern unterbewertet, weil die EZB den Fuß nicht vom Gas nimmt, während andere Notenbanken wie die FED erste Schritte zur Normalisierung der Geldpolitik eingeläutet haben.

Dieser Zustand lässt zwei Lesarten zu. Wenn Deutschland im Euro um knapp 20 Prozent unterbewertet ist, bedeutet das nicht nur, dass Unternehmen zu günstig exportieren können. Es bedeutet auch, dass das Geld, das der deutsche Arbeitnehmer verdient, 20 Prozent zu wenig Kaufkraft hat! Wir sprechen also von einem riesigen Realeinkommensverlust für Deutschland. Das ist ein entscheidender Punkt, der in der Debatte aber gar nicht auftaucht. Die Diskussion wird fast ausnahmslos unter der impliziten Annahme geführt, eine schwache Währung sei etwas Gutes.

Dieses Argument ignoriert die zentrale Erkenntnis der Handelsökonomik, dass die Subventionierung von Exporten dem Exportland langfristig mehr schadet als hilft. Das liegt daran, dass eine starke Währung Unternehmen zwingt, innovativ und effizient zu sein; fast alle Länder mit harter Währung haben vergleichsweise innovative Branchen. Die harte D-Mark war ein Fitnessprogramm für die deutsche Wirtschaft, weil Wettbewerbsfähigkeit nur über

Produktivitätszuwächse und Effizienzsteigerungen erzielt werden konnte. Unternehmen waren beständig gezwungen, ihre Produkte und Produktionstechniken zu modernisieren.

Der schwache Euro und das tiefe Zinsniveau hingegen haben den Wettbewerbsdruck für die deutsche Wirtschaft deutlich gesenkt. Es wird weniger investiert, Innovationen bleiben aus und der technische Fortschritt stagniert. Wir verlassen uns immer mehr darauf, billig zu produzieren statt besser. Wie McKinsey in einer Studie zeigte, sind die deutschen Produktivitätszuwächse deshalb bereits auf einen historischen Tiefstand gesunken.[65] Produktivitätsgewinne sind aber die Grundlage für reale Lohnerhöhungen und die Finanzierung der Sozialsysteme. Somit hat unsere Wettbewerbsfähigkeit bereits begonnen zu erodieren, auch wenn die Risse im Fundament noch durch die zu billige Währung übertüncht werden.

Der Euro sollte zu einer wirtschaftlichen Annäherung der Euroländer führen und vor allem Handel, Investitionen und Wohlstand befördern. Aber die Handelsbeziehungen zwischen Deutschland und den anderen Eurostaaten haben seit der Euro-Einführung beträchtlich an Umfang verloren. Gingen Anfang der 1990er-Jahre noch mehr als die Hälfte der deutschen Ausfuhren in die Länder des Euroraums, beträgt der Anteil des Euroraums als Zielregion der deutschen Exporte heute nur noch 37 Prozent. Der Handel mit Wachstumsmärkten außerhalb des Euroraums hat dagegen stark an Bedeutung gewonnen. Der Anteil der deutschen Exporte in die BRICS-Staaten hat sich zwischen 2000 und 2017 mehr als verdoppelt, allein die deutschen Exporte nach China konnten sich in dieser Zeit mehr als vervierfachen, selbst der Handelsanteil mit EU-Staaten, die nicht Teil der Eurozone sind, hat deutlich zugenommen.[66] Mit Blick auf den innergemeinschaftlichen Handel lässt sich ein positiver Effekt des Euro also nicht erkennen.

Hat der Euro dann zumindest die Investitionen befördert? Clemens Fuest, Präsident des ifo Instituts, kommt auch bei dieser Frage zu einem ernüchternden Fazit. »Die Daten geben keinen klaren Hinweis, dass der Euro die Investitionen gefördert haben könnte.«[67] Er argumentiert, dass vor allem die Länder, deren Währungen zuvor häufig gegenüber der D-Mark abgewertet haben, aus dem Wegfall der Wechselkursschwankungen Nutzen ziehen konnten. Diese Länder profitierten von einem tiefen Zinsniveau, das sie dem Vertrauen und der Glaubwürdigkeit verdankten, welches von der Bundesbank auf die EZB übergegangen war. In der Folge waren internationale Investoren bereit, in diesen Ländern verstärkt zu investieren.

Deutschland konnte naturgemäß daraus keinen Vorteil ziehen. Im Gegenteil: Der bisherige Standortvorteil als Ankerwährung entfiel und ausländische Unternehmen, die den deutschen Markt beliefern wollten, aber vor hohen deutschen Löhnen und Steuern zurückschreckten, hatten es nun leichter, ihren Standort außerhalb Deutschlands zu suchen. Das bekam der deutsche Konsument deutlich und unangenehm zu spüren: Importe wurden teurer, und die Tage des billigen Urlaubs in Italien oder Griechenland waren vorüber.

Haben wir Alternativen?

Linke Parteien und Ökonomen drängen Deutschland vor dem Hintergrund der hohen Leistungsbilanzüberschüsse zu einer stärker nachfrageorientierten Politik. Deutschland müsse mehr tun, um die Binnennachfrage zu stärken und so den Überschuss zu reduzieren. »Die Fiskal- und Steuerpolitik hat sicherlich noch Spielraum, um Investitionen in die Infrastruktur zu fördern und so die Binnennachfrage anzukurbeln«, schreibt etwa der frühere US-Finanzminister Larry Summers den Deutschen ins Stammbuch.[68] Zudem sollten die Löhne im Inland angehoben werden. Dabei ist das Argument der niedrigen deutschen Löhne eine Fehlannahme. Kaum ein Land liegt bei den Industrielöhnen höher als Deutschland. Seit mehreren Jahren sind zudem die Lohnkosten der Produktivität vorausgeeilt.

Gleichwohl schlagen die Grünen in ihrem Europawahlprogramm in dieselbe Kerbe:

Die deutsche Bundesregierung kritisiert gerne andere Länder, verstößt aber mit einem hohen Leistungsbilanzüberschuss (…) seit Jahren selbst gegen europäische Regeln. (…) Die Sanktionierbarkeit von Defiziten und Leistungsüberschüssen muss einander angeglichen werden. Das bedeutet, dass sich auch Überschussländer wie Deutschland aktiv an der Verminderung von außenwirtschaftlichen Ungleichgewichten beteiligen müssen. Dies kann sowohl durch Lohnsteigerungen als auch über erhöhte öffentliche und private Investitionen erfolgen.«[69]

Solche Forderungen offenbaren ein erstaunliches Wirtschaftsverständnis. Makroökonomische Divergenzen und Leistungsbilanzüberschüsse sind komplexe und vielschichtige Phänomene. Die Exporterfolge sind nicht das Resultat eines politischen Fünf-Jahres-Plans, sondern das Ergebnis freier Marktkräfte, hochgradig spezialisierter Produkte und innovativer Unternehmen. Es ist deshalb höchst fragwürdig, wirtschaftspolitische Maßnahmen allein deshalb zu ergreifen, weil sie den Leistungsbilanzüberschuss senken könnten. Eine solche Politik würde den anderen Eurostaaten nicht nur nicht helfen, sondern hätte sogar negative Folgen. Denn eine Zunahme der deutschen Exporte um 10 Prozent bewirkt eine durchschnittliche Zunahme der Vorleistungsimporte aus dem EU-Ausland von 9 Prozent.[70]

Daniel Stelter geht sogar noch weiter. Der Euro habe es Deutschland nicht *erlaubt*, Handelsüberschüsse zu erzielen, er habe sie vielmehr *erzwungen*, so seine These. Seine Argumentation: In den ersten Jahren des Euro waren die Zinsen für viele Südländer zu tief. Für Deutschland dagegen, welches an einem überhöhten Wechselkurs zur Euro-Einführung litt, waren sie zu hoch. Die EZB ging einen Mittelweg, der für alle falsch war. Im Süden entfachte er einen Schuldenboom, in Deutschland führte er zu einer langen Phase geringen Wachstums, hoher Arbeitslosigkeit und Lohnstagnation – der kranke Mann Europas war geboren. Die Regierung Schröder war gezwungen, Ausgaben zu kürzen und Arbeitsmarktreformen durchzuführen. Die Ersparnisse der Haushalte stiegen, weil die Regierung die Rentenansprüche reduzierte und Anreize zur privaten Altersvorsorge setzte (Riester-Rente). Die Ersparnisse der Unternehmen wuchsen, weil die Lohnkosten sanken. Die Regierung beschränkte zudem die Staatsausgaben. All das drückte die Binnennachfrage und die deutsche Wirtschaft musste sich stärker auf den Export konzentrieren.[71]

Soll die Leistungsbilanz nun in Summe sinken, darf es nicht nur zu einer Umverteilung der Ersparnisse der drei Sektoren private Haushalte, Unternehmen und Staat kommen. Als politische Stellschrauben kommen dann eine schuldenfinanzierte Erhöhung der öffentlichen Investitionen und nicht gegenfinanzierte Steuersenkungen für Unternehmen oder private Haushalte infrage. Das Institut für Weltwirtschaft hat ermittelt, dass keine dieser Maßnahmen geeignet wäre, um die deutschen Leistungsbilanzüberschüsse dauerhaft von knapp 8,5 Prozent des BIP auf unter die von der Europäischen Kommission geforderten 6 Prozent zu bringen. Gerade die schuldenfinanzierte Erhöhung der öffentlichen Ausgaben hätte nur einen minimalen Effekt. Die Staatsverschuldung würde dagegen sprunghaft in die Höhe schießen.[72]

Thomas Mayer bilanziert: »Die Behauptung, Deutschland ziehe beträchtliche wirtschaftliche Vorteile aus dem Euro, mag politisch opportun erscheinen, ist aber aus ökonomischer Sicht nicht haltbar.«[73] Das heißt keineswegs, dass wir austreten sollten. Wir sollten uns aber auch nicht einreden lassen, dass wir als Kompensation für unsere vermeintlichen Vorteile nicht funktionsfähige Strukturen finanzieren müssten. Vielmehr gilt es zu erkennen, dass der Euroraum in dieser Form eine dysfunktionale Währungsunion ist und es dringend erforderlich ist, ihm nachträglich einen Ordnungsrahmen zu geben, in dem das Projekt erfolgreich sein kann.

Powerhouse Europa

»Wenn Europa alles richtig macht, kann es die USA überholen.«
Jeremy Rifkin

»Was das Projekt dringlich braucht, ist kritische Sympathie. Wir müssen den Dissens in europapolitischen Fragen als dem Projekt dienlich akzeptieren.«
Peter Graf von Kielmansegg

Die bisherige Analyse zeigt, dass Europa große strukturelle Probleme hat. Zu viel Unerledigtes lastet auf dem alten Kontinent. Dieses Buch ist aber mitnichten ein Abgesang auf die europäische Einigung. Im Gegenteil: Die Römischen Verträge haben ein beispielloses Freiheitsversprechen gegeben, das auf beeindruckende Weise eingelöst wurde. Die europäische Integration ist eine historische Leistung, die es zu bewahren und auszubauen gilt.

Dafür ist es jedoch dringend notwendig, den Blick auf Europa zu justieren. Weg von der reinen Krisenbetrachtung und bewusst hin zu Chancen und Möglichkeiten. Wir sollten uns viel stärker bewusst machen, dass Europa ein wirtschaftliches Kraftzentrum ist, das noch über riesiges Potenzial verfügt. 60 Prozent der weltweiten Hidden Champions sind in Europa zu Hause – das steht für einen hochwertigen, produktiven und innovativen Kapitalstock. Der EU-Binnenmarkt ist eine Erfolgsgeschichte, die noch lange nicht auserzählt ist. Es gibt eine starke gemeinsame Wettbewerbspolitik. Wir sind eine führende Handelsmacht und geben weltweit mehr als jeder andere in humanitäre Projekte und Entwicklungshilfen. Mit mehr als 10 000 Tonnen halten die Euroländer zusammen größere Goldbestände als Amerika (8100 Tonnen), Russland (2200 Tonnen) oder China (1950 Tonnen). In kaum einer Region der Welt sind so viele Menschen so frei, ihr Leben so zu führen, wie sie es führen wollen. In kaum einer Region der Welt sind Demokratie und Rechtsstaatlichkeit so fest verankert.

Die Furcht vor einer zukünftig bipolaren, von den USA und China beherrschten Weltordnung unterschätzt die europäischen Möglichkeiten fundamental. Gerade die USA und China haben mit keineswegs geringeren strukturellen Problemen zu kämpfen. Wie gezeigt erleben die USA seit Jahren ein rein kreditgetriebenes Wachstum, das zur höchsten Konsumverschuldung der US-Geschichte geführt hat. Auch China hat sein Wachstum jahrelang auf Pump finanziert und sorgt sich nun, dass die entstandene Kreditblase irgendwann platzt. Die Gesamtverschuldung summiert sich auf kolossale 303 Prozent der Wirtschaftsleistung. Aber nicht nur die Höhe des Betrags ist alarmierend, bedenklich ist vor allem die Schuldenstruktur: Während die chinesische Staatsverschuldung bei moderaten 50 Prozent des BIP liegt, tragen die Hauptlast der Schulden die Unternehmen und Privaten. Trotz dieser besorgniserregenden Dimension ermutigt die chinesische Regierung die heimischen Banken dazu, noch mehr Kredite zu vergeben, um den Folgen des Handelskrieges mit den USA entgegenzuwirken.

Die sich zuspitzende Schuldensituation in den USA und China sowie die Unberechenbarkeit beider Regierungen machen die EU als Investitionsstandort interessant. Wenn Europa die richtigen Schlüsse zieht, kann es mit politischer Stabilität, guter Infrastruktur und gut ausgebildeten Arbeitskräften von den Schwächen und Fehlern der anderen profitieren. Die Botschaft ist deshalb: Europa braucht sich nicht zu verstecken. Es muss jetzt die Weichen stellen, um seine gestalterische Rolle im Weltgefüge wahrzunehmen. Der personelle Wechsel in den Führungsämtern der Europäischen Kommission, des Europäischen Rates und der EZB bietet die Möglichkeit für einen entschlossenen Kurswechsel.

Doch wie müsste Europa aussehen, damit es wirtschaftlich und geopolitisch auch in den nächsten Dekaden eine führende Rolle übernehmen kann? Was ist zu tun, damit die EU nicht zum »Museum für die Welt« erstarrt, wie Harvard-Professor Alberto Alesina es nannte?[74] Wir möchten einige Grundüberlegungen formulieren, ohne die aus unserer Sicht eine europäische Ordnung zukünftig keinen dauerhaften Erfolg haben wird. Dafür konzentrieren wir uns auf drei Felder. Zunächst gilt es, den EU-Stabilitätsrahmen so zu festigen, dass Handlung und Haftung wieder in eins fallen. Zweitens kommt es darauf an, die Potenziale des Binnenmarktes zu nutzen, um Wachstumskräfte freizusetzen. Drittens gilt es, die großen Verdienste des europäischen Einigungswerkes wertzuschätzen und zugleich gegenüber den Heilsversprechen einer *ever closer Union* und der damit einhergehenden, schwerfälligen Bürokratie Skepsis walten zu lassen.

Ordnungsrahmen

Die Soziale Marktwirtschaft ist durch den EU-Vertrag als Zielvorgabe für die Europäische Gemeinschaft festgeschrieben. Doch im aktuellen Rahmen kann sie gar nicht funktionieren. Nach Walter Eucken, einem der Konstrukteure der Sozialen Marktwirtschaft, ist die Einheit von Handlung und Haftung eine grundlegende Voraussetzung. Dieses sogenannte konstituierende Prinzip besagt: Wer den potenziellen Nutzen hat, muss auch den potenziellen Schaden tragen. Das zwingt die handelnden Personen dazu, sich genau zu überlegen, welche Risiken sie eingehen. »Haftung ist nicht nur eine Voraussetzung für die Wirtschaftsordnung des Wettbewerbes, sondern überhaupt für eine Gesellschaftsordnung, in der Freiheit und Selbstverantwortung herrschen«, betonte Eucken die zentrale Rolle der Haftung.[75]

In der Eurozone ist das Verhältnis von Handlung und Haftung seit der Euro-Einführung im Ungleichgewicht. Als die Zinsen für alle Länder zu Beginn der Währungsunion auf deutsches Niveau konvergierten, hätten alle Alarmglocken läuten müssen. Achtung – die Märkte unterstellen eine unausgesprochene Haftungsgemeinschaft. Stattdessen wurden die fallenden Zinsen fehlgedeutet als Zeichen der angeblichen Stabilität der Währung und als Symbol der Vorteile, die der Euro bringt. Als die Krise dann kam und die Erwartung der Märkte bestätigte, besiegelte die Politik mit den Rettungsschirmen einen Haftungsverbund. Mit der Gesamtgarantie der EZB, alles für den Erhalt des Euro Notwendige zu tun, wird das Gebilde seitdem zusammengehalten.

Diese Situation katapultiert Handlung und Haftung so weit auseinander wie nur möglich. Wer auf Hilfe in der Not vertrauen kann, verliert den Anreiz, eine drohende finanzielle Notlage aus eigener Kraft abzuwenden. Regierungen von überschuldeten Ländern nehmen lieber immer neue Kredite auf, schließlich können schmerzhafte Ausgabensenkungen und Steuererhöhungen die eigene Wiederwahl gefährden. Entstehende Lasten können im jetzigen Ordnungsrahmen ja auf andere EU-Mitglieder übertragen werden. Das ist nicht nur ökonomisch nicht nachhaltig, es spaltet auch die Gemeinschaft. Wir haben gesehen, dass aus der wirtschaftlichen Abhängigkeit Neid, Entfremdung und Ablehnung erwachsen können.

Um die Stabilität der Währungsunion zu sichern, ist es deshalb dringend erforderlich, das Verhältnis von Handlung und Haftung wieder auszubalancieren. Häufig wird suggeriert, dies könne gelingen, indem die haushaltspolitische Souveränität auf die europäische Ebene verlagert und mit einer umfassenden Gemeinschaftshaftung kombiniert würde. Ein solches Gebilde wird dann als sogenannte echte Fiskalunion oder politische Union bezeichnet. Doch dieses Konzept taugt nicht zur Lösung der gegenwärtigen Krise. Zum einen ist es eine Mogelpackung. Diese Vorschläge wollen nicht Handlung und Haftung zusammenführen, sondern Kontrolle und Haftung. Das ist ein bedeutender Unterschied: Auch hier trüge nicht der Handelnde den potenziellen Schaden, sondern der Kontrollierende. Übertragen auf den Straßenverkehr würde das etwa bedeuten, dass nicht der Falschparker für die Abschleppkosten aufkommt, sondern derjenige, der das Falschparken nicht verhindert hat. Ein Anreiz, sich an die Verkehrsregeln zu halten, ist das nicht.

Zum anderen verkennen solche Rufe nach einer Fiskalunion die Ausgangslage. Es gibt zwar unübersehbar eine breite Koalition der Befürworter von mehr Gemeinschaftshaftung. Im Gegenzug auch wirklich nationale Souveränität abzugeben, will dagegen niemand in Kauf nehmen. Zwei Fehleinschätzungen sind dabei gravierend: Die erste nimmt an, dass die Gemeinschaftshilfen nur für Länder seien, die unverschuldet in eine Notlage geraten sind. Dabei fallen Krisen nicht vom Himmel. Sie sind vielmehr die Folge von strukturellen Entwicklungen und lokalen Politikfehlern. Die zweite unterstellt, dass alle nationalen Regierungen die gemeinsamen europäischen Ziele und Regeln respektieren. Wie wir sehen konnten, haben die Tsipras-Regierung in Griechenland und die italienische Koalition aus Fünf-Sterne und *Lega* jedoch genau das Gegenteil bewiesen und vorsätzlich in Kauf genommen, durch ihr Handeln eine Pleite des eigenen Landes herbeizuführen. Das Drohpotenzial der entstehenden Ansteckungsgefahren für die anderen Mitglieder haben sie dabei ganz bewusst genutzt.

Die einzige wirkliche Alternative ist deshalb die Rückkehr zu eigenverantwortlicher Finanzpolitik mit gegenseitigem Haftungsausschluss. So bleibt die finanzpolitische Entscheidungskompetenz bei den Mitgliedsländern, die aber auch die Konsequenzen ihres Handelns tragen. Dieses Modell fordert allerdings härtere Regeln ein: Regeln, die jeden Mitgliedstaat zum Gegensteuern zwingen, sollte er einen Kurs der finanziellen Leichtfertigkeit einschlagen. Und Regeln, die auch dann noch funktionieren, wenn ein Mitgliedstaat seine Kooperation einstellt. Dazu gehört in letzter Konsequenz die Entwicklung einer Insolvenzordnung für überschuldete Staaten.

Die Spieltheorie lehrt uns, dass die Androhung von Strafmaßnahmen als Antwort auf ein bestimmtes Verhalten nur dann wirksame Anreize setzt, wenn die Strafen im Ernstfall auch angewandt werden. Bei der No-bail-out-Klausel oder dem Stabilitätspakt war das nie der Fall. Der Grund dafür ist, dass die Eurozone wie erwähnt nach wie vor nicht über ein Verfahren zur Bewältigung von Staatspleiten verfügt. Die EU hat schlicht versäumt, für diesen Fall einen Fahrplan festzulegen. Die Drohung, die Finanzierung einzustellen, hat sich als leicht durchschaubarer Bluff erwiesen, zumal immer die Befürchtung im Raum stand, dass dann der Flächenbrand auf die anderen Länder übergreift. Deshalb mussten die Steuerzahler anderer Länder für die Staaten haften, die ihre Schulden nicht mehr tragen konnten. Dass dies bislang verdeckt durch Zinssubventionen und Laufzeitverlängerungen passiert, ändert nichts daran, dass ein solches Vorgehen Investoren und Regierungen zu neuem Leichtsinn verleitet.

In einem auf Eigenverantwortung beruhenden Rahmen der EU

muss letzten Endes eine staatliche Insolvenz möglich sein. Denn ohne klare Regeln für die Abwicklung eines überschuldeten Staates mutiert ein System für zeitlich begrenzte Finanzhilfen zwangsläufig in ein auf Dauer angelegtes Transfersystem. Der bulgarische Politologe Ivan Krastev hat gewarnt: »Falls die Union zusammenbricht, wird die Logik ihres Zerfalls eher der Logik eines Bankenruns als der einer Revolution ähneln.«[76] Ein einfaches, transparentes und regelgebundenes Verfahren für die Restrukturierung öffentlicher Verschuldung muss deshalb so ausgestaltet sein, dass eine Finanzmarktpanik im Fall einer staatlichen Insolvenz ausbleibt und die Finanzstabilität gewahrt bleibt.[77] Ein wichtiger Baustein dafür sind Großkreditgrenzen für einzelne staatliche Schuldner. Banken der Eurozone sollten also künftig nur eine begrenzte Zahl von Anleihen des Staates halten, in dem sie ihren Sitz haben. Damit würde verhindert, dass die Staatspleite eines Eurolandes nicht auch die Banken des Landes mit in den Abgrund reißt. Zudem muss die regulatorische Vorzugsbehandlung von Staatsanleihen beendet werden. Davon auszugehen, Staatsanleihen seien risikolos, hat sich als Irrtum erwiesen. Auch bei Staatsanleihen muss nach klug bedachten Übergangsfristen gelten: Höhere Risiken müssen mit mehr Kapital unterlegt werden.

Eine risikogewichtete Eigenkapitalunterlegung von Staatsanleihen würde auch den wirksamen Disziplinierungsmechanismus des Marktes beleben. Wenn Staatsanleihen hoch verschuldeter Länder mit mehr Eigenkapital unterlegt werden müssen, wird schon dies dafür sorgen, dass die Kreditvergabe an diese Länder reduziert oder ein Zinsaufschlag dafür verlangt wird. Unsolide Wirtschafts- und Finanzpolitiken würden die Kapitalmärkte dann eindeutig markieren: Sie hätten höhere Risikoprämien

Neben der Stärkung der Marktintegration muss aber auch der institutionelle Rahmen gehärtet werden. Eine Währungsunion verlangt die Einhaltung der gemeinsam vereinbarten Regeln, nicht ihre permanente Aufweichung oder Verletzung. Die Europäische Kommission hat über Jahre in der europäischen Beihilfekontrolle, der Wettbewerbsaufsicht oder der Durchsetzung der Binnenmarktregeln eine herausragende Rolle gespielt. Als Hüterin der Stabilitätsregeln war ihr Wirken ungenügend. Immer wieder hat sie unter Beweis gestellt, dass die Auslegung der europäischen Schuldenregeln nicht nach Faktenlage und den vereinbarten Bedingungen, sondern nach politischem Kalkül erfolgt. Die Politisierung des Stabilitätspakts ist, wir müssen es erneut betonen, ein Desaster für seine Glaubwürdigkeit. Sie hat den Eindruck erweckt, dass über die Regelanwendung jederzeit ergebnisoffen verhandelt werden kann. »Wenn sich die Kommission zunehmend diskreditiert, dann müssen neue Schiedsrichter her«, fordert deshalb Friedrich Heinemann vom Zentrum für Europäische Wirtschaftsforschung in Mannheim.[78] Er plädiert dafür, dass die europäische Kommission ihre Rolle als Hüterin der Stabilitätsregeln abgeben sollte und stattdessen eine wirklich unabhängige und unpolitische Institution diese Aufgabe übernimmt. Heinemann schlägt dafür etwa den Europäischen Fiskalausschuss (EFA) vor. Unstreitig ist aus unserer Sicht, dass nur eine neutrale Schiedsrichterinstanz dem Stabilitätspakt neue Glaubwürdigkeit verleihen kann. Die Europäische Kommission ist aufgrund ihrer Rolle als Moderator und politischer Akteur für diese Aufgabe ungeeignet.

Noch einmal: Handlung und Haftung gehören untrennbar zusammen. Nur wenn diese ordnungspolitische Regel eingehalten wird, sind die Anreize gering, auf Kosten von Dritten zu wirtschaften. Das ist eine wichtige Voraussetzung für ein effizientes, gerechtes und zukunftsfähiges Europa. Durch einen glaubhaften Insolvenzmechanismus, gepaart mit einem verbindlichen Regelwerk, dessen Durchsetzung entpolitisiert wird, kann das notwendige Zusammenfallen von Handlung und Haftung in der EU wiederhergestellt werden.

Binnenmarkt

Europa braucht eine klare Agenda für Wachstum und Wettbewerbsfähigkeit. Gerade in der Vollendung des Binnenmarkts liegen noch gewaltige Potenziale. Ein wirklich offener Dienstleistungssektor etwa könnte das reale BIP der EU um bis zu 2,6 Prozent jährlich steigern. Auch in vielen wichtigen Zukunftsfeldern sind gemeinsame europäische Projekte wirkungsvoller als nationale Alleingänge. Hier können wir den Rahmen dafür erstellen, zukünftigen Wohlstand gemeinsam zu erschaffen.

Für diese Gemeinsamkeit sind fünf Kernthemen so wichtig, dass ein Blick darauf lohnt: Zunächst braucht die EU offene Märkte und Freihandel. In einer Phase, in der weltweit Protektionismus und nationale Abschottung auf dem Vormarsch sind, muss Europa ein spürbares Gegengewicht bilden und die aktuellen Auseinandersetzungen als Chance begreifen, für eine weitere Liberalisierung des Welthandels einzutreten und dessen Vorteile noch stärker als bislang zu nutzen. Im Verhältnis zu den USA liegen noch große Potenziale für mehr Freihandel, und nicht nur dort.

Aber auch die Digitalisierung bietet eine echte Chance. Europa verfügt über den perfekten Handlungsrahmen für eine digitale Ordnungspolitik. Wirtschaftsräume, die heute technische Standards setzen, werden enorme Vorteile in zukünftigen Schlüsseltechnologien besitzen. Europa muss sich zutrauen, hier wieder ein prägender Taktgeber zu sein. In den Neunzigerjahren beschlossen Frankreich, Italien und Deutschland, die in Europa damals noch analog funkenden Mobilfunknetze, die zudem mit unterschiedlichen Technologien arbeiteten, zu vereinheitlichen. Europa setzte so den Mobilfunkstandard GSM durch, der zum weltweiten Standard wurde. Europa hat die Chance, solche Erfolgsbeispiele heute in Bereichen wie Künstliche Intelligenz (KI), Digitales Gesundheitswesen oder Digital Payment, also Geldtransaktionen, zu wiederholen. Mit seinem innovativen und weltweit erfolgreichen Mittelstand ist Europa – und insbesondere Deutschland – prädestiniert dafür, eine Führungsrolle bei der industriellen Anwendung von KI zu übernehmen. Nicht zuletzt ist die EU ein globaler Garant für die Rechtssicherheit datenverarbeitender Unternehmen beim grenzüberschreitenden Datentransfer. Um diese Potenziale nutzen zu können, ist jedoch eine flächendeckende und leistungsfähige digitale Infrastruktur notwendig. Außerdem müsste ein einheitlicher und sektorenübergreifend harmonisierter Datenschutzansatz gefunden werden, der Innovationen mittels weiterhin verfügbarer Daten ermöglicht.

Mit dem Stichwort Infrastruktur kommen wir direkt zum nächsten Punkt. Schienenwege, Straßen, Wasserwege, Häfen und Flughäfen – leistungsfähige Infrastrukturen und Verkehrsnetze sind die Lebensadern des Binnenmarktes und unverzichtbar dafür, die Wirtschaft in Gang zu halten. Mit dem Programm der Transeuropäischen Verkehrsnetze (TEN-V) wird in der EU eine bessere Vernetzung und eine Vereinheitlichung der Verkehrssysteme angestrebt. Erhalt und Ausbau der Verkehrsinfrastruktur sind mit erheblichem finanziellen Aufwand verbunden. Allein das TEN-Kernnetz – das in neun Verkehrsachsen die strategisch wichtigsten Verbindungen mit einer Gesamtlänge von rund 15 000 km umfasst – kostet in der kommenden Dekade rund 500 Milliarden Euro. Entwicklung, Finanzierung und Bau der Verkehrsinfrastruktur liegen in erster Linie in der Verantwortung der Mitgliedstaaten. Aufgrund der dort mitunter angespannten Haushaltssituation bilden Öffentliche-Private Partnerschaften neben der traditionellen Haushaltsfinanzierung eine wichtige Ergänzung moderner Verkehrspolitik. Höhere Privatinvestitionen sind ein wesentlicher Baustein, um den Investitionsrückstand in die strategische Verkehrsinfrastruktur abzubauen. Es gibt reichlich private Liquidität, die in Infrastruktur finanzieren will. Weder müssen immer staatliche Mittel aktiviert noch Staatsschulden erhöht werden. Es mangelt vielmehr an Entwicklungskapazität. Hier müssen Planungs- und Genehmigungsverfahren effizienter gestaltet werden, etwa durch eine EU-weite Harmonisierung des Planungs- und Vergaberechts.

Unbedingt in den Blick nehmen müssen wir die Sicherheits- und Verteidigungspolitik. Gemeinsam liegen die EU-Mitgliedstaaten bei den Verteidigungsausgaben weltweit an zweiter Stelle – direkt nach den USA. Doch es geht nicht nur um die Höhe, sondern auch um die Effizienz der Ausgaben. Und hier gibt Europa ein schlechtes Bild ab. Die europäischen Streitkräfte sind nicht annähernd so effizient wie die amerikanischen. Es fehlt an Abstimmung zwischen den Mitgliedstaaten bei Beschaffung, Ausbildung und Finanzierung. Dabei sind im Vertrag von Lissabon bereits die rechtlichen Möglichkeiten einer engeren Zusammenarbeit zwischen den Mitgliedstaaten im Sicherheits- und Verteidigungsbereich verankert. Woran es mangelt, ist der politische Wille. Ressourcen werden nicht gebündelt und die Planung nicht auf europäischer Ebene koordiniert. In Europa werden mehr als sechsmal so viele Verteidigungssysteme eingesetzt wie in den USA. Als Folge von Überschneidungen und Überkapazitäten werden jedes Jahr über 26 Milliarden Euro bei der Vergabe öffentlicher Aufträge verschwendet.[79] Die EU könnte allein 500 Millionen Euro durch ein gemeinsames Zertifizierungssystem von Munition einsparen. Ein Einsparpotenzial von 600 Millionen Euro ließe sich durch die gemeinsame Nutzung von Infanteriefahrzeugen heben. Skalenerträge bei einer gemeinsamen Beschaffung brächten Ersparnisse bis zu 30 Prozent. Es wäre viel sinnvoller, dieses Geld in Forschung und Entwicklung zu investieren.

Ein letzter Punkt fehlt noch: die Energie- und Klimapolitik. Die neue EU-Kommission hat sich zum Ziel gesetzt, bis 2050 Europa zum »ersten klimaneutralen Kontinent« zu machen. Damit Klimaschutz mit Wettbewerbsfähigkeit und Versorgungssicherheit am Industriestandort Deutschland und Europa in Einklang gebracht werden können, gilt es, Kohlenstoffdioxid (CO_2) so effizient wie möglich – das heißt zu den geringsten Kosten für Unternehmen und Bürger – einzusparen. Den wirksamsten und effizientesten Ansatz zur CO_2-Reduzierung bildet eine Marktlösung in Form eines europäischen Emissionshandels für alle Sektoren. Denn die Mengensteuerung durch den Handel von Zertifikaten garantiert eine langfristige und verlässliche Einsparung von CO_2-Emissionen entsprechend der europäischen Zielvorgaben und schafft einen technologieoffenen marktwirtschaftlichen Anreiz, in Innovationen zu investieren. Derzeit existiert ein wirksamer Europäischer Emissionshandel (EU ETS) nur für die Sektoren Energie und Industrie. Um den wachsenden Stromhandel und den diskriminierungsfreien Zugang zu Netzen zu ermöglichen sowie eine einheitliche Strompreisbildung in Europa zu erreichen, muss zudem der europäische Binnenmarkt gestärkt werden. Felder für überzeugende Projekte reichen von gemeinsamer Forschung, um Klimaschutz durch Innovationen europäisch zu ermöglichen, bis zur gemeinsamen Entwicklung von Kapazitäten und Netzen.

Europäische Integration

Um die Bürger wieder mitzunehmen und Europas riesige Potenziale zu nutzen, muss die Europäische Integration an klaren Leitgedanken ausgerichtet sein. Die folgenden Thesen sollen hierfür als Orientierung dienen:

Subsidiarität

Um nicht nur dem Ärger, sondern auch dem Ohnmachtsgefühl der Menschen zu begegnen, hilft das Subsidiaritätsprinzip. Aber Subsidiarität darf nicht länger nur ein totes Wort sein. Menschen sind dort zufrieden mit Politik, wo sie bürgernah, sprich dezentral ist. Je zentraler die Politik auf der anderen Seite ist, desto machtloser fühlen sich die Bürger. Schon der liberale Ökonom und Nobelpreisträger Friedrich August von Hayek hat davor gewarnt: »Nirgends hat die Demokratie gut funktioniert ohne ein hohes Maß von lokaler Selbstverwaltung (…). Wenn das Ziel der politischen Maßnahmen so weit gesteckt ist, dass fast nur die Bürokratie das erforderliche Wissen besitzt, muss die schöpferische Kraft der Privatpersonen erlahmen.«[80]

Demut

Um Entscheidungskompetenz nach unten abzugeben, ist oben die Einsicht vonnöten, nicht alles regeln zu können und zu müssen. In dieser Hinsicht fehlt es augenscheinlich an Demut und Vertrauen in die Bürgersouveränität, vor Ort über gute Regeln des Zusammenlebens entscheiden zu können. Um hier einen glaubwürdigen Paradigmenwechsel zu erreichen, sollte das Ergebnis, das der Europäische

Rat 2016 den Briten im Fall eines Verbleibs zugestanden hatte, als Grundlage dienen.[81] Dort hatte der Rat angeboten, das Ziel einer »immer engeren Union« aufzuweichen, den nationalen Parlamenten stärkere Kontroll- und Widerspruchsrechte gegen zentralisierende Gesetzgebungsvorschläge der Kommission einzuräumen und auch die Rückübertragung von Zuständigkeiten zu ermöglichen. An diesen Stellen hat nicht nur bei den Briten der Schuh gedrückt. Das sind gute Ansatzpunkte für ein neues Gleichgewicht von nationalen und europäischen Aufgaben.

Annäherung durch Wettbewerb

Die größte Gefahr an der angestrebten Gleichmacherei von Macron und Juncker ist, dass sie systematisch den politischen Wettbewerb verringert. Europas Erfolg liegt jedoch gerade in seiner Vielfalt und dem Wettbewerb. Unterschiedliche Systeme bieten die Möglichkeit, von den Besten zu lernen, wie etwa im Fall der Flexicurity – einem Interessensausgleich zwischen Arbeitnehmern und Arbeitgebern, für den vor allem die Niederlande und Dänemark als Vorbild gelten. Deutschland täte gut daran, auch wieder seine Vision eines stabilen und wettbewerbsfähigen Europas stärker in die Diskussionen einzubringen. Dabei geht es nicht darum, den Krisenländern das deutsche Modell aufzuzwingen – vielmehr könnten diese Länder gewinnbringend die Grundsätze und Erfahrungen der Sozialen Marktwirtschaft hinterfragen, die in Deutschland zu Erfolgen geführt haben. In einer gemeinsamen Wirtschafts- und Währungsunion dürfen wechselseitige Lernprozesse und Bemühungen um mehr Gemeinsamkeiten in der Wirtschafts- und Gesellschaftspolitik nicht ausgeschlossen und schon gar nicht durch endliche finanzielle Transfers ersetzt werden. Der ideale Kompass für diesen Annäherungsprozess sind die zentralen Ordnungs- und Orientierungsprinzipien der Sozialen Marktwirtschaft.

Eigenverantwortung

Souveräne Staaten können nicht von Brüssel aus regiert werden. Souveränität bedeutet Eigenverantwortung. Die Länder der Eurozone müssen diesen Preis zahlen, wenn sie Souveränität behalten wollen. Daraus folgt unweigerlich für die Finanzpolitik, dass ein Staatsbankrott möglich sein muss. Die Rückkehr zu Marktsignalen ist sinnvoller und wirksamer als neue politische Pakte.

Keine Zwangsintegration

Die Weiterentwicklung der Europäischen Union braucht intensiv geführte Debatten über das Wünschbare und Notwendige, denn sie muss auf ausgewogenen Argumenten und einheitlichen Überzeugungen beruhen. Sie darf keinesfalls eine zwingende Folge von vorangegangenen Entscheidungen oder Fehlern sein. So ist bei der europäischen Einlagensicherung ohne Zwischenschritt plötzlich trotz großer Vorbehalte nicht mehr darüber diskutiert worden, ob eine Einführung sinnvoll ist, zur Debatte stand nur noch, wann die Einführung starten soll. Um gegen jede Vernunft handeln zu können, wird das fragwürdige Argument vorgebracht, eine Bankenunion erfordere nun einmal eine gemeinsame Einlagensicherung. Es werden unausgereifte Vorschläge vorgelegt, die die Sozialisierung fauler Privatschulden bedeuten würden. Die Botschaft »Es gibt keine Alternative« stiftet keine Legitimität.

Offene Europadebatte

Mahner zur Einhaltung von Maastricht sind keine Populisten oder Euro-Gegner. Was Europa braucht, ist eine offene und kritische Diskussion über die Widersprüche des Projektes. Gerade in Deutschland gilt: Der Dissens in europapolitischen Fragen darf nicht tabuisiert werden. Im Gegenteil, er ist notwendig, um Fehler zu vermeiden und Rückhalt in der Gesellschaft zu bekommen. Der Ruf nach mehr Europa hat dort Berechtigung, wo er klar begründet ist. Er ist aber kein moralischer Freifahrtschein.

Regeleinhaltung

Nur ein Europa, das sich Vertrauen und Verlässlichkeit auf die Fahnen schreibt, wird bei den Bürgerinnen und Bürgern Akzeptanz finden. Doch in den verschiedenen Krisen hat sich die EU immer mehr von ihren zentralen Grundsätzen und festen Regeln, wie No-bail-out, Schengen, Maastricht oder der Unabhängigkeit der Zentralbank entfernt. Bei dieser beispiellosen Erosion der einzelnen Verträge ist es nicht verwunderlich, dass das Vertrauen in die EU im Rekordtempo schwindet. Die Europawahl 2019, bei der etablierte Parteien sichtbar an Zustimmung verloren, war hierfür ein weiterer Beleg. Umso dringender müssen wir wieder zu einer strikten Einhaltung und Durchsetzung der geltenden Rechte zurückkehren.

Widerspruch von Erweiterung und Vertiefung

Die wachsende Zahl der EU-Mitglieder hat logischerweise zu einer wachsenden Heterogenität des Gesamtgebildes geführt. Doch bis heute gesteht die Politik nicht ein, dass es einen offensichtlichen Zielkonflikt zwischen Erweiterung und Vertiefung gibt. Doch es ist klar: Je mehr Verschiedenartigkeit ich habe, desto schwieriger lassen sich wesentliche Bereiche in einem einheitlichen Korsett zusammenschnüren. Junckers Appell, alle Mitgliedstaaten in den Euro zu zwängen, just in einer Zeit, in der die ursprünglichen Fundamente der Währungsunion erodieren, zeugt von dieser Mischung aus Unaufrichtigkeit und Verdrängung. Das Beispiel EU-Einlagensicherung zeigt zudem, dass die Willigen nicht immer auch die Fähigen für die nächste Integrationsstufe sind. Die EU muss bei ihrem Bestreben, alle Mitgliedstaaten bei jedem Integrationsschritt im Boot zu haben, flexibler werden. Gestufte Integration, konzentrische Kreise und die schon von Wolfgang Schäuble und Karl Lamers entworfenen »zwei Geschwindigkeiten« können Europa eine neue Dynamik verleihen.[82]

Synchronisierte Integrationsgeschwindigkeiten

Zwei zentrale Prozesse stehen hinter der europäischen Integration.[83] Der eine betrifft den institutionellen Aufbau und die Frage, welche Kompetenzen nach Brüssel übertragen werden. Er wird von den politischen Architekten gesteuert und seit Jahren mit enorm hohem Tempo vorangetrieben. Der zweite betrifft den Wandel des Selbstverständnisses der europäischen Bürger. Dieser Prozess muss wachsen. In der Krise haben sich Spannungen entladen, weil die Geschwindigkeiten dieser beiden Prozesse zu stark auseinanderklafften – inzwischen sind sie schlicht aus dem Gleichgewicht geraten. Legitimation lässt sich nicht von heute auf morgen verordnen. Es ist deshalb alles andere als ausreichend, wenn Integrationsschritte von den Bürgern lediglich hingenommen werden. Das europäische Projekt muss von seinen Bürgern wieder ausdrücklich bejaht werden.

Lernendes Europa

Bislang fehlt Europa die Fähigkeit der Selbstkorrektur. Vielmehr wohnt der europäischen Integration zu ihrem Nachteil eine grundsätzliche Logik der Unumkehrbarkeit inne. Entscheidungen über Integrationsschritte – also der Abgabe nationaler Kompetenzen – erfolgen nach dem Prinzip der Einstimmigkeit. Egal was entschieden wird – ob es um Subventionen, Finanzen oder soziale Themen geht –, mindestens ein Land profitiert immer. Bei Diskussionen über mögliche Rückübertragungen wird dieses Land dann sein Veto einlegen. Das führt dazu, dass selbst offensichtliche Fehlentwicklungen nicht mehr korrigierbar sind. Ein Beispiel ist die bislang misslungene Agrarpolitik, die außer Frankreich und Polen niemand in dieser Form will. Die Ausrichtung an klaren Zielen, gepaart mit Kompetenzübertragungen auf Zeit, Konditionierungen und regelmäßigen Prüfverfahren, könnte als viel lebensnäheres Konzept die Logik der Irreversibilität durchbrechen.

Diese zehn Thesen sprechen gegen eine erzwungene Staatswerdung Europas. Sie führen stattdessen zu einem wettbewerblichen Föderalismus, der den Präferenzen der Menschen besser gerecht wird und ökonomisch effizienter ist. Es ist die Entwicklung zu einem dezentralen Europa der Vaterländer, die den starken politischen, wirtschaftlichen und kulturellen Divergenzen Rechnung trägt und dafür sorgt, dass nur die Bereiche koordiniert werden, die in einem übergreifenden europäischen Interesse liegen. Dafür müssen wir viel stärker ausfindig machen, für welche Aufgaben wir wirklich eine gemeinsame europäische Handlungsfähigkeit brauchen und diese dann auch konsequent herstellen. Gleichzeitig geht es darum, wahrzunehmen, dass in vielen Bereichen kleine politische Einheiten Probleme schneller und besser lösen können. Hier gilt es zu respektieren, dass die Nationalstaaten nach wie vor die entscheidenden Instanzen bleiben. An einigen Stellen sollte deshalb sogar ein behutsamer Rückbau von europäischen Zuständigkeiten in Angriff genommen werden. Wenn es heißt, nur mit mehr Europa könne den gestiegenen Herausforderungen einer globalisierten Welt begegnet werden, sollte das europäische Handeln auch darauf ausgerichtet sein und daran gemessen werden. Doch sind die neue Datenschutzgrundverordnung, die Antidiskriminierungsrichtlinie oder eine EU-Regelungskompetenz für so groteske Kleinigkeiten wie die Wassermengen in Spülkästen hilfreich, um uns gegenüber USA, China und Co. besser behaupten zu können?

Oxford-Politologe Jan Zielonka hat in seinem Buch *Europe as Empire* herausgestellt, dass die Europäische Union mit ihrer inneren Vielfalt, ihrer polyzentrischen Struktur und den sich in ihren Kompetenzen überschneidenden Institutionen einem mittelalterlichen Reich ähnelt, in dem Herrschaft und Macht eher gestreut als zentral gebündelt waren.[84] Wir sollten uns vor Augen führen, dass gerade in dieser Form die große Stärke und das Potenzial der EU liegen, auf neue Herausforderungen zu reagieren. Denn ein solches, wie Zielonka es nennt, »neomittelalterliches Imperium« hat die Flexibilität und die Fähigkeit zu lernen schon eingebaut.

Die Losung lautet deshalb Integrieren durch Differenzieren. Wir

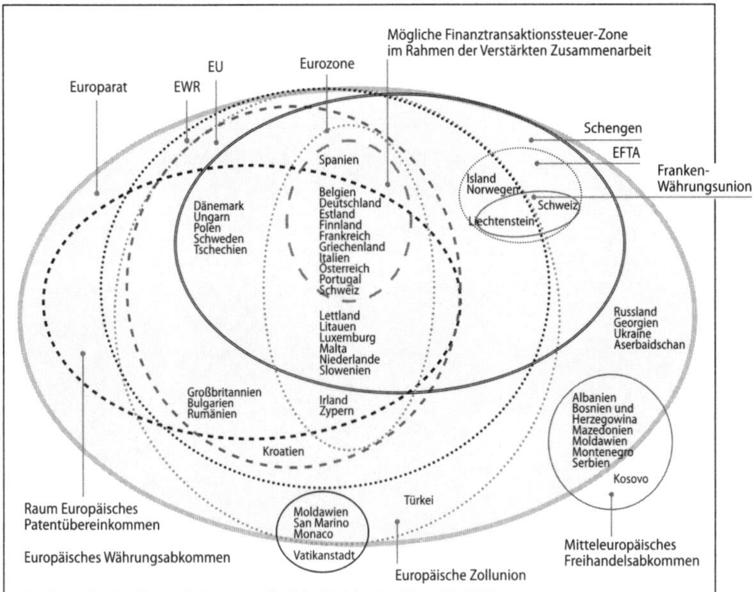

Quelle: Michael Wohlgemuth: Ein Europa der Zukunft, *Schweizer Monat*, Mai 2017

Abb. 12: Vielschichtiges Europa.

sind überzeugt, dass wir das Band der Gemeinsamkeiten am besten stärken können, indem wir wieder mehr Unterschiede zulassen. Die ideale Form dafür ist eine problemorientierte Zusammenarbeit, die sich an konkreten Fragestellungen orientiert und nicht auf ein Territorium mit einem Monopolanspruch fixiert ist. Schon heute gibt es in Europa eine ganze Palette von Zusammenschlüssen wie Zollunion, EFTA, Eurozone oder Schengenraum (Abbildung 12). Dieses sich überlappende Geflecht zeigt, dass eine teilweise oder schrittweise Integration längst möglich ist. Hieran kann sich eine neue Form des Föderalismus orientieren.

Unsere Vorschläge passen sicherlich nicht in den Zeitgeist der aktuellen politischen Diskussion. Bürokraten werden Sorge haben, dass ihnen der Einfluss auf den Prozess der Europäischen Integration entgleitet, wenn man den Bürgern mehr Selbstständigkeit zugesteht. Doch wir sollten dringend akzeptieren, dass immer mehr Europäer der nationalen Selbstverantwortung einen hohen Stellenwert einräumen. Wenn wir dies verkennen und uns pauschal in ein undifferenziertes Modell von »noch mehr Europa« flüchten, erhalten populistische Positionen in all ihren unappetitlichen Ausprägungen weiterhin Zulauf. Wer den natürlichen Wandel nicht anerkennt, erzeugt unweigerlich Spannungen.

Europäische Zentralbank – *Riders on the Storm*

»Würden die Menschen das Geldsystem verstehen,
hätten wir eine Revolution vor morgen Früh.«
Henry Ford

»Es ist nicht möglich, den schlussendlichen Zusammenbruch eines Aufschwungs
zu verhindern, der durch Kreditausweitung ausgelöst wurde.«
Ludwig von Mises

Im Bundestagswahlkampf 2017 erwies sich ein Thema als besonders dominant und emotional aufgeladen: die Abschaffung des Soli. Keine Diskussion hingegen gab es über die Zinspolitik der EZB, die dem deutschen Sparer von 2010 bis 2018 Zinseinbußen in Höhe von 533 Milliarden Euro bescherte.[1] So viel hat der Soli seit seiner Einführung 1991 bis zum heutigen Tag die Bürger nicht gekostet. Entgangene Zinserträge werden offensichtlich weniger stark wahrgenommen als direkte Abgaben wie Steuern. Wäre derselbe Betrag, den die deutschen Bürger als Zinsverlust erlitten, als Euro-Soli direkt einbehalten worden, hätte es sicher längst einen Aufstand gegeben. Wer also profitiert von einer geldpolitisch gesteuerten Eurorettung und was sind ihre Folgen?

Lassen wir die Ereignisse noch einmal Revue passieren: Nach der Lehman-Pleite schlägt die Finanzkrise ungebremst nach Europa durch und mutiert schnell zur Staatsschuldenkrise. Europa spannt gewaltige Rettungsschirme auf, aber die Politik ist nicht mehr Herr der Lage. In diesem Moment wird die EZB zum Spielmacher: *Whatever it takes* – drei Worte, ohne die es den Euro nicht mehr gäbe. Draghi verspricht, dass die EZB alles unternehmen wird, um den Euro zu retten, und er erreicht, was Europas Politiker in zwei von Krisengipfeln geprägten Jahren nicht bewerkstelligen konnten – er nimmt den Märkten die Angst. Nachdem sich die Zentralbank so als einzige handlungsfähige Institution erwiesen hatte, folgt eine beispiellose Kompetenzausweitung. Die EZB unterdrückt Volatilität (also Schwankungen, die als wichtiges Risikomaß gelten), bläht künstlich Preise von Finanzanlagen auf und betreibt eine riesige Umverteilung von Sparern zu Schuldnern. Mit dem Quantitative Easing (QE) genannten Programm zum Ankauf von Staats- und Unternehmensanleihen wird auf Knopfduck das Volumen der Wirtschaftsleistung Frankreichs geschaffen und in die Märkte gepumpt. Die EZB wird zum größten Gläubiger europäischer Staatsanleihen und setzt die Grundregeln der Marktwirtschaft außer Kraft. Auf die anfängliche Euphorie über die Zentralbanker als neue »*Master of the Universe*«, folgt rasch die Einsicht, dass auch Notenbanker nicht die Gesetze der Physik ändern können. Die immer stärkere direkte Einmischung in die Märkte führt zu einem Stadium offensichtlicher Künstlichkeit und Verzerrung. Zwar verteilt der durch die EZB-Politik ausgelöste Finanzboom noch immer den Feenstaub eingebildeten Reichtums, aber ein Blick hinter die Kulissen verdeutlicht unmissverständlich, dass die Notenbank mit der »Dicken Bertha« auf Spatzen schießt. Bestehende Strukturprobleme werden durch die Intervention der Zentralbanken nicht gelöst, sondern verdeckt, vergrößert und in die Zukunft verlagert.

Im August 2019 stellen die beiden Ökonomen Òscar Jordà und Alan M. Taylor bei dem jährlichen Notenbanker-Treffen in Jackson Hole eine bemerkenswerte Studie vor.

Nach dem Songtitel der Rockband The Doors nennen sie ihre Analyse »*Riders on the Storm*«. Eine Anspielung auf die Rolle der Zentralbanken, die einem Paradigmenwechsel gleichkommt. Bis zu diesem Zeitpunkt galten die Notenbanken als allmächtig, als Herr der Gezeiten, als diejenigen, die selber bestimmen können, ob und wann es stürmt. Jordà und Taylor zeichnen ein anderes Bild. Auch Zentralbanken müssen die Naturgewalten akzeptieren, zahlreiche Einflussfaktoren entziehen sich schlicht ihrer Kontrolle. Ihnen bleibt nur, »den Sturm zu reiten«. Die Sturmbeschwörer, für die sie sich ausgeben, sind sie keineswegs. Seit Jahren heißt das politische Narrativ dazu, »die Notenbank kann nur Zeit kaufen«. Was aber kostet diese Zeit und wer zahlt die Rechnung?

Die Nullzinspolitik zieht unübersehbare Fehlallokationen und groteske Blasenbildungen nach sich. Wir schieben eine gewaltige Pleitewelle vor uns her, weil Unternehmen, die nicht produktiv sind, künstlich am Leben gehalten werden; in Deutschland steht zudem das System der Altersvorsorge auf dem Spiel.

Statt mit ihrer Politik endlich den dringend erforderlichen Schuldenabbau im Rahmen der wachsenden Weltwirtschaft einzuleiten, hat die EZB auf dramatische Weise das Feld für noch mehr Schulden bereitet. Die Zahlen sind erschreckend. Zusammengenommen sparten die Euroländer gigantische 1,42 Billionen Euro an Zinsen.[2] Dabei gaben insbesondere die großen Mitgliedsländer Frankreich, Italien und Spanien die Zinsersparnis vollständig aus und nutzten sie weder zur Schuldentilgung noch zur nachhaltig erfolgsversprechenden Strukturveränderung. Trotz der historischen Erfahrung, dass solche Kreditbooms immer in sich zusammenbrechen und, dass bislang jedes Währungssystem gescheitert ist, das eine gemeinsame Geldpolitik besitzt, aber individuelle Wirtschaftspolitiken durchsetzt, sind wir ohne Konzept oder Kompass eine einmalige geldpolitische Wette eingegangen.

Die harte deutsche Mark entsprach einer Art Nationalheiligtum. Sie ist aufgestiegen mit den Deutschen und ihrem Fleiß. Das Euro-Experiment war und ist damit auch eine Operation am offenen Herzen des deutschen Selbstverständnisses. Umso dramatischer ist es, dass dieser ehrliche und psychologisch entscheidende Zusammenhang zwischen Arbeit und Aufstieg, Einsatz und Einkommen, Wirken und Wohlstand durch die EZB-Geldschwemme zerbricht. Wachstum entkoppelt sich von Wertschöpfung, Aktien- und Immobilienbesitzer werden reicher – Sparer dagegen haben kaum mehr Chancen, Vermögen aufzubauen. Das ist nicht der von Erhard postulierte »Wohlstand für alle«. Das ist Wohlstand von Zentralbanks Gnaden – für wenige Begünstigte. Eine solche Geldpolitik bedeutet nichts anderes, als dass die Soziale Marktwirtschaft ihr existenzielles Aufstiegsversprechen nicht mehr erfüllen kann.

Die Politik der EZB ist längst keine rein ökonomische Frage mehr. Keine andere Institution, kein Politiker in Europa hat größeren Einfluss auf die politischen Handlungsspielräume des Kontinents, auf unsere Rente und auf unseren Wohlstand. Doch über Umverteilung müssen Parlamente entscheiden. Negativzins ist Enteignung. Nichts Geringeres als unsere freiheitliche Grundordnung, für die Eigentum ein zentrales Merkmal ist, steht zur Debatte.

Schöne neue Zentralbankwelt

Kaiser: »Ich habe satt das ewige Wie und Wenn;
Es fehlt an Geld, nun gut, so schaff es denn!«
Mephistopheles: »Ich schaffe was Ihr wollt und schaffe mehr.«
Johann Wolfgang von Goethe, Faust. Der Tragödie zweiter Teil

»Wir leben heute in einer finanziellen Disney-Welt.«
George Muzinich

In Mark Twains Klassiker »Tom Sawyer und Huckleberry Finn« wird Tom von seiner Tante Polly dazu verdonnert, den Gartenzaun zu streichen. Als er lustlos die ersten Latten zu pinseln beginnt, hat er einen ausgefuchsten Einfall. Er überzeugt sämtliche Jungs im Städtchen davon, dass es eine Ehre und eine Freude ist, eine solche Arbeit zu übernehmen. Gegen Vergütung überlässt er all den sich anbietenden Freunden den Pinsel. Am Abend ist er der reichste Bursche im Ort, jede Zaunlatte ist dreimal gestrichen und die Sanktionen der strengen Tante haben das schlaue Kerlchen kein bisschen Mühen gekostet.

Generationen von Kindern haben sich darüber amüsiert, wie Tom seine Freunde ausgetrickst hat. Sein Gartenzaun-Prinzip lässt sich immer deutlicher in der Finanzwelt beobachten. Kreditgeber finden sich heute in der ungewöhnlichen Position wieder, für das »Privileg«, Geld zu verleihen, bezahlen zu müssen. Ähnlich der Geschichte von Tom Sawyer findet dabei eine riesige Umverteilung statt und Anreize für gutes Verhalten werden *ad absurdum* geführt. Galten Länder wie Spanien oder Italien vor dem Versprechen Mario Draghis, den Euro um jeden Preis zu retten, noch als mögliche Pleitekandidaten, konnten sie mit der EZB-Versicherung im Rücken Geld damit verdienen, Schulden zu machen. Im Frühjahr 2018 rentierten 43 Prozent aller Staatspapiere der Eurozone im Minus. In Deutschland war das sogar bei 60 Prozent aller Bundesanleihen der Fall. Bereits im April 2016 fiel selbst die Rendite zehnjähriger Bundesanleihen – eine besonders wichtige Laufzeit – erstmals unter null. Zu diesem Zeitpunkt wiesen weltweit Anleihen im Wert von unvorstellbaren 9 Billionen Euro negative Renditen auf.[3]

Claudio Borio von der Bank für Internationalen Zahlungsausgleich, einer der weltweit führenden Währungsexperten, bezeichnet die negativen Renditen an den Anleihemärkten als die Sprengung der »Grenze des Undenkbaren«.[4] Um das zu verstehen, muss man sich klarmachen, was der Zins eigentlich darstellt.

In den letzten hundert Jahren galt die von dem österreichischen Ökonom Eugen Böhm-Bawerk entwickelte These der »Gegenwartspräferenz« als Gewissheit. Diese besagt, dass wir eine bestimmte Menge heutiger Güter höher bewerten als die gleich große Menge künftiger Güter – denn die Zukunft ist ungewiss. Damit wir bereit sind, Geld zu verleihen, also heute Konsumverzicht zu üben, muss uns zum Ausgleich eine Verzinsung angeboten werden. Der Zins verkörpert also einen »Preis der Zeit«. In dieser Logik ist nicht vorgesehen, dass Zeit einen negativen Preis hat. Und doch ist es heute weltweit der Fall. Wie kann das sein?

Gehen wir zurück in den September 2008. Nach dem Fall der Lehman Bank geraten die internationalen Finanzmärkte in Schockstarre und die Zentralbanken tun alles in ihrer Macht Stehende, um die Märkte zu stabilisieren. Es kommt zu einer beispiellosen Phase von Zinssenkungen, Garantieübernahmen, Liquiditätsbereitstellungen und direkten Einmischungen in die Märkte. Der ehemalige Chef des weltweit größten Anleihefonds PIMCO, Mohamed El-Erian, beschreibt die Situation wie folgt: »Es war ungefähr das Gleiche, wie verzweifelt alles Mögliche an die Wand zu werfen und darauf zu hoffen, dass irgendetwas davon kleben bleibt.«[5]

Fast jedes Land auf der Welt folgt der FED und schaltet auf einen geldpolitischen Extremmodus. Tatsächlich können die Zentralbanken durch ihren entschlossenen Einsatz eine mehrjährige Depression abwenden. Mit dem Einsatz von experimentellen Instrumenten bringen sie die Weltwirtschaft sogar wieder auf einen Wachstumspfad – wenn auch auf einen künstlichen: Aus dem Nichts erschaffen allein die drei großen Notenbanken EZB, FED und Bank of Japan zeitweise Monat für Monat 200 Milliarden Dollar und schaufeln sich ihre Bilanzen mit Staatsanleihen und anderen Wertpapieren voll.

Die Bilanzsumme der amerikanischen Federal Reserve steigt nach Ausbruch der Finanzkrise von 1 Billion Dollar sprunghaft auf bisweilen 4,5 Billionen Dollar an. Die Bank of Japan bläht ihre Bilanz von 142 Billionen Yen im Jahr 2005 auf 557 Billionen Yen zu Anfang 2019 auf. Die EZB reiht sich in den Trend ein und weitet ihre Bilanz-

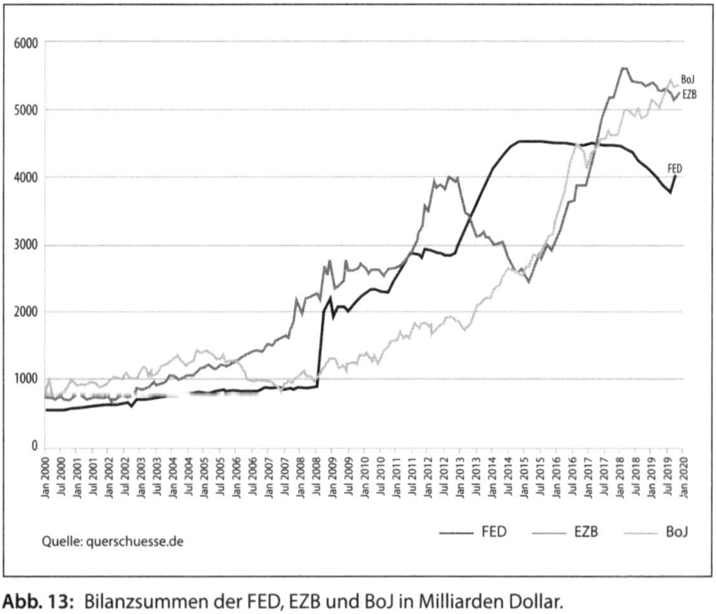

Abb. 13: Bilanzsummen der FED, EZB und BoJ in Milliarden Dollar.

summe von 894 Milliarden im Jahr 2005 auf ein Rekordhoch von 4,66 Billionen Euro Ende 2018 aus.

Von der Brücke zum Anspruch

Der ehemalige US-Notenbankpräsident William McChesney hat es als vordringlichste Aufgabe der Geldpolitik bezeichnet, die Punschschale, den Alkohol, wegzuräumen, wenn die Party so richtig in Fahrt kommt.[6] Das bedeutet: Wenn die Wirtschaft wächst, dann muss die Notenbank ihre expansiven Maßnahmen zurückschrauben. Doch von diesem Pfad der Tugend sind die Zentralbanken weit abgekommen. Statt als Spaßverderber auf die Bremse zu treten, geben sie heute eine zusätzliche Runde Freibier nach der anderen aus und spendieren trotz ansprechender Konjunkturlage noch immer Milliarden, die die Wirtschaft gar nicht braucht.

Was nach der Lehman-Krise als vorübergehende Brücke gedacht war, dauerte länger, als irgendjemand vermutet hätte. Die Erholung der Wirtschaft fiel nach Ansicht der Zentralbanken zu schwach aus, um auf geldpolitische Normalisierung und einen echten Aufschwung umzuschalten. Mit Blick auf Europa scheint es immer neue Entschuldigungen zu geben, um den Geldhahn noch ein bisschen länger aufzudrehen. Die nächste Wahl mit Populisten-Potenzial, ein Handelskonflikt, die Türkeikrise, die Italienkrise, der Brexit. Anleger, die beobachteten, dass jedes Risiko, jede leichte Abschwächung der Wirtschaftsbedingungen und selbst leicht schwankende Kurse zu neuem Aktionismus der Notenbanken führten, lernten, dass sie bei jeder Marktschwäche zugreifen sollten (*Buy the Dip*). Sie wurden jedes Mal dafür belohnt, wenn die Notenbank generös zur Rettung kam. Also wurde der Einsatz mit immer mehr Schulden gehebelt und immer größere Risiken wurden akzeptiert. Statt wirtschaftlicher Fundamentaldaten prägten vermehrt geldpolitische Eingriffe die Anlagepreise. Eine Finanzblase nach der anderen entstand und lebt bis heute fort. Die Angst, diese selbst geschaffenen Blasen zum Platzen zu bringen, versperrt den Notenbanken nun den Ausgang aus der immer verzwickteren Situation und gefährdet ihr höchstes Gut – ihre Unabhängigkeit. Schon im Jahresbericht 2014 warnte die Bank für Internationalen Zahlungsausgleich, den Zentralbanken werde es »schwerfallen, eine reibungslose Normalisierung sicherzustellen«.[7]

Die Märkte gewöhnten sich schnell an die Erwartung, dass Notenbanken einspringen, wenn es ernst wird. Durch diese Konditionierung haben sich die Notenbanken von einem Teil der Lösung zu einem erheblichen Teil des Problems gewandelt. Für die Retter-Rolle sind sie nicht vorgesehen, sie besitzen gar nicht die notwendigen Werkzeuge dafür. Und trotzdem geht an sie sofort erwartungsvoll der erste Blick, sobald sich der Konjunkturwind dreht oder eine Krise absehbar scheint. Bezeichnenderweise hat Italien während des Haushaltsstreits einen Schuldenerlass und eine Zinsgarantie von der EZB gefordert. Diese Forderungen offenbaren die hässliche Realität, mit der sich Zentralbanken weltweit auseinandersetzen müssen. Niedrige Zinsen sind von einer Brücke zu einem Anspruch geworden.

Weil niemand die Rechnung präsentieren will, wird uns die Welt der Wertpapierkäufe der Notenbanken und der Negativzinsen als »neue Normalität« verkauft. Wir müssen uns aber endlich klarmachen, dass nichts daran normal ist. »In der Geschichte der Menschheit waren die Zinsen noch nie so tief wie in den vergangenen zehn Jahren«, stellt der renommierte US-Finanzhistoriker Richard Sylla heraus.[8] Diese Zustände lassen sich mittel- bis langfristig nicht aufrechterhalten. Erstens kann und wird eine Marktwirtschaft mit dauerhaft negativen Zinsen nicht funktionieren. Gerade mit Blick auf den demografischen Wandel brauchen Menschen langfristig sichere Finanzprodukte für eine funktionierende private Altersvorsorge. Zweitens profitieren in einem solchen System nur diejenigen, die bereits Vermögenswerte besitzen. Wer jedoch jung ist und jetzt anfangen will zu sparen, der schaut in die Röhre. Nicht umsonst entlädt sich in vielen Ländern schon heute die Wut und Enttäuschung über die wachsende Ungleichheit der Chancen politisch. Drittens verliert der Zinssatz seine wirtschaftliche Steuerungs- und Signalfunktion.

Risiken werden nicht mehr richtig bepreist und Aktienmärkte entkoppeln sich von den wirtschaftlichen Grundlagen. Von A wie Anleihe bis Z wie Zerobonds sind alle Vermögenspreise drastisch verzerrt. »Wir leben in einer Zeit, in der es in einem Ausmaß zu geldpolitischen Manipulationen gekommen ist wie noch nie zuvor«, legt der einflussreiche US-Hedgefonds-Manager Mark Spitznagel zu Recht den Finger in die Wunde.[9]

Die rekordtiefen Zinsen ermutigen Staat, Unternehmen und Haushalte, immer mehr Schulden aufzunehmen. Wohin das führt, hat William White, ehemaliger Chefvolkswirt der Bank für Internationalen Zahlungsausgleich und einer der ganz wenigen Ökonomen, die frühzeitig den Ausbruch der Finanzkrise 2008 vorhersagten, auf den Punkt gebracht:

> Egal ob es der Crash 1987 war, die Asienkrise 1998 oder die geplatzte Technologieblase 2001 und erst recht ab 2007. Jedes Mal, wenn die Zentralbanken die Folgen einer geplatzten Spekulationsblase mit billigem Geld bekämpfen, pumpen sie damit die nächste große Blase auf und befeuern so die nächste Krise.[10]

Es ist wichtig, sich dieses immer wiederkehrende Muster vor Augen zu führen: Im Abschwung werden Schulden gemacht, im Aufschwung werden sie jedoch nicht wieder abgebaut. Die Zentralbanken senken im Abschwung die Leitzinsen, erhöhen sie im Aufschwung nicht auf annähernd vergleichbare Weise. Diesen Kurs halten sie seit mehreren Jahrzehnten und Konjunkturzyklen. In der Folge sind die realen Zinsen sukzessive nach unten geklettert und die Staatsverschuldung ist sprunghaft nach oben geschossen. Wir geben uns der Illusion hin, statt Einkommen könnten Kredite, Schulden und frisch geschaffenes Geld dauerhaft einen höheren Lebensstandard ermöglichen.

Heute befinden wir uns in einer Sackgasse. Da die Schuldenstände weltweit auf einem Rekordhoch sind, können die Zinsen nur begrenzt angehoben werden, andernfalls droht vielen Staaten und Unternehmen die Zahlungsunfähigkeit. Gleichzeitig nimmt die Wirksamkeit der Zentralbankpolitik zusehends ab, während die Risiken der geldpolitischen Versuchsküche immer giftiger zu brodeln beginnen. Der Zielkonflikt zwischen mehr Stimulierung heute und einem immer schmerzhafteren Ausstieg aus dieser Geldpolitik morgen wird täglich greifbarer. William White beschreibt das Dilemma dieser Nullzinsfalle wie folgt:

> Die Verbindlichkeiten sind inzwischen so hoch, dass die Zentralbanken es möglicherweise gar nicht mehr wagen, geldpolitisch weniger generös zu werden. (…) Gleichzeitig können sie es sich gar nicht leisten, die Zinsen nicht zu erhöhen, weil sonst die Schulden immer weiter zunähmen und der Leichtsinn der Anleger immer größer würde.[11]

Das verlorene Erbe der Bundesbank

»Lange galt die Bundesbank als Leitbild für erfolgreiche Geldpolitik. Und darauf baut die heutige Währungsunion auf! Eine solche Institution nun so ins Abseits zu stellen und Positionen, die ihr jetziger Präsident vertritt, in Europa heute beinahe lächerlich zu machen – dass all das möglich ist, (…) ist kein gutes Zeichen für die Zukunft.«
Jürgen Stark

»Wenn die EZB jetzt endlich auf dem ›Niveau‹ der anderen großen Notenbanken angekommen ist, finde ich das als Rückschritt und für die Stabilität bedrohlich.«
Otmar Issing

Die Europäische Zentralbank hat ihren Charakter in den letzten zehn Jahren fundamental verändert. Das 1991 in Maastricht entworfene Konzept einer Währungsgemeinschaft als Stabilitätsunion steht inzwischen auf dem Kopf. Die Notenbank hat die Aufgabe, den Geldwert stabil zu halten. Sie ist damit der natürliche Freund, ja nahezu eine Art Treuhänder des Sparers. Diesen klaren Fokus hat sie aufgegeben. Mario Draghis *whatever it takes* sagt eindeutig: Alles wird dem Erhalt des Euro untergeordnet. Die Wahrung der Preisniveaustabilität wird zum Sekundärziel und rückt ins zweite Glied. Die Zentralbank ist nicht mehr die Verbündete des Sparers, sondern im Gegenteil sein größtes Risiko. Nullzinsen, Liquiditätsschwemme und Anleihekaufprogramme sind Ausdruck einer neuen Notenbankpolitik.

Die Folgen dieser Transformation treffen uns alle. Umso wichtiger ist es, hier genau hinzusehen. Gehen wir noch einmal einen Schritt zurück: In den Jahren vor der Euro-Einführung gab es in Europa zwei unterschiedliche Zentralbankmodelle.[12] In Deutschland und einigen Nachbarländern herrschte eine strikte Stabilitätsorientierung. Die Bundesbank war unabhängig und konsequent dem Ziel der Preisstabilität verpflichtet. Wegen dieser strengen Auslegung konnte der Staat bei Ausgabenwünschen keine Feuerhilfe der Notenbank einfordern, sondern musste seine Ausgaben durch Steuern finanzieren. Der erreichte hohe Grad an Preisstabilität förderte das Sparen der Haushalte und stellte einen niedrigen realen Zins sicher, der Investition begünstigte.

Das zweite, vornehmlich in den europäischen Südstaaten praktizierte Wachstumsmodell setzte dagegen auf regelmäßige Abwertungen. Die Steuereinnahmen reichten für die großzügigen Staatsausgaben häufig nicht aus. Also mussten die Notenbanken, die den Weisungen der Regierungen unterstanden, zur Finanzierung anrücken. Ihre Ersparnisse sicherten die Bürger der Hochinflationsländer durch Immobilienbesitz.

Die EZB sollte ausdrücklich nach dem Vorbild der Bundesbank konstruiert werden, der erfolgreichsten und angesehensten Zentralbank Europas. Um zu verhindern, dass überschuldete Staaten die EZB irgendwann zur Finanzierung ihrer Schulden zwingen, wurde der Stabilitäts- und Wachstumspakt geschlossen und eine monetäre Staatsfinanzierung verboten. Wie sich Odysseus an den Mast band, um zu verhindern, dass er dem Ruf der Sirenen nachgeben würde, banden sich die Eurozone und insbesondere die EZB an diese Regeln. In der Absicht, den unterschiedlichen Traditionen der Geldpolitik Rechnung zu tragen, entwickelte EZB-Gründungschefvolkswirt Otmar Issing zudem die sogenannte Zwei-Säulen-Strategie. Damit sollte sichergestellt werden, dass in die geldpolitischen Entscheidungen einerseits Daten der Konjunkturentwicklung einfließen, andererseits jedoch auch die aus der Bundesbank-Tradition stammende prominente Beachtung der Geldmenge Berücksichtigung findet. Heute müssen wir feststellen, dass der Stabilitätspakt als Bindungsinstrument komplett versagt hat, das Verbot monetärer Staatsfinanzierung nur noch mit definitorischen Spitzfindigkeiten Bestand hat und die Zwei-Säulen-Strategie praktisch keine Rolle mehr spielt. Odysseus hat sich vom Mast losgebunden.

Erosion der Wirtschaftsordnung

Jürgen Stark, einer der Gründerväter des Euro und ehemalige Chefvolkswirt der EZB, kritisiert diesen grundlegenden Wandel scharf: »Mit der Ausnahme, dass die EZB nach wie vor ihren Sitz in Frankfurt hat, ist an deutscher Prägung nichts mehr erkennbar.«[13] Die schrittweise Entfernung der europäischen Geldpolitik von der einstigen Stabilitätsorientierung der Bundesbank ist in seiner Bedeutung vollkommen unterschätzt. Hier wird ein wesentlicher Erfolgsgarant der europäischen Einigung leichtfertig aufgegeben – ohne dass eine gesellschaftliche Debatte stattgefunden hätte oder ein überzeugendes alternatives Konzept angeboten worden wäre.

Stattdessen wird einfach suggeriert, dass die EZB weiterhin in der Tradition der Bundesbank operiere. So betonte etwa EZB-Direktoriumsmitglied Yves Mersch bei einer Rede an der Albert-Ludwigs-Universität Freiburg 2016 ausdrücklich: »Unsere Geldpolitik ist mit zentralen Prinzipien der Ordnungspolitik vereinbar.«[14] Gerade Kritiker aus Deutschland sollen so besänftigt werden. Aus unserer Sicht verletzt die unkonventionelle EZB-Geldpolitik jedoch alle konstituierenden Prinzipien marktwirtschaftlicher Ordnung eklatant. Wie aufgezeigt, weichen die geldpolitischen Rettungsaktionen das Haftungsprinzip fortwährend auf. Der Preismechanismus kann seine wichtige Signal- und Lenkungsfunktion bei diesem Ausmaß an Verzerrungen längst nicht mehr wahrnehmen. Investieren wandelt sich in ein *front-running* von Notenbankentscheidungen. Um es noch einmal ganz deutlich zu sagen: Käufer wählen somit Anleihen nicht mehr nach wirtschaftlichen Fundamentaldaten aus, sondern bewerten sie gemäß der Wahrscheinlichkeit von Notenbankkäufen. Das Wettbewerbsprinzip wird untergraben, wenn Großunternehmen durch die Notenbankankäufe einen Finanzierungsvorteil von 5 bis 6 Prozent gegenüber kleinen und mittleren Unternehmen besitzen. Privateigentum muss für eine funktionierende Wettbewerbsordnung vor willkürlichen Eingriffen geschützt werden. Null- und Negativzinsen sind nichts anderes als Enteignung. Und von einer Konstanz der Wirtschaftspolitik kann bei den ständigen Regelbrüchen, -biegungen und -änderungen ebenfalls keine Rede sein.

Vertrauen ist das kostbarste Gut einer jeden Notenbank. Menschen müssen darauf vertrauen, dass ihr Geld auch in der Zukunft noch als Tauschmittel akzeptiert wird und nicht an Wert verliert. Die Erfahrung zeigt, dass dieses Vertrauen sehr flüchtig sein kann. Schon vor hundert Jahren wusste der Soziologe Georg Simmel: »Das Gefühl der persönlichen Sicherheit, das der Geldbesitz gewährt, ist vielleicht die konzentrierteste und zugespitzteste Form und Äußerung des Vertrauens auf die staatlich-gesellschaftliche Organisation und Ordnung.«[15]

Die Bundesbank hat sich dieses Vertrauen in Deutschland hart erarbeitet. Sie steht für Wirtschaftswunder, Wohlstand und Stabilität. Die Menschen verbinden mit ihr Standhaftigkeit und Zuverlässigkeit. Sie hat allen Versuchungen zum Trotz einen festen Wertekanon verteidigt. Noch hält auch die EZB die Währungsunion mit ihrer Glaubwürdigkeit zusammen. Das Bild bröckelt jedoch bereits gewaltig.

In regelmäßigen Abständen befragt das von der Europäischen Kommission in Auftrag gegebene Eurobarometer die Menschen in der EU, ob sie der EZB eher vertrauen oder eher nicht vertrauen. Seit der Finanzkrise ist ein dramatischer Abwärtstrend zu beobachten. Das Nettovertrauen (die Differenz des Anteils an Personen, die tendenziell Vertrauen in die EZB haben, und an solchen, die der EZB tendenziell nicht vertrauen) ist im EU-Durchschnitt seit 2007 um mehr als 40 Prozent gesunken. Bei der Eurobarometer-Umfrage im Jahr 2017 war das Nettovertrauen negativ. Das heißt, mehr Bürger in der Eurozone misstrauen der EZB ausdrücklich, als ihr vertrauen. Auch in Deutschland ist aus einem soliden Vertrauensvorsprung ein Vertrauensdefizit geworden.[16]

Die EZB hat weit mehr an Vertrauen eingebüßt als die Europäische Kommission oder das Europäische Parlament.

Ein ähnlich düsteres Bild zeichnen die Ergebnisse des Politpuls 2018. Diese größte deutsche Unternehmerumfrage, die der Wirtschaftsrat gemeinsam mit dem Meinungsforschungsinstitut dimap durchführt, hat ergeben, dass nur rund 28 Prozent der Befragten dem Kurs der EZB vertrauen. Ganz anders sieht das bei der Deutschen Bundesbank aus: 74 Prozent unterstützen die Politik von Bundesbankpräsident Jens Weidmann.[17] Die Unsicherheit, Zweifel und das Misstrauen, das diese Zahlen ausdrücken, sind ein gefährlicher Sprengstoff. Kann die EZB das verloren gegangene Vertrauen nicht zurückerlangen, ist die Währungs- und Finanzstabilität Europas langfristig in Gefahr. Falls der nächste Krisenfall offenbaren sollte, dass die EZB sich mit ihren Rettungsaktionen übernommen hat, droht sie einen noch tiefgreifenderen und wohl dauerhaften Vertrauensverlust zu erleiden und würde als Orientierungsgeber ausfallen. Die Wahrscheinlichkeit, dass wir uns auf diesen Punkt zubewegen, wächst jeden Tag.

Rettungspolitik als Familientreffen

Die Rücktritte von Jürgen Stark und Ex-Bundesbank-Präsident Axel Weber, die als vehemente Kritiker der milliardenschweren Anleihekäufe galten, waren entscheidende Wegmarken. Statt prägender deutscher Handschrift verschrieb sich die EZB immer mehr dem angelsächsisch geprägten geldpolitischen Mainstream.[18] Dieser Weg wurde gerade auch von Präsident Mario Draghi vollzogen. Der Präsident der EZB studierte vor 40 Jahren an der US-Eliteuniversität Massachusetts Institute of Technology (MIT). Die internationale Geldpolitik wird heute maßgeblich von den dort ausgebildeten Köpfen und den dort entwickelten Ideen geprägt. Zu Mario Draghis Kommilitonen zählten etwa der frühere US-Notenbankpräsident Ben Bernanke, die IWF-Chefvolkswirte Kenneth Rogoff, Olivier Blanchard und Maurice Obstfeld, der ehemalige griechische Premierminister und Notenbankpräsident Lucas Papademos sowie Nobelpreisträger Paul Krugman. Auch Barack Obamas wichtigster Wirtschaftsberater Larry Summers und Zyperns einstiger Notenbankpräsident Athanasios Orphanides gehören zur »MIT-Connection«. Die internationale Rettungspolitik nach dem Lehman-Crash war also eine Art MIT-Klassentreffen.

Die MIT-Ökonomen eint eine besondere Denkschule des Neokeynesianismus. Die größte Wette der Geschichte beruht auf diesem Theoriegebäude. Doch was ist, wenn dieser Ansatz falsch ist? John Maynard Keynes, der Vordenker dieser Tradition, war der Überzeugung, dass sich Notenbanken und Regierungen bei Krisen direkt in die Wirtschaft einmischen und durch Staatsausgaben und frisch gedrucktes Geld konjunkturelle Abschwünge lindern sollten. Nach den Ursachen der Krise zu fragen, ist nach Keynes weniger wichtig, als entschlossen zu handeln. »Auf lange Sicht sind wir alle tot«, lautet sein berühmtes Diktum, mit dem er die Sorgen um langfristige Folgen einer solchen Krisentherapie beiseite wischt. Friedrich August von Hayek kritisierte Keynes für diese kurzfristige Betrachtungsweise. Er argumentierte, ein solches Vorgehen befördere politische Entscheidungen, die zunächst zwar zu guten Resultaten führen würden, langfristig aber verheerende Folgen haben können. Nach Hayek gilt es bei einer Krise, zunächst die Ursachen zu verstehen, um dann zielgenau die Therapie vornehmen zu können. Wenn billiges Geld die Ursache der Krise war, dann lässt sie sich nicht mit mehr billigem Geld bekämpfen.

Der auf Keynes basierende aktivistische MIT-Ansatz steht dem Leitbild der Ordnungspolitik also diametral entgegen. Doch als in den 1980er-Jahren eine lange Phase ohne große Wirtschaftskrisen begann, schrieben es viele Experten dem FED-Chef Alan Greenspan und seiner moderierenden Geldpolitik zu, dass wirtschaftliche Schocks ausblieben. Immer wenn Not am Mann war, druckte Greenspan billiges Geld. Gleichzeitig schraubte die US-Regierung die Staatsverschuldung in die Höhe. Das ging gut bis 2008, als die globale Finanzkrise ausbrach, deren wesentlicher Brandbeschleuniger die vorausgegangene FED-Politik war. Und obwohl kaum ein

MIT-Ökonom den Zusammenbruch hatte kommen sehen, machten danach alle weiter wie zuvor. Nur, dass dieses Mal der Einsatz noch sehr viel höher ist.

William White dagegen hatte das Platzen der Blase frühzeitig vorhergesagt und sieht die Geldpolitik der MIT-Ökonomen und Neokeynsianer auch als Keimzelle für die nächste Katastrophe: »Die Idee dieser Leute ist, dass die Ökonomie eine Maschine ist und dass sie verstehbar und kontrollierbar ist. Das Problem ist, dass keine dieser Annahmen richtig ist. Die Wirtschaft ist ein komplexes adaptives System. Das setzt der Modellierbarkeit Grenzen.«[19]

Nicht nur White mahnt die Vernachlässigung entscheidender Zusammenhänge an. »Diese Schule vernachlässigt völlig die Rolle von Geld und Kredit in der Wirtschaft und damit die Möglichkeit von Finanzkrisen«,[20] warnt auch Otmar Issing vor einer einseitigen Orientierung der Geldpolitik an den amerikanischen Mainstream. Die Folge sind gewaltige Fehleinschätzungen. So hat die EZB in den vergangenen fünf Jahren die Inflationsentwicklung systematisch überschätzt und den Rückgang der Arbeitslosigkeit unterschätzt.[21] Zudem kommen die Gelder nicht wie erhofft in der Realwirtschaft an, sondern werden für Dividendenzahlungen, Aktienrückkäufe und die Finanzierung von Übernahmen genutzt. Statt produktiver Investments fördert die Gelpolitik also das Eingehen finanzieller Risiken.

Die Illusion, dass Notenbanken wirklich alles steuern können, wenn sie nur an den richtigen Rädchen drehen, löst sich vor unseren Augen in Luft auf. Die Wirkung, die von den immer neuen Fluten billigen Geldes, Schulden und Liquidität auf die Realwirtschaft ausgeht, nimmt drastisch ab. Wenn die geldpolitischen Maßnahmen nur annähernd so funktioniert hätten wie avisiert und wirklich alles so gut und risikolos wäre, wie es seit Jahren vorgeblich sein soll, dann wäre spätestens 2018 – in einer der längsten Aufschwungphasen – die Gelegenheit gut gewesen, die Geldpolitik wieder zu normalisieren. Das Gegenteil war der Fall und die EZB nahm den Fuß nicht vom Gaspedal. Die Zinsen anzuheben und die Zentralbankbilanzen abzuschmelzen, wurde immer weiter in die Zukunft geschoben und letztlich verpasst.

Das Beispiel der amerikanischen FED zeigt eindrucksvoll, dass es kaum möglich ist, die einmal erzeugte Erwartungshaltung wieder unfallfrei aus den Märkten zu verbannen. Bis März 2019 hatte die FED einige Schritte unternommen, die Leitzinsen zu erhöhen und die Bilanzsummen zu verkürzen. Dann beendete sie die geldpolitische Wende rigoros, schloss weitere Zinsanhebungen für das laufende Jahr aus und versicherte, den Abbau der aufgeblähten FED-Bilanz zu drosseln und bald zu stoppen. Mehrere Dinge sind daran bemerkenswert. Erstens fällt die angebrochene FED-Zinswende in eine Zeit, in der die USA eine beispiellose Schuldenausweitung betreiben. Selbst mit dem Rückenwind von historischen Steuersenkungen und milliardenschweren Infrastrukturprogrammen – alles schuldenfinanziert – gelingt also nicht der Absprung aus der geldpolitischen Abhängigkeit. Zweitens zeigen sich hier wie durch ein Brennglas die Gefahren, die von einer sehr aktiven Geldpolitik für die Unabhängigkeit der Zentralbanken ausgehen. US-Präsident Donald Trump hatte die vorangegangenen Leitzinserhöhungen nicht nur immer wieder stark kritisiert, sondern auch FED-Präsident Jerome Powell persönlich scharf dafür attackiert und ihn aufgefordert, die Zinserhöhungen schleunigst zurückzudrehen. Ein unerhörter Eingriff in die Unabhängigkeit der wichtigsten Notenbank der Welt. Dass die FED trotz eines boomenden Arbeitsmarktes und stabilen Inflationszahlen umsteuerte, wurde entsprechend als Einknicken und Kapitulation vor dem Präsidenten gewertet. Drittens zeigt sich deutlich das Henne-Ei-Problem: Niedrige Zinsen ermöglichen mehr (Staats-)Schulden. Mehr Schulden machen aber niedrige Zinsen für morgen notwendig. Schon bei den jetzigen Niedrigzinsen sind Zinskosten einer der größten Ausgabenposten im US-Haushalt. Für das Fiskaljahr 2018 betrugen sie 343 Milliarden Dollar. Das sind rund 900 Millionen Dollar Zinsen pro Tag.[22] Sollten die Zinsen wie 2008 wieder ein Niveau von 4 Prozent erreichen, könnten ihre Kosten von 343 auf 555 Milliarden Dollar steigen, und damit zu einem größeren Ausgabenposten werden als der gesamte US-Verteidigungshaushalt.

Nahezu weltweit ist eine gefährliche Symbiose entstanden zwischen der keynesianisch geprägten Geldpolitik und einer Politik, die gern Geschenke verteilt, aber ungern harte Strukturreformen durchführt. Alle Warnungen zu Gefahren dieser Schulden- und Gelddruckorgien werden mit dem Verweis auf die angeblich wissenschaftliche Fundierung in den Wind geschlagen. Und so kann selbst ein Land wie Italien, das mit 130 Prozent der Wirtschaftsleistung verschuldet ist, noch Wohltaten unters Volk streuen. Die Fallhöhe bei diesem Experiment ist gigantisch. Ob die Geschichtsbücher die Feuerwehreinsätze der Notenbanken einst als Teil der angeblichen Rettung oder als wesentlichen Teil einer Katastrophe bewerten werden, ist längst nicht entschieden. Wir befürchten, der große Konsens unter den weltweit wichtigen Notenbanken droht sich als gemeinsam begangener Irrtum herauszustellen.

Dicke Bertha und Bazooka – die EZB feuert aus allen Rohren

»Die Vorstellung, wir können mit billigem Geld die Ursachen der Krise bekämpfen, ist gefährlich. Geldpolitik wirkt wie ein Schmerzmittel; nachlassende Symptome dürfen nicht davon ablenken, die Ursachen zu therapieren.«

Jens Weidmann

»Wenn die EZB so weitermacht, kauft sie bald auch alte Fahrräder auf und gibt dafür neues Papiergeld heraus.«

Frank Schäffler

Schauen wir uns an, mit welchen Maßnahmen die EZB die Wirtschaftsordnung in der Währungsunion so grundlegend verändert hat. Bereits im September 2008 senkt die EZB im Rahmen einer konzertierten Aktion der wichtigsten Zentralbanken massiv ihre Leitzinsen. Schnell wird deutlich, dass die konventionellen Maßnahmen nicht ausreichen und die EZB wagt sich immer tiefer in das Terrain unkonventioneller Geldpolitik. Sie erwirbt in mehreren Programmen für hunderte Milliarden Euro Pfandbriefe (im Fachjargon

Covered Bond Purchase Programme oder abgekürzt CBPP 1–3). Mit dem als »Dicke Bertha« bezeichneten Kreditprogramm (*Long-Term Refinancing Operations*, LTRO) feuert sie mehrmals gezielte Liquiditätsspritzen ab, indem sie Banken kostenlos längerfristige Kredite gibt. Sie will die Banken dazu bewegen, mehr für die Finanzierung von Investitionen zu tun. Gerade italienische und spanische Banken greifen bei diesem Angebot beherzt zu. Doch statt Kredite für wachstumsfördernde Investitionen zu vergeben, nutzen sie das von der EZB geliehene und subventionierte Langfrist-Geld dafür, sich Staatsanleihen ihres Heimatstaates zu kaufen. Die unheilvolle Verbindung zwischen Banken und Staaten intensiviert sich.

In diesem Zeitraum war kaum mehr erkennbar, ob das Ziel der Maßnahmen noch darin bestand, die Deflation zu bekämpfen oder vielmehr Staatspleiten in Südeuropa zu vermeiden. Schon mit dem SMP-Anleihekaufprogramm (*Securities Market Programme*) hat die EZB von 2010 bis Anfang 2012 für mehr als 220 Milliarden Euro Anleihen der Krisenstaaten Griechenland, Portugal, Irland, Italien und Spanien gekauft. Allein italienische Anleihen für insgesamt 99 Milliarden Euro wurden erworben. Das entsprach 75 Prozent des damaligen Haushaltsdefizits Italiens.[23]

Am 26. Juli 2012 hält EZB-Präsident Mario Draghi schließlich auf einer Investoren-Konferenz in London seine berühmte *whatever it takes*-Rede: »Die EZB ist bereit, im Rahmen ihres Mandats alles Notwendige zu tun, um den Euro zu erhalten. Und glauben Sie mir, es wird genug sein.« Wenige Wochen später, am 6. September, wird nach einer Sitzung des EZB-Rats das sogenannte OMT-Programm (*Outright Monetary Transactions*) bekannt gegeben, das den potenziell unbegrenzten Aufkauf von Staatsanleihen auf dem Sekundärmarkt erlaubt. Faktisch wird damit die No-bail-out-Klausel beerdigt und durch das Eingeständnis ersetzt, dass die Länder zusammen für die Schulden der angeschlagenen Staaten einspringen, und zwar über die Europäische Zentralbank. Das OMT-Programm enthält zudem ganz offen die Bedingung, dass jeder Staat, dessen Anleihen die EZB unbegrenzt kaufen werde, sich zuvor den Regeln des von den Finanzministern kontrollierten europäischen Rettungsschirms ESM unterwerfen muss. Die EZB begibt sich damit endgültig in politische Abhängigkeiten.[24]

Draghis Versprechen entsprach ein Blankoscheck in unbegrenzter Höhe. Hans-Werner Sinn nannte es eine »kostenlose Kreditausfallversicherung«. Vier von fünf Ökonomen, die bei dem Verfahren gegen das OMT-Programm vor dem Bundesverfassungsgericht als Sachverständige geladen waren, legten sich fest, dass die EZB mit dem OMT-Beschluss ihr geldpolitisches Mandat überschritten habe.[25] Der langjährige Vorsitzende der Wirtschaftsweisen, Wolfgang Franz, nannte Staatsanleihekäufe durch Zentralbanken sogar eine »Todsünde«.[26]

Auch Bundesbankpräsident Jens Weidmann warnte eindringlich: »Wir sollten die Gefahr nicht unterschätzen, dass Notenbank-Finanzierung süchtig machen kann wie eine Droge.«[27] Mit dieser Sorge sollte Weidmann recht behalten. Zwar trauten sich in der Folge auch wegen des OMT-Schutzes zunächst wieder private Kapitalanleger in die Krisenstaaten zurück. Die Kurse für südeuropäische Staatsanleihen stabilisierten sich, Zinsen blieben niedrig, eigentlich konkursreife Länder fanden neue Investoren und auch die Target-Salden fielen leicht. Doch die Ruhe hielt nur kurz an. Schon 2014 entflammte die Krise in Griechenland erneut. Wie erwähnt, drehte die EZB den Geldhahn nun vollends auf. Als erste große Zentralbank beschloss sie 2014 einen negativen Einlagenzins. Selbst die amerikanische FED und die Bank of England hatten vor diesem Schritt zurückgeschreckt. Im Folgejahr startete die EZB schließlich unter dem Namen *Quantitative Easing* (kurz QE) ein gigantisches Gelddruckprogramm. Die EZB und die nationalen Notenbanken der Eurozone kauften bis Ende 2018 Unmengen an Staatsanleihen und Anleihen von Unternehmen. 2,6 Billionen Euro an zusätzlicher Liquidität hat die EZB mit diesem Anleihekaufprogramm geschaffen. Pro Tag sind also unvorstellbare 1,9 Mrd. Euro gedruckt worden.

Was gestern noch galt

Die Legende vom kochenden Frosch besagt: Wenn man einen Frosch in heißes Wasser wirft, springt er sofort wieder heraus. Setzt man den Frosch dagegen in lauwarmes Wasser und erhöht die Temperatur langsam und kontinuierlich, macht er gar nichts, bis er letztendlich gekocht wird. Es spricht einiges dafür, dass diese Situation mit der 180-Grad-Wende der Europäischen Zentralbank vergleichbar ist. Die Veränderung erfolgte schrittweise und ein Aufschrei blieb aus. Es wäre zu Beginn der Währungsunion undenkbar gewesen, dass die EZB Negativzinsen einführt und Menschen mit ihrer Geldpolitik faktisch enteignet. Es wäre undenkbar gewesen, dass sie ihre Bilanzsumme in diese Dimensionen aufbläht und Staatsanleihen insolventer Staaten sowie Papiere von Unternehmen mit mäßiger Bonität kauft. All das verstößt gegen den Geist, den diese Institution atmen sollte. Die EZB hat im Zuge der Eurorettung eine Reihe von Narrativen herangezogen, die dazu dienten, der breiten Öffentlichkeit die fortgeführte unorthodoxe Geldpolitik als Lösung für die Überwindung der Finanzkrise plausibel zu machen. Sie sprach davon, angebliche Deflationsgefahren abzuwehren, beschwor die Wirksamkeit der Ankündigung des OMT-Programms oder betonte, innerhalb der Grenzen des Mandats zu handeln. Diese Narrative dominieren bis heute die Wahrnehmung über die Wirksamkeit und Effekte der geldpolitischen Hyperaktivität. Doch es lohnt sich, diese Erzählweise kritisch zu hinterfragen. J. P. Morgan hat einmal zutreffend gesagt: »*A man always has two reasons for what he does – a good one and the real one.*«

Zauberer Draghi

Der OMT-Beschluss der EZB gilt als Wendepunkt in der Schuldenkrise. Der Clou: Das OMT-Programm musste nicht einmal aktiviert werden. Die bloße Zurschaustellung der unbegrenzten Feuerkraft habe gereicht, so die gängige Interpretation, um die Märkte zu beruhigen. Der Beweis schien erbracht, dass allein die Worte eines Zentralbankpräsidenten Wunder bewirken können.

Georg Erber, ehemaliger Ökonom am Deutschen Institut für Wirtschaftsforschung (DIW), bezeichnet dieses Heldenepos als Legende: »Es ist ein Mythos, wenn Mario Draghi als Retter des Euro mit seiner Äußerung am 2. Juli 2012 in London gefeiert wird. Dieses Verdienst sollte eher Ben Bernanke und der FED zuerkannt werden.«[28] In der Tat hatte Draghis OMT-Bazooka Ladehemmungen. Eilanträge und Klagen, die das OMT als verfassungswidrig ansahen, wurden beim Bundesverfassungsgericht eingereicht. Rechtlich war das OMT-Programm also zunächst gar nicht einsatzfähig. Die Rettung kam durch Ben Bernanke und die amerikanische FED. Am 13. September 2012 – eine Woche nach der OMT-Bekanntgabe der EZB – versicherte die FED, ihren Leitzins bis mindestens 2015 bei null zu belassen und startete ihr drittes Anleihekaufprogramm (QE 3). Die Liquiditätslücke scheint also nicht allein durch Draghis Worte, sondern durch handfeste globale Liquidität gefüllt worden zu sein. Die FED kaufte fortan Anleihen im Wert von bis zu 85 Milliarden Dollar pro Monat.

Erst nachdem das Bundesverfassungsgericht und der Europäische Gerichtshof grünes Licht für eine expansive Geldpolitik der EZB gegeben hatten, konnte auch Mario Draghi durchstarten und mit der europäischen Variante des Quantitative Easing beginnen. Draghis gewonnene Handlungsfähigkeit ermöglichte es der FED, sich ihrerseits aus dieser Zwischenfinanzierung der globalen Kreditblase etwas zurückzuziehen. So beendete die FED ihr QE 3-Programm im Oktober 2014 – just zu dem Zeitpunkt, als klar wurde, dass die EZB ihr Anleihekaufprogramm gegen den bisherigen Widerstand (gerade aus Deutschland) durchsetzen konnte.

Aus der angeblichen Wirksamkeit der OMT-Ankündigung bezieht die EZB bis heute ihre Legitimation für neue Heldentaten. Kein Wunder, dass die EZB versucht, auch ihren anderen Maßnahmen Wunderwirkungen zuzuschreiben. So bezeichnet Mario Draghi das QE-Anleihekaufprogramm als den zentralen, ja den einzigen Treiber hinter der wirtschaftlichen Erholung im Euroraum zwischen

2015 und 2018: »*QE has been the only driver of this recovery.*«[29] Auch diese Lesart ist fragwürdig. Eine Vielzahl von Ökonomen bezweifelt, dass es der EZB mit ihren Anleihekäufen gelungen ist, überhaupt irgendeinen bedeutenden Wachstumsimpuls zu setzen. Nach Ashoka Mody etwa war nicht QE, sondern vor allem der anziehende Welthandel (angezogen durch China) der Treiber hinter dem anspringenden Konjunkturmotor.[30]

(K)eine Staatsfinanzierung?

Der Europäischen Zentralbank ist es streng verboten, Staaten direkt zu finanzieren. Im Artikel 123 des Vertrages über die Arbeitsweise der Europäischen Union (AEUV) ist dieses Verbot der monetären Staatsfinanzierung klar festgehalten. Die EZB argumentiert, dass ihre Anleihekäufe keine Regelverletzung darstellen, da sie die Anleihen ja nicht direkt bei den Staaten (am sogenannten Primärmarkt) kauft. Sie geht den Umweg über den Sekundärmarkt, was bedeutet, dass andere Käufer wie Banken zwischengeschaltet sind. Diese wiederum kaufen die Anleihen vorher bei den Staaten der Eurozone und müssen sie nur die berühmte eine Millisekunde im eigenen Bestand halten, bevor sie sie an die EZB weiterverkaufen.

Doch überzeugt diese Argumentation? Sinn und Zweck des Verbots monetärer Staatsfinanzierung ist es ja gerade, zu verhindern, dass Mitgliedstaaten ihre Haushalte unabhängig von den Kapitalmärkten finanzieren können. Der Druck, sich am Markt finanzieren zu müssen, sollte die Teilnehmer der Währungsunion disziplinieren, ihre Hausaufgaben zu machen. Denn je geringer das Vertrauen der Anleger in die wirtschaftliche Leistungsfähigkeit und den politischen Willen eines Landes ist, Schulden zuverlässig zu bedienen, desto höher ist der von dem Land für die Schuldenaufnahme zu zahlende Zins. Ein Land, das auf diese Weise vom Markt bewertet wird, kann seine wirtschafts- und finanzpolitischen Versäumnisse nicht auf den Schultern seiner Nachbarn abladen. Dieser disziplinierende Zusammenhang wird durch die Anleihekäufe aufgelöst. Nach Ansicht des ehemaligen Vizepräsidenten der Deutschen Bundesbank, Franz-Christoph Zeitler, verstößt deshalb ein unlimitierter Ankauf von Staatsanleihen durch die EZB auch dann gegen das zentrale Verbot der monetären Staatsfinanzierung, wenn die Anleihen am Sekundärmarkt erworben werden: »Denn ein Kauf von Staatsanleihen mit hohen Volumina zielt auf die Verbesserung der Finanzmarktkonditionen eines Staates und damit auf die Verringerung des Marktdrucks in Richtung finanzpolitischer Konsolidierung und Stärkung der wirtschaftlichen Wettbewerbsfähigkeit.«[31]

Ob die Anleihekäufe zur verbotenen Staatsfinanzierung beitragen, hängt also nicht davon ab, von wem oder zu welchem Zeitpunkt die Titel erworben werden. Es wäre ja eine wahnwitzige und widersprüchliche Auffassung der Euro-Gründerväter gewesen, dass der Ankauf einer frisch begebenen Anleihe als verbotene Staatsfinanzierung zu werten sei, der Ankauf einer nur wenige Sekunden später im Markt gehandelten Anleihe dagegen nicht. Insbesondere, wenn die Marktteilnehmer sicher sein können, dass die EZB die Anleihe ohnehin abnimmt. Entscheidend ist vielmehr, ob die erworbenen Titel auf längere Dauer gehalten und welche Wirkungen durch die Käufe erzeugt werden.[32]

Die EZB hält die erworbenen Staatsanleihen nicht nur bis zur Fälligkeit, sie garantiert zudem, dass die fällig werdenden Papiere nach Ende der Nettokäufe über einen längeren Zeitraum reinvestiert werden. Obwohl das erste QE-Programm seit Ende 2018 ausgelaufen ist, tätigt die EZB bis auf Weiteres Ersatzkäufe für auslaufende Staatsanleihen in einem Volumen von hunderten Milliarden Euro pro Jahr. Gleichzeitig werden kurzfristige Positionen durch längerfristige Papiere ersetzt (*Operation Twist*). Die ökonomische Wirkung dieser Anleihekäufe – auch auf dem Sekundärmarkt – zeigt sich eindeutig in der Absenkung der staatlichen Refinanzierungskosten. Trotz immer höherer Schulden wird so eine günstige Refinanzierung gesichert. Das ist nicht mehr Geldpolitik, sondern Ersatzfinanzpolitik, und damit etwas, das das Mandat der EZB nicht hergibt. Es verwundert also nicht, dass bereits 2011 – lange bevor mit dem OMT-Programm oder dem Quantitative Easing die schweren Geschütze aufgefahren wurden – die Mehrzahl der Mitarbeiter der EZB der Meinung waren, dass die Notenbank ihr Mandat überdehnt.[33]

Umso erstaunlicher ist es, dass Draghi und andere EZB-Vertreter gerade die Berufung auf das Mandat als Totschlagargument missbrauchen. Sie betonen, dass der Artikel 18.1 der EZB-Satzung den Ankauf von Staatsanleihen erlaubt, sofern er geldpolitisch geboten ist. Doch der Artikel war nie als der oben beschriebene Umweg gedacht, um eine unbegrenzte Finanzierung einzelner Mitgliedstaaten zu eröffnen. Ursprünglicher Zweck der Erlaubnis war es lediglich, der Notenbank zu ermöglichen, als Teil der sogenannten Offenmarktpolitik kurzfristige Schwankungen des Geldmarktes und damit der Geldmarktsätze zu glätten. Die inzwischen eingetretene Situation, dass die EZB der mit Abstand größte Gläubiger der Eurostaaten ist, steht offensichtlich im Widerspruch zu dem in Art. 21.1 der EZB-Satzung niedergelegten Verbot der Staatsfinanzierung. Eine in der Notenbank-Verfassung verordnete ordnungspolitische Nebenbedingung von Rang, wie das Verbot der Staatsfinanzierung sie darstellt, wird seit Jahren ignoriert und sogar offen verletzt.

Mittlerweile scheint es sich zu bewähren, das Mandat zum zentralen Fixpunkt zu erklären, der alles Handeln rechtfertigt. Dabei nimmt die EZB mit einer erstaunlichen Selbstverständlichkeit Aufgaben, Kompetenzen und Verantwortlichkeiten für sich in Anspruch, die bei genauerem Hinsehen höchst zweifelhaft sind. So suggeriert sie etwa, der Ankauf von Anleihen sei ein spezifisches Merkmal eines Kreditgebers letzter Instanz. Die EZB könne auf diese Weise spekulativ überhöhte Zinsen auf Staatsanleihen vermindern. Mit diesem Argument weckt sie den falschen Eindruck, die etablierte Tradition des Geldwesens beinhalte, dass Notenbanken nicht nur solventen Geschäftsbanken als Kreditgeber der letzten Instanz zu dienen haben, sondern dass sie plötzlich auch von der Insolvenz bedrohten Staaten unter die Arme greifen müsse.[34] Aus unserer Sicht ist es äußerst fragwürdig, ob die zwei Notenbank-Funktionen – einerseits die Geldwertstabilität zu sichern und andererseits als *lender of last resort* das System zu stabilisieren – langfristig überhaupt kombinierbar sind.

Sicher ist sicher!

Vor der Eurokrise akzeptierte die EZB von den Banken nur Sicherheiten von höchster Qualität. Als die Krise ausbrach, schraubte die Zentralbank die Anforderungen an die sogenannten Kollaterale immer weiter herunter, um Banken liquide zu halten. Die nationalen Notenbanken wurden sogar ermächtigt, ihrerseits die Anforderungen noch weiter abzusenken. Insbesondere die südländischen Staaten haben davon rege Gebrauch gemacht. Doch wenn der Rahmen der Besicherungspolitik variiert, führt das zu tief greifenden Veränderungen.

Vereinfacht gesagt schaffen Zentralbanken Geld aus dem Nichts und speisen es dann in die Volkswirtschaften ein, indem sie Kredite an Banken vergeben und dafür Sicherheiten verlangen, beispielsweise Staatsanleihen. Die Beschaffenheit dieser Sicherheiten und die Bedingungen des Austausches entscheiden darüber, wer zu welchen Konditionen Zugang zu der großen EZB-Geldschwemme erhält. Der Finanzexperte Kjell G. Nyborg von der Universität Zürich kritisiert, dass die EZB mit ihrer umfangreichen Besicherungspolitik indirekt Banken und Staaten stützt.[35]

Es geht also um die Frage, wie die Vergabe von Zentralbankengeld an Geschäftsbanken funktioniert und welche Risiken dabei entstehen. Nach Nyborg kann diese Frage kaum noch beantwortet werden, da Transparenz bei einer Liste von dreißig- bis vierzigtausend verschiedenen Sicherheiten, die die EZB inzwischen akzeptiert, schlicht nicht mehr herstellbar sei. Mehr als die Hälfte der Papiere, die die Banken als Sicherheiten für Leihgeschäfte bei der EZB einreichen, haben noch nicht einmal Marktpreise. Fest steht, dass die EZB ihre Besicherungspolitik in den letzten Jahren beständig ausgeweitet hat und mittlerweile Werte akzeptiert, die von höchst fragwürdiger Güte sind. Um den eigenen maroden Banken Zugang zu frischem Zentralbankgeld zu verschaffen, stattete etwa die italienische Regierung zahlreiche dubiose Bankanleihen mit staatlichen Garantien aus. Zugleich nahm die EZB mehr als 10 000 unbesicherte und auf unregulierten Märkten gehandelte Bankanleihen in ihre Liste notenbankfähiger Sicherheiten auf.

Eine besondere Rolle kommt zudem den Ratingagenturen zu. Die EZB und die nationalen Notenbanken dürfen im Rahmen der Anleihekaufprogramme nur Werte erwerben, die von mindestens einer Ratingagentur oberhalb des Ramsch-Status bewertet wurden. Neben den drei großen amerikanischen Agenturen Moody's, Standard & Poor's und Fitch bezieht die EZB das Urteil der kanadischen Agentur DBRS ein. Letztere ist für ihre großzügigen Beurteilungen von Schuldnern bekannt. Das heißt, selbst wenn drei Agenturen den Daumen bei der Beurteilung der Kreditwürdigkeit senken, orientiert sich die EZB nur an dem besten Rating und kann kaufen, solange die Beurteilung der DBRS knapp über dem Strich ausfällt. *Welt*-Wirtschaftsredakteur Holger Zschäpitz hat die nationalen Besonderheiten der Zentralbanken herausgestellt. Während die Bundesbank viele Unternehmensanleihen mit A-Rating aufkauft, geht etwa die spanische Zentralbank deutlich höhere Kreditrisiken ein. »Ein genauerer Blick in die EZB-Kaufliste offenbart, dass vor allem die Bank of Spain mit Vorliebe Unternehmensbonds kauft, die von der Bonität her gerade noch so erlaubt sind«, so Zschäpitz.[36]

Die Mär vom Deflationsgespenst

Die EZB verteidigt ihre Niedrigzinspolitik mit dem Hinweis auf eine zu niedrige Inflationsrate oder sogar Deflationsrisiken. Es ist jedoch ausgesprochen fragwürdig, ob die Gefahr einer »schlechten« Deflation, also einer sich selbst verstärkenden Abwärtsspirale bei Preisen, Löhnen und der Wirtschaftsleistung für den Euroraum überhaupt je bestanden hat. Auch der Glaube, die Geldpolitik könnte die Inflationsrate derart präzise steuern, wie es das strikte Punktziel von unter, aber nahe 2 Prozent vorgaukelt, ist verfehlt. Er steht im offenen Widerspruch zur mittelfristigen Orientierung der Geldpolitik und stellt einen Anspruch, den die Notenbanken gar nicht erfüllen können. Ein Löwenanteil der umlaufenden Geldmenge wird ohnehin gar nicht von den Zentralbanken, sondern von den Geschäftsbanken durch die Vergabe von Krediten erzeugt.

Blicken wir noch einmal zurück: Zur Jahresmitte 2014 brechen die Erdölpreise drastisch ein. Ein inverser Erdölschock – hervorgerufen durch den Zusammenbruch des OPEC-Kartells im Zuge der durch Fracking ausgelösten Ausweitung der Erdöl- und Erdgasproduktion. Mit dem Verfall der Energie- und Rohstoffpreise sinkt auch die Inflationsrate der Eurozone. Eigentlich ein willkommenes Konjunkturprogramm, insbesondere für die krisengeplagten Peripherieländer.

Obwohl deutlich erkennbar ist, dass der Rückgang der Inflationsrate maßgeblich von einem schwankenden Ölpreis bestimmt ist – also von heftigen Preisentwicklungen, die überwiegend von Einflußgrößen außerhalb der Eurozone abhängen –, reagiert die EZB panikartig und nutzt diese Situation, um ihr beispielloses geldpolitisches Experiment mit negativen Zinsen und riesigen Staatsanleihekaufprogrammen zu starten.

Die Bilanz dieses Kraftaktes: Die EZB hat in den letzten Jahren tausende Milliarden Euro in die Märkte gepumpt. Dem herbeigesehnten Ziel – einer Inflation unter, aber nahe 2 Prozent – ist sie jedoch nur durch eine Fluktuation des Ölpreises nähergekommen, den sie selbst gar nicht wesentlich beeinflussen kann. Die Kerninflationsrate (hier werden die Energiepreise ausgeklammert) hingegen hat sich kaum einen Millimeter von der Stelle bewegt und liegt relativ konstant bei 1 Prozent. Das liegt auch daran, dass der größte Teil der von den Notenbanken geschaffenen Liquidität im Spekulationskreislauf feststeckt und in Aktien, Anleihen und Immobilien landet. Wie schon angedeutet, dringen nur knapp 10 Prozent überhaupt in die Realwirtschaft durch. Die Folge ist, dass die Konsumgüterpreise konstant bleiben, Vermögenspreise dagegen ungezügelt ansteigen können.

Um zu verstehen, was das bedeutet, muss man sich vergegenwärtigen, wie Inflation gemessen wird. Ursprünglich bedeutet Inflation nichts anderes als »Ausweitung« und bezeichnet die Ausweitung der Geldmenge. Heute wird Inflation aber ganz anders definiert. Die Politik der EZB orientiert sich an dem sogenannten harmonisierten Verbraucherpreisindex (HVPI). Das ist ein Korb von Waren und

Dienstleistungen, für die Verbraucher Geld ausgeben. Verschiedene Lebensmittel werden ebenso erfasst wie Benzin, Pauschalreisen oder Versicherungsbeiträge. Allein in Deutschland sind das insgesamt rund sechshundert Güterarten und über dreißigtausend Einzelpreise. Der EZB-Rat spricht von Preisstabilität im Euroraum, wenn der jährliche Anstieg des HVPI unter 2 Prozent liegt. Auf mittlere Sicht versucht der EZB-Rat, eine Inflationsrate zu erreichen, die mit der etwas sperrigen Formel von »unter, aber nahe 2 Prozent« markiert ist.

Doch der HVPI ist keine Steinplatte vom Berge Sinai. Im Gegenteil, die Verwendung des Indexes hat zahlreiche methodische Schwächen. Die Warenkörbe, die dem jeweiligen nationalen Verbraucherpreisindex zugrunde liegen, sind willkürlich und in den einzelnen Euroländern auch noch sehr verschieden zusammengestellt. Ebenfalls bedenklich ist, dass Qualitätszuwächse von technischen Produkten als Preisrückgänge gewertet werden und die Inflationsrate drücken. Dabei senkt es nicht die Lebenshaltungskosten der Bürger, wenn ihre Handys, Autos oder Computer über neue Features verfügen. Die wohl größte Schwachstelle des HVPI ist, dass er von den Energiepreisen dominiert wird. Laut dem Schweizer Finanzexperten Michael Bernegger sind empirisch rund 50 Prozent der gesamten Inflationsdynamik auf die Energiepreise zurückzuführen.[37] Somit bildet ein Faktor, den die EZB nur sehr wenig beeinflussen kann, den entscheidenden Teil der Zielgröße, an dem sie ihren geldpolitischen Entscheidungsprozess ausrichtet.

Mario Draghi hat die Verlängerung und Ausweitung der Anleihekäufe immer wieder damit begründet, dass die Inflationsrate weiterhin zu niedrig sei. Schauen wir uns also die Zahlen an: Die Inflationsrate der Eurozone lag im Jahresdurchschnitt 2015 bei 0 Prozent, im Februar 2016 fiel sie sogar auf minus 0,2 Prozent. Das erweckt zunächst den Anschein einer beträchtlichen Abweichung von der definierten Preisstabilität und sogar von aufziehenden Deflationsrisiken. Klammert man jedoch die Güter aus, die direkt vom Ölpreis abhängen, lag die Inflationsrate 2015 bei 0,9 Prozent, im Februar 2016 bei 0,7 Prozent. Es bestand also Preisstabilität und die Inflationserwartungen zeigten weder Deflations- noch Inflationsgefahren.

Abstrahiert man von den Erdölpreisen, lag das Problem also lediglich darin begründet, dass sich die von der EZB beeinflussbare Inflationsrate knapp 1 Prozent unter dem angestrebten Zielwert bewegte. Rechtfertigt diese geringe Abweichung wirklich die Notwendigkeit für extreme und einzigartig geldpolitische Aktionen? Basieren die geldpolitischen Entscheidungen auf Fehldiagnosen? Oder wählt die EZB ein falsches Konzept aufgrund einer inadäquaten Zinsvariable? Ist die EZB am Ende sogar von anderen Überlegungen getrieben? Diese Fragen zu stellen ist zumindest legitim. Denn die Folgen sind gravierend. Während die EZB die Energie- und Erdölpreise bei der Inflationsermittlung übergewichtet, klammert sie, anders als die amerikanische FED, gleichzeitig die mit Abstand größte Position in den Budgets der Haushalte aus – die Wohnkosten für selbst genutztes Wohneigentum, die zwischen 15 und 20 Prozent der Gesamtausgaben der Haushalte der Eurozone repräsentieren. Das ist ein schwerer Konstruktionsfehler und ein wesentlicher Grund, warum viele Bürger das Gefühl haben, sich heute weniger für ihr Geld leisten zu können, obwohl die in der offiziellen Statistik ausgewiesenen Inflationsraten so niedrig sind.

In der Tat glauben wir, dass der tatsächlich stattfindende Geldwertverlust unterschätzt wird. Das liegt daran, dass den Menschen gebetsmühlenartig eingetrichtert wird, Inflation bedeute nur ein Anstieg der Konsumgüterpreise. Steigende Preise von Vermögenswerten werden dagegen nicht als »echte« Inflation, sondern als ein positiv zu wertender Vermögenseffekt dargestellt. Das stimmt nicht. Denn in beiden Fällen schwindet die Kaufkraft des Geldes, in beiden Fällen profitieren die einen auf Kosten der anderen. Der Wohlstand einer Volkswirtschaft erhöht sich nicht durch explodierende Aktien- oder Immobilienpreise. Es bedarf dafür eine Erhöhung von Konsum- und Produktionsgütern.

Inflation ist offensichtlich ein viel breiteres Phänomen, als der Konsumentenpreisindex es erfasst und ausdrückt. Wer nur auf diesen Index schaut, kommt zu dem Schluss, die Kaufkraft des Geldes sei stabil geblieben, während sie in Wirklichkeit durch den Anstieg von Vermögenspreisen ausgezehrt wurde. Das ist Sprengstoff. Schon jetzt lässt sich ein direkter Bezug zwischen der Vermögenspreisinflation und der Diskussion über ungleich verteilten Vermögen in vielen Industriestaaten herstellen. Eine offensichtliche Folge sind die steigenden Häuserpreise. In Deutschland sind gerade Erstkäufer – typischerweise »Millennials« und junge Familien – besonders stark betroffen und haben kein Verständnis für das Lamento über eine zu niedrige Inflation oder unerreichte Inflationsziele. Das Durchschnittsalter eines Bürgers, der zum ersten Mal im Leben eine Immobilie erwirbt, lag zwischen 1990 und 2000 noch bei 37 Jahren. 2017 ist der durchschnittliche Erstkäufer bereits 49 Jahre alt.[38]

In Deutschland sprechen sich Politiker wie der Grünen-Bundesvorsitzende Robert Habeck und der Juso-Vorsitzende Kevin Kühnert für Enteignungen als Mittel gegen steigende Mieten und Immobilienpreise aus. Offensichtlich legen sie lieber leichtfertig die Axt an die Wurzel der Eigentumsökonomik und damit unserer Wirtschaftsordnung, als das Thema Geldpolitik als einen wesentlichen Faktor überhaupt auch nur zu erwähnen.

Die Inflation ist bereits seit Jahren da. Allerdings in Asset-Klassen, die nicht in die offizielle Statistik eingerechnet werden. Diesen Zusammenhang gilt es, sich zu vergegenwärtigen. Hätten die Zentralbanken diese Teuerung einbezogen, hätten viele Booms und Busts der letzten drei Jahrzehnte verhindert werden können. Der Wirtschaftsexperte Gunther Schnabl hat eine eindrückliche Rechnung aufgemacht:

> Die Inflation ist also versteckt! Während für Deutschland die offizielle Rate 2017 mit 1,8 Prozent angegeben wird, wären es 2,4 Prozent, wenn auch eigengenutzte Immobilien eingerechnet würden. Berücksichtigt man die steigenden Kosten für öffentliche Güter, läge die Inflation bei 3 Prozent – und sogar bei 5,4 Prozent, wenn auch Aktien erfasst würden. Inklusive der Qualitätsverschlechterungen würde die Inflation nahe 6 Prozent liegen![39]

Auf Basis dieser Zahlen dürfte die EZB längst keine Staatsanleihen mehr kaufen und müsste die Zinsen anheben. Sie wird die Inflation deshalb weiter kleinreden. Denn das Deflationsgespenst bleibt wohl das Kernargument für die Notenbanken, um die Zinsen niedrig zu halten. Das soll den europäischen Schuldenstaaten Luft zum Atmen verschaffen und gemäß der dominanten keynesianischen Theorie die Konjunktur am Laufen halten.

Das Ende der Unabhängigkeit?

Die Unabhängigkeit der Zentralbanken ist ein wesentlicher Eckpfeiler einer modernen Finanzordnung. Nur eine unabhängige Notenbank kann sicherstellen, dass die Geldpolitik nicht von Politikern genutzt wird, um kurzfristige Ziele zulasten von langfristiger Stabilität zu erreichen. Dass dies die Politik gelegentlich zur Verzweiflung bringt, ihr aber auch viel Anerkennung abverlangt, hat Helmut Kohl auf den Punkt gebracht: »Als Bundeskanzler habe ich manchmal Probleme mit der Bundesbank. Als Bürger bin ich froh, dass es sie gibt.«[40]

Unabhängigkeit bedeutet Ferne von politischen Entscheidungen. Wie gezeigt haben sich die Zentralbanken in den letzten Jahren jedoch weit in das politische Terrain vorgewagt und finden nicht wieder zurück. Verteilungseffekte sind entstanden und die Interaktion mit der Fiskalpolitik hat unheilvolle Abhängigkeiten zwischen EZB, Finanzmärkten und Regierungen geschaffen. Die Zentralbanken haben sich dadurch angreifbar gemacht. Die Rolle als Retter und Finanzstabilisator fordert nun ihren Tribut. In zahlreichen Staaten attackieren Politiker jetzt die Notenbanken und versuchen die Geldpolitik unter ihre Kontrolle zu bringen. Die Währungshüter sollen nicht länger nur der Preisstabilität verpflichtet sein, sondern weiterhin die Finanzpolitik unterstützen.

Bezeichnend dafür steht US-Präsident Trump, der keine Gelegenheit und keinen Tweet auslässt, um FED-Chef Powell wegen seiner Leitzinserhöhungen massiv anzugreifen. Trump machte Powell sogar persönlich für ein 1,5 Prozent zu geringes amerikanisches Wirtschaftswachstum verantwortlich. »Offen gestanden, wenn wir jemand anderen in der Federal Reserve gehabt hätten, der die Zinsen nicht so stark erhöht hätte, wir lägen mindestens eineinhalb Punkte höher.«[41]

Auch in anderen Ländern wird Druck auf Zentralbanker ausgeübt, die Schuldenpolitik der Regierungen widerspruchslos mitzutragen. In Indien sah Premierminister Narendra Modi seine Wiederwahl gefährdet, weil sich Notenbankpräsident Urjit Patel weigerte, die Geldschleusen zu öffnen. Modi drängte so lange auf geldpolitische Feuerhilfe, bis sein oberster Währungshüter frustriert zurücktrat. Japans Premierminister Shinzō Abe setzte gleich zu Beginn seiner Amtszeit einen neuen Notenbankchef ein, der seitdem fleißig Geld druckt. In der Türkei entmachtete Präsident Recep Erdoğan die Zentralbank nahezu vollständig. Die Inflation wurde anschließend nicht mehr durch Zinserhöhungen, sondern durch das Verbrennen von iPhones bekämpft. Auch vor Europa macht dieser Trend nicht halt. *Lega*-Chef Salvini hatte angekündigt, die italienische Notenbank (Banca d'Italia) müsse durch die Umbesetzung ihrer Führungsriege »komplett ausgeräumt« werden.[42] Und Frankreichs Präsident Macron fordert ungeniert, die EZB weiter zu politisieren und ihr Verantwortlichkeiten für den Klimaschutz aufzubürden.[43] Politische Überlegungen bestimmen zunehmend auch die Postenbesetzungen. Nach EZB-Vizepräsident Luis de Guindos drängt mit der künftigen Präsidentin Christine Lagarde nun die nächste ehemalige Politikerin in das Spitzengremium der Zentralbank. Das ist nicht nur ein Signal dafür, dass die extrem lockere Geldpolitik fortgeführt wird, es ist vor allem ein Indiz für eine weitere Politisierung. Ohne Frage ist Christine Lagarde eine überzeugende Krisenmanagerin. Aber sie ist keine erfahrene Geldpolitikerin oder renommierte Ökonomin. Sie ist in erster Linie eine politisch geprägte Persönlichkeit.

Das ist ein gefährlicher Irrweg. Die Unabhängigkeit ist ja gerade dafür da, die Zinsentscheidungen vor politisch bestimmten Konjunkturzyklen und dem Druck, Haushaltsdefizite zu finanzieren, zu schützen. Doch statt offen darüber zu sprechen, erfolgt in der öffentlichen Debatte eine bemerkenswerte Um- und Neuinterpretation der vertraglich gesicherten Unabhängigkeit. Der verstorbene Geldexperte Manfred J. M. Neumann kritisierte bereits im Rahmen der

Diskussionen um das OMT-Programm, dass die Unabhängigkeit, die eigentlich als ein Schutzmechanismus gegen willkürliche Eingriffe der Politik in die Verfahren der Geldpolitik gedacht war, inzwischen zu einem umfassenden Freibrief für die EZB umgedeutet wird, unter dem Banner des Mandats, jegliches ihr geeignet erscheinendes Instrument frei wählen zu dürfen.[44]

Ein Paradebeispiel für einen solchen geforderten Freibrief liefert etwa DIW-Chef Marcel Fratzscher. Nach seiner Auffassung beschädigt und verletzt die (deutsche) Kritik an Niedrigzinspolitik, Anleihekaufprogrammen oder Target-Ungleichgewichten die Unabhängigkeit der EZB.[45]

Die Conclusio einer solchen Argumentation: Die EZB darf keinerlei Beschränkungen unterworfen werden – wie etwa einer Kappung des OMT-Programms –, denn das wäre ein Eingriff in ihre Unabhängigkeit. Diese Interpretation pervertiert den Unabhängigkeitsbegriff, denn er nimmt den Fokus weg von der entscheidenden politischen Unabhängigkeit und suggeriert Kompetenzen, die gar nicht gegeben sind. Während die politische Unabhängigkeit im europäischen Vertragswerk klar festgelegt ist, wurde der EZB eine umfassende Instrumentenunabhängigkeit gar nicht gewährt.[46] Unabhängigkeit bedeutet eben nicht das Recht auf Unverantwortlichkeit.

Statt weiterer Vermischung von Geld- und Fiskalpolitik brauchen wir eine strikte Abgrenzung der Zuständigkeiten. Konsequente Entpolitisierung statt noch mehr Nähe zur Politik. In der Pflicht stehen übrigens auch die Zentralbanken selbst. Statt ständig darüber zu schwadronieren, dass die geldpolitischen Mittel längst nicht ausgereizt und die Instrumentenkästen prall gefüllt seien, sollten sie offen und ehrlich über die Grenzen ihres Mandats und ihrer Macht reden. Sie sind überfordert, können keine Strukturprobleme lösen und nicht für höheres Potenzialwachstum sorgen.

Ein Jahrzehnt geldpolitischer Ausnahmezustand haben das Zusammenspiel von Politikern, Zentralbanken und Marktteilnehmern verändert. Risikoprämien wurden auf null gedrückt, eine Kultur der Kurzfristigkeit gefördert und vor allem intensivierte sich die Interaktion von Finanzmärkten und der Zentralbank. Damit ist neben der wachsenden politischen Einflussnahme für die Notenbank ein zweites Risiko gewachsen: Notenbanken und Finanzmärkte sind zunehmend voneinander abhängig. Investoren horchen auf jedes noch so leise Wort der Notenbanker, die Notenbanken wiederum schauen mit Argusaugen auf die konjunkturelle Entwicklung und das Kursgeschehen an den Märkten. Bei jeder kleinsten Eintrübung des wirtschaftlichen Geschehens stellen sie umgehend neue Geldspritzen bereit. Dieses Wechselspiel hat ein Perpetuum mobile geschaffen. Die Bank für Internationalen Zahlungsausgleich wies in ihrem Quartalsbericht vom März 2019 warnend auf diese Beziehung hin: »Da sich Zentralbanken und Finanzmärkte synchron wie ein Paar auf der Tanzfläche bewegen, ist es zuweilen schwierig, ihre Schritte auseinanderzuhalten.« Anstatt die Entstehung von finanziellen Ungleichgewichten zu verhindern und den Märkten bei Übertreibungen das Fürchten zu lehren – wir erinnern uns an den Vergleich mit der Punschschale –, werden die Zentralbanken den spekulativen Marktteilnehmern in dieser Dynamik immer höriger. Aus Angst vor unberechenbaren Marktreaktionen hat die EZB den Ausstieg aus dem Krisenmodus wieder und wieder verschoben. Es ist jedoch wenig gewonnen, wenn die Zentralbanken zwar unabhängig von den Regierungen sind, auf der anderen Seite aber Abhängigkeiten von den Finanzmärkten zulassen. Wagen es Notenbanken nicht mehr, die von ihnen selbst erzeugte Erwartungshaltung der Marktteilnehmer zu enttäuschen, ist genau diese Grenze überschritten. Die Märkte gehen längst davon aus, dass die EZB die Zinsen gar nicht mehr erhöhen kann.

Unterm Strich

Die Legitimationsgrundlagen und Narrative, mit denen sich die EZB in der Krise gerechtfertigt hat, sind in vieler Hinsicht fragwürdig. Zahlreiche Argumente zu Deflationsrisiken, Unabhängigkeit und Wirkungsweise erweisen sich bei näherer Betrachtung als unzutreffend. Die EZB hat in der Krise Geister gerufen, die sie nun nicht mehr los wird. Die Erwartungen, die sie als *Master of the Universe* geschürt hat und die Vielzahl der neuen Aufgaben, die sie übernommen hat, kommen als Bumerang zurück.

Klar, die ultra-lockere Geldpolitik hat dazu beigetragen, kurzfristig den Kollaps von Banken und Staaten zu verhindern. Der Preis dafür ist jedoch hoch. Die Verschuldungskrise im Euroraum wird durch die immer neuen kreativen geldpolitischen »Lösungen« verschärft. Wie im Kapitel »Der Weg des Euro« gezeigt, ist die Eurozone in der jetzigen Form dysfunktional. Sie ist vergleichbar mit einem Patienten, der zur Genesung dringend einer Operation bedarf. Doch der Chirurg – in diesem Fall die Politik – handelt nicht, er steht paralysiert am Operationstisch. Die Notenbank kann zwar nicht die erforderliche Operation durchführen und dem Patienten helfen, dauerhaft zu gesunden, sie kann ihm aber Schmerzmittel verschreiben. Der Patient kommt natürlich immer wieder und verlangt höhere Dosen. Die anfänglich schmerzlindernde Wirkung der Medikation lässt zusehends nach und die Nebenwirkungen der Arznei werden sichtbar. Mittlerweile hat der Patient nicht nur dieselben Leiden wie zu Beginn, sondern ist zudem schwer tablettenabhängig.

Immer deutlicher lässt sich absehen, dass eine Zentralbank, die Geld verschenkt, die Kontrolle über die Notenpresse kaum wieder zurückerlangen kann.

Die Selbstbedienung an der Gemeinschaftskasse

»Deutschland steht vor großen demografischen Problemen, die in den dreißiger Jahren ohnehin Finanzengpässe verursachen werden. Es kann der Aushöhlung seines Vermögens durch das Target-System nicht länger tatenlos zusehen.«

Hans-Werner Sinn

»Die Target2-Ungleichgewichte sind Ausdruck des schlechten Funktionierens der Eurozone. Um sie zu korrigieren, müssen daher die Fehler beseitigt werden, die zur Eurokrise geführt haben.«

Thomas Mayer

Einem weiteren eklatanten Konstruktionsfehler der Währungsunion wird immer noch viel zu wenig Beachtung geschenkt. Im Target2-System* findet ein gefährlicher Risikotransfer statt. Obwohl die gewaltigen Ungleichgewichte deutlich sichtbar sind, ignorieren die Verantwortlichen die Warnbotschaften, die das System sendet, oder tun sie als irrelevante bilanztechnische Posten ab. Das liegt auch daran, dass die Target-Thematik sehr technisch und kompliziert daherkommt. Dabei birgt sie gewaltigen Sprengstoff.

Was genau ist Target? Alle Länder, die den Euro eingeführt haben, besitzen immer noch ihre eigene nationale Zentralbank – in Deutschland etwa die Deutsche Bundesbank oder in Italien die Banca d'Italia. Alle diese Zentralbanken der Eurozone bilden gemeinsam mit der EZB an der Spitze das sogenannte Eurosystem. Target2 ist – vereinfacht gesagt – dazu da, die grenzüberschreitenden Transaktionen innerhalb dieses Eurosystems zu ermöglichen (etwa Zahlungen von Italien nach Deutschland oder von Spanien nach Frankreich). Target wickelt diese ländergrenzüberschreitenden Zahlungen ab und misst die Forderungen und Verbindlichkeiten zwischen den nationalen Notenbanken des Eurosystems.

Je nachdem, wie groß die Zahlungen aus oder nach einem Land im Verlauf eines Tages sind, führen die Überweisungen nun zu Forderungen und Verbindlichkeiten zwischen den nationalen Zentralbanken. Um die Abrechnung zu erleichtern, bündelt (saldiert) jede

* Das Akronym »Target« steht für *Trans-European Automated Realtime Gross Settlement Express Transfer.*

nationale Notenbank am Tagesende alle ihre Forderungen und Verbindlichkeiten zu einem Wert, der eine Forderung oder eine Verbindlichkeit gegenüber der EZB darstellt. Die EZB übernimmt die Rolle einer zentralen Abwicklungs- beziehungsweise Clearingstelle.

Dabei findet zwischen den Eurosystem-Zentralbanken kein sogenanntes Settlement – das heißt kein Zahlungsausgleich – statt, der Saldo wird jeden Tag fortgeschrieben. Die Summe aller Salden (Forderungen und Verbindlichkeiten) der 18 Zentralbanken im Eurosystem ergibt null, da es sich nur um die grenzüberschreitende Verschiebung vorhandener Euroliquidität in einem geschlossenen System handelt.

Target hat jedoch noch eine andere Seite, über die eine kontroverse Debatte entfacht ist. Seit dem Ausbruch der Finanz- und Eurokrise sind gewaltige Ungleichgewichte im Target-System entstanden. Gerade die Südländer haben riesige Verbindlichkeiten aufgebaut. Deutschland dagegen hat über die Deutsche Bundesbank wie schon erwähnt Target-Forderungen gegen das Eurosystem von nahezu einer Billion Euro angehäuft. Dieses Missverhältnis wird unterschiedlich bewertet. Während die eine Seite die Target-Ungleichgewichte als weitgehend unbedeutend auffasst, solange der Euro Bestand hat, warnt die andere Seite davor, dass Target längst zu einem gigantischen Überziehungskreditsystem mutiert ist.[47] Hans-Werner Sinn, der jahrelang als einsamer Rufer auf die Fehlentwicklungen aufmerksam gemacht hat, muss sich für seinen Aufklärungsfeldzug den Vorwurf gefallen lassen, ein Alarmist, Nationalist und Anti-Europäer zu sein. Dass jemandem die europäische Gesinnung abgesprochen wird, weil er auf Risikopositionen aufmerksam macht, spricht für sich.

Sehen wir uns die Situation im Detail an: Italien steht im Target-System mit nahezu 500 Milliarden Euro in der Kreide. Kritiker wie Harvard-Professorin Carmen Reinhart erkennen hierin eine verkappte Form der Staatsverschuldung und argumentieren, dass die wahren Staatsschulden Italiens nicht bei den ausgewiesenen 130 Prozent, sondern in der Nähe von 160 Prozent des BIP liegen. Gepaart mit der politischen Unsicherheit sei das genug, um eine veritable Schuldenkrise auszulösen.

Auf der anderen Seite ist die Bundesbank vollkommen unfreiwillig zum größten sogenannten Kreditgeber geworden. »Kreditgeber« ist hier ein verzerrender Begriff, sind Kredite doch Ausdruck einer bewussten Entscheidung eines Kreditgebers, der die Verfügung über eine Sache für einen bestimmten Zeitraum auf den Kreditnehmer überträgt. Die Bundesbank dagegen kann die bisherigen Target-Forderungen nicht fällig stellen und muss weitere Überziehungen in unbegrenzter Höhe für unbegrenzte Zeit zum Nulltarif finanzieren.* Wir erlegen uns in Deutschland also selbst eine Schuldenbremse auf. Gleichzeitig baut das Eurosystem einen Risikokanal aus, der nicht kontrollier- oder begrenzbar ist. Auf diese Weise ist ein gigantischer Haftungsverbund entstanden, ohne Einbeziehung der Parlamente.

Versuchen wir zunächst, ein Gefühl für die Dimension der Außenstände zu bekommen. Wenn alle Arbeitnehmer in Deutschland ihren gesamten Jahreslohn zusammenlegen, kommen sie ebenfalls auf einen Betrag von knapp eine Billion Euro. Eine Billion Euro sind 20 Milliarden 50-Euro-Scheine. Legt man diese 20 Milliarden Scheine der Länge nach hintereinander, kann man das Band 70-mal um die Erde wickeln.[48] Um es noch einmal klarzustellen: Die deutschen Target-Forderungen entsprechen der Hälfte aller kumulierten deutschen Außenhandelsüberschüsse. Auf jeden einzelnen Bundesbürger entfallen Forderungen von 12 500 Euro. Eine vierköpfige Familie subventioniert das Eurosystem auf diese Weise mit 50 000 Euro. Vergleichen Sie diese Dimension einmal mit der Aussage von Kommissionspräsident Juncker, wir gäben für Europa nicht mehr als für eine Tasse Kaffee aus.

Wie kann es zu solchen Forderungsdimensionen kommen? – Bei der Einführung des Target-Systems gingen die Verantwortlichen fälschlicherweise davon aus, dass die Salden im Umfang begrenzt und kurzfristiger Natur sind. Target sollte ursprünglich ein Clearingsystem und nicht ein Instrument der Kreditgewährung sein.

* Die Target-Salden werden in Höhe des Hauptrefinanzierungssatzes des EZB-Systems zulasten der Schuldner-Notenbanken verzinst. Dieser Zins liegt seit 2016 bei null.

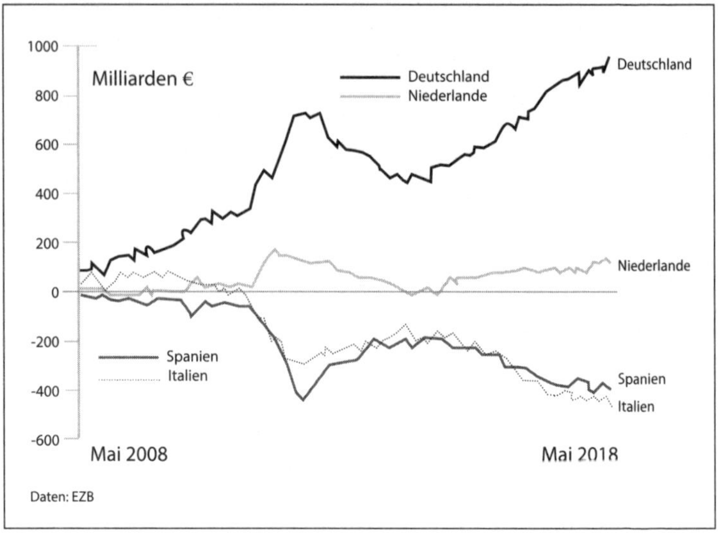

Abb. 14: Entwicklung der Target2-Salden.

Deswegen wurden fatalerweise für Guthaben oder Überziehungen keine Höchstgrenzen festgelegt.

Tatsächlich wogen sich Forderungen und Verbindlichkeiten jahrelang weitestgehend auf. Bis 2008 waren, wie im Kapitel »Der Weg des Euro« beschrieben, billige private Kredite der Kitt, der die Währungsunion zusammengehalten hat. Die europäischen Banken finanzierten bereitwillig die Zahlungsbilanzdefizite der Südländer und übernahmen so einen Großteil der »ausgleichenden« Kapitalbewegungen.* Die kurzfristigen Forderungen und Kredite deutscher Kreditinstitute an das Ausland erreichten Ende 2007 einen Stand von 1001 Milliarden Euro.[49]

Mit dem Finanzbeben nach der Lehman-Pleite verloren die Banken jedoch auf einen Schlag das Vertrauen ineinander und gewährten sich wechselseitig keine Kredite mehr – der Interbankenmarkt

* Vereinfacht gesagt: Wenn insgesamt mehr Geld ins Ausland fließt als eingeht, entsteht ein Zahlungsbilanzdefizit.

trocknete insbesondere in Südeuropa aus. Die gewohnten und notwendigen privaten Kredite brachen abrupt weg. Ganze Länder einschließlich ihrer Banken waren plötzlich nicht mehr in der Lage, ihre Nettoimporte von Waren und Dienstleistungen sowie ihre Kapitalexporte über den Markt zu finanzieren.

Um die sich ergebenen Zahlungsbilanzdefizite weiter zu ermöglichen, mussten die privaten Kredite durch öffentliche ersetzt werden. Und hier kommt Target ins Spiel und die ursprüngliche Notenbank-Rolle der Liquiditätsbereitstellung wird deutlich verändert. Statt wie bisher nur das erforderliche Minimum an Zentralbankgeld bereitzustellen, ersetzt das Eurosystem fortan in größerem Maße den Interbankenmarkt und andere grenzüberschreitende Kapitalströme.

Die EZB begann über die nationalen Notenbanken Kredite gegen Sicherheiten zu gewähren, die der Markt nicht mehr akzeptieren würde. Dafür wurden wie gezeigt die Qualitätsanforderungen für die von den Geschäftsbanken zu hinterlegenden Sicherheiten bei Notenbankkrediten drastisch gesenkt. Im Oktober 2008 wurde das Mindestrating für diese Sicherheiten von A- bis auf BBB- heruntergeschraubt – also knapp über Ramsch. Ab Mai 2010 beschloss der EZB-Rat sogar, für geraume Zeit auf ein Mindestrating für Griechenland ganz zu verzichten. Der Schweizer Volkswirt Charles B. Blankart beschreibt den Zusammenhang passend: »Die Schuldner erhalten durch das EZB-Zahlungssystem erstklassiges Geld gegen drittklassige Sicherheiten.«[50]

Die Absenkung der Besicherungsstandards steht natürlich auch in direktem Zusammenhang mit dem Verlustrisiko. Genauso geht mit dem Ersatz von Krediten des privaten Sektors durch Zentralbankkredite auch eine Verlagerung des Kreditrisikos auf den öffentlichen Sektor einher – also vom Bankaktionär auf den Steuerzahler. Hier liegt ein ganz wesentlicher Kern des Target-Problems: Beim Bestehen auf beste Sicherheiten hätte sich niemals ein solches Ungleichgewicht herausbilden können. Manfred Neumann argumentierte deshalb, Target-Salden seien nur der Reflex des eigentlichen Problems, und das ist eine exzessive Nutzung des Zugangs zu zinsgünstigem Zentralbankgeld.[51]

Das Gewicht der Ungleichgewichte

Verdeutlichen wir die Situation – bei der Target und nicht ein privates Clearingsystem der Banken genutzt wird – an einem Beispiel: Ein italienischer Kunde holt sich bei seiner Geschäftsbank eine größere Summe Euro ab und möchte damit eine Maschine bei einem deutschen Unternehmen kaufen – eine Investition über 1 Million Euro. Die Bank hat aber kurzfristige Einlagen hereingenommen und diese langfristig verliehen, sie ist also nicht ausreichend liquide. Auf dem Interbankenmarkt ist das Angebot knapp und die Zinsen hoch. Also hilft die EZB und wählt dafür den Umweg über die italienische Notenbank. Durch die geringen Sicherheitsanforderungen kann sich die italienische Geschäftsbank gegen Sicherheiten wie beispielsweise italienische Staatsanleihen die gewünschte Liquidität zu einem konkurrenzlos günstigen Zins von null Prozent (Hauptrefinanzierungssatz) von der italienischen Notenbank holen – es wird also neues Geld »geschaffen«.

Was passiert bei diesem Beispiel im Target-System? Die italienische Notenbank belastet das Target2-Konto, das die italienische Geschäftsbank bei ihr unterhält, mit 1 Million Euro und gibt über den Umweg EZB den Auftrag an die Bundesbank, der deutschen Empfängerbank diesen Betrag auf deren Bundesbankkonto gutzuschreiben. Weil die Bundesbank nun der deutschen Geschäftsbank 1 Million Euro schuldet, bekommt sie zum Bilanzausgleich eine sogenannte Target-Forderung gegen das Eurosystem. Die italienische Zentralbank ihrerseits hat nun eine Target-Verbindlichkeit von 1 Million Euro an das Eurosystem.

Was ist daran problematisch? – Auf unternehmerischer Ebene werden die Exporte gezahlt: Das deutsche Unternehmen hat sein Geld für die gelieferte Maschine erhalten. Auf volkswirtschaftlicher Ebene stellt sich die Situation anders dar: Hier ist lediglich eine bilanzielle Forderung der Bundesbank gegenüber dem Eurosystem entstanden.

Neben der Finanzierung von Importen durch die Schöpfung neuen Geldes gibt es noch zwei weitere Treiber für die Target-Explosion. Mit dem Quantitative Easing (QE) der EZB begann die zweite große Welle des Target-Anstiegs. So bildet es sich etwa im italienischen Target-Minus ab, wenn die italienische Notenbank im Rahmen des QE-Programms einer deutschen Lebensversicherung ein Paket italienischer Staatsanleihen abnimmt. Diese Vorgehensweise besitzt Konturen eines Umschuldungsprogramms. Aus italienischer Sicht wird eine verbriefte, mit einer Fälligkeit ausgestattete verzinsliche Schuld, die man bei privaten Investoren hatte, ersetzt durch eine bloße Buchschuld an das Eurosystem. Eine Schuld – wir können es nicht oft genug betonen –, die mit einem Zins von null ausgestattet wurde und die nicht fällig gestellt werden kann. Kein schlechter Deal. Der deutsche Lebensversicherer kann die Forderung durch Geld der Bundesbank kompensieren und die Bundesbank erhält wieder eine Forderung gegen das Eurosystem. Während sich der italienische Staat gegenüber privaten Gläubigern entschuldet, wachsen die Target-Verbindlichkeiten.

Der dritte wesentliche Treiber besteht darin, dass das Eurosystem im großen Stil Kapitalflucht finanziert. Besonders greifbar war diese Dynamik zum Höhepunkt der Griechenlandkrise sowie nach der italienischen Wahl im Mai 2018: Während der Koalitionsverhandlungen bringen italienische Politiker immer wieder einen möglichen Euro-Austritt ins Spiel. Die italienischen Bürger müssen davon ausgehen, dass ihr Geld, sofern es im Heimatland angelegt ist, bei einer möglichen Lira-Umstellung an Kaufkraft verliert. Da niemand gerne seine Ersparnisse verliert, bringen die Italiener ihr Geld konsequent nach Deutschland. Dieser Prozess treibt die deutschen Target-Forderungen immer weiter nach oben. Die italienischen Target-Verbindlichkeiten stiegen in diesem einen Monat um nahezu 40 Milliarden Euro. Man kann in diesem gewaltigen Betrag wohl nichts anderes sehen als ein direktes Misstrauensvotum der italienischen Sparer in den Fortbestand des Euro. Wenn das zutrifft, gibt es offensichtlich innerhalb des Euro ein Wechselkursrisiko, das das Target-System vom italienischen Sparer auf die Deutsche Bundesbank verlagert.

Es ist wichtig, sich diese Asymmetrie vor Augen zu führen. Während die italienischen Bürger ihrem Misstrauen durch Kapitalflucht Ausdruck verleihen können, muss die Bundesbank die Forderungen unbegrenzt in ihre Bücher nehmen, ob sie will oder nicht. Es gibt weder ein Limit noch die Verpflichtung, die Konten auszugleichen. Doch wenn private Investoren elastisch auf Risiken reagieren können, während zeitgleich das Eurosystem aus politischen Gründen unelastisch reagiert, lässt sich absehen, wohin die Reise geht: Wir erleben eine erzwungene Umverteilung, an deren Ende alle »schlechten Risiken« beim Eurosystem liegen. Als sicherer Hafen wird die Bundesbank ungewollt zum *lender of last resort.*

Glaubensfrage Target

»Solange ich lebe«, versprach Bundeskanzlerin Merkel im Jahr 2012, werde es keine gesamtschuldnerische Haftung – etwa über Eurobonds – geben. Umso erstaunlicher ist es, dass die Bundesregierung sich bislang nicht gegen das Target2-System zur Wehr gesetzt hat. Der Wirkungsmechanismus kommt dem von Eurobonds nahezu gleich. Beide Modelle ermöglichen es den weniger soliden Staaten Europas, ihre Staatspapiere zu niedrigen Zinsen zu verkaufen, also weiterhin günstig Kredit zu bekommen. Für überschuldete Staaten eine deutliche Ermunterung, sich noch mehr zu verschulden.

Sowohl Target als auch Eurobonds versetzen Mitgliedstaaten in die Lage, sich mehr Güter und Vermögensobjekte im Ausland zu kaufen, als es ihnen ohne diese Instrumente möglich gewesen wäre. Der disziplinierende Marktdruck, etwa über höhere Zinsen, wird in beiden Fällen ausgeschaltet, da die Risiken der fehlenden Nachhaltigkeit den soliden Staaten aufgebürdet werden. In der Sache letztlich vernachlässigbar ist der Unterschied, dass bei Eurobonds der Kredit an die Staaten direkt fließt, während im Target-System die jeweiligen Notenbanken zwischengeschaltet sind. Hans-Werner Sinn und Timo Wöllmershäuser haben bereits 2011 herausgearbeitet, dass die Unterschiede zwischen echten Eurobonds und Target ökonomisch nicht allzu relevant sind.[52] Folgt man dieser Logik, ist das eine ausgesprochen erschreckende Konstellation: Die demokratisch legitimierten Volksvertreter lehnen Eurobonds strikt ab, zeitgleich hat die EZB sie in abgewandelter und intransparenter Form längst in riesigem Umfang eingeführt.

Der politische Unwille, diese Entwicklungen zu beachten, gibt nicht nur Anlass zur Sorge, sondern steht auch im Widerspruch zu den sonstigen Rettungsaktivitäten. Auf der einen Seite werden die Hilfsprogramme über den Rettungsschirm ESM an strenge Kriterien geknüpft. Auf der anderen Seite haben die Länder der Eurozone über Target Zugriff auf Quasi-Darlehen in Höhe von einer Billion Euro ohne irgendwelche Auflagen. Diese beiden Ebenen sind nicht miteinander verbunden und werden offensichtlich auch nicht koordiniert. Auf diese Weise führen wir die Rettungspolitik unter dem Leitmotiv »Hilfe nur gegen Reformen« ad absurdum.

Wir müssen uns vor Augen führen, dass die Target-Salden nicht nur Risiken steigern, sondern vielmehr auch vorhandene Missstände verstetigen. Wie gezeigt, kommt das Target2-System einem Rettungssystem für eine nicht wettbewerbsfähige Wirtschaft mit zu hohen Preisen gleich. Normalerweise wären die betroffenen Länder gezwungen, ihre Strukturen zu ändern, sie müssten ihre Arbeitsmärkte flexibilisieren und ihre Staatsausgaben senken. Die Banken in diesen Ländern müssten ihre Bilanzsumme reduzieren. Bundesbankpräsident Weidmann weist immer wieder darauf hin, dass es nicht Aufgabe der Geldpolitik ist, marode Banken künstlich am Leben zu erhalten oder die Zahlungsfähigkeit von Staaten abzusichern. Entscheidungen über die Umverteilung größerer Solvenzrisiken von Banken oder Staaten zwischen den Steuerzahlern der Mitgliedsländer dürfen nur gewählte Regierungen und Parlamente treffen.[53]

Niemand weiß, welche Risiken das gesamte Target-Konstrukt am Ende für Deutschland in sich trägt. Einige Ökonomen bezweifeln grundsätzlich den Forderungscharakter von Target-Salden. Die von Hans-Werner Sinn geprägte Argumentation ist ihrer Ansicht nach fehlerhaft und erzeugt unnötige Hysterie. Nationale Zentralbanken seien innerhalb des Eurosystems wie Filialen eines einzigen Instituts zu bewerten – deren separate Bilanzierung irreführend sei. Ausschlaggebend sei demnach allein der Kapitalschlüssel der EZB. Der

Anteil der italienischen Notenbank am EZB-Kapital beträgt etwa 12 Prozent. Wenn die Banca d’Italia nun mehr Geld in Umlauf bringt, als es ihrem 12-prozentigen Anteil entspricht (ausgedrückt im negativen Target-Saldo), hat sie auch entsprechend überproportionale Gegenwerte in ihrer Bilanz. Doch unabhängig von der Höhe der erworbenen Aktiva bleibt die Banca d’Italia lediglich mit 12 Prozent an allen Geldschöpfungsgewinnen beteiligt. Spiegelbildlich bedeutet der positive Target-Saldo der Bundesbank, dass sie fast eine Billion Euro weniger an Wertpapieren in ihrer Bilanz hat, als ihr nach dem EZB-Schlüssel (etwas über 18 Prozent) eigentlich zustehen. Da Deutschland trotzdem weiterhin 18 Prozent des gemeinsamen Gewinns erhält, müssten die Target-Salden nach dieser Interpretation eigentlich auch gar nicht verzinst werden.[54]

Das Argument, die Salden seien kein Problem, solange die Eurozone erhalten bleibt, kann aus unserer Sicht jedoch nicht überzeugen. Allein schon aufgrund der dramatischen Fehlanreize, die das System setzt. Vor der Euro-Einführung mussten diese Länder ständig ihre Währung abwerten, um die internationale Wettbewerbsfähigkeit wiederherzustellen. Nun können sie unter den weichen Budgetbeschränkungen des Inflationsregimes weiterleben, ohne sich den schmerzhaften Aufräumarbeiten oder den unangenehmen Nebenerscheinungen von Inflation und Kaufkraftverlust zu stellen.

Es bestehen zudem offensichtliche Missbrauchsmöglichkeiten der gemeinsamen Geldschaffung. Insbesondere über den Geldverleih gegen unzureichende Sicherheiten durch die nationalen Zentralbanken werden diese auch genutzt. Dass es sich bei den Target-Salden keineswegs nur um eine bedeutungslose Buchungsgröße handelt, zeigt sich schließlich dadurch, dass die Ratingagentur Moody’s im Jahr 2012 die Herabsetzung des Ausblicks für das deutsche Rating ausdrücklich auch mit den wachsenden Target-Forderungen begründet hat.

Auch das Argument, dass Deutschland bei einem möglichen Euro-Austritt eines Landes mit Target-Verbindlichkeiten nur mit der Höhe seines EZB-Kapitalanteils haftet, ist wenig beruhigend, da der Rest der Verbindlichkeiten doch zum Großteil unter Staaten aufgeteilt würde, die bereits selbst hohe Target-Schulden haben. Diese Länder haben alle eine Staatsschuldenquote von über 90 Prozent und die Stimmrechtsmehrheit im EZB-Rat. Zudem ist die Rechtsgrundlage vollkommen ungeklärt. Die EZB versichert zwar, dass bei einem Euro-Austritt eines Landes die Target-Verbindlichkeiten fällig würden. EZB-Präsident Draghi hat in einem Brief an zwei italienische Abgeordnete klar herausgestellt, dass, sollte ein Land aus der Eurozone austreten, es zuvor seine Target2-Verbindlichkeiten restlos bezahlen muss.[55] Doch es gibt keinen Rechtstext, der dies regelt.[56] Die Richtlinie zum Target-System, auf die die EZB ihre Argumentation stützt, liefert keineswegs Verbindlichkeit, es handelt sich vielmehr ausdrücklich nur um eine Verfahrensklarstellung, die mit »non-legislative-act« überschrieben ist.[57]

Unabhängig von der ungeklärten Frage, welche Auswirkungen ein Euro-Austritt eines Landes auf die Target-Forderungen hätte, demonstriert das Beispiel Italien deutlich, dass die gewaltigen Außenstände Deutschland erpressbar machen. Sinn spricht hier von einer Target-Falle! In Italien ist unlängst ein Papier aufgetaucht, das beschreibt, wie die unklare Rechtsgrundlage helfen kann, die italienische Staatsschuld zu verringern. Im Kern zielt es darauf ab, bei einem möglichen Euro-Ausstieg die Target-Forderungen des Eurosystems zunächst auf die »neue Lira« umzubenennen.[58]

Wege aus der Target-Falle

Das Eurosystem ermöglicht es seinen Mitgliedern also seit 2008, Zahlungsverkehrsdefizite unter den Euroländern zu finanzieren, sei es durch Kapitalflucht, sei es aus Importüberschüssen und asymmetrischer Geldschöpfung. Welche Änderungen ließen sich nun am Target-System durchführen, um den Ungleichgewichten wirkungsvoll entgegenzutreten? Zwar gibt es dafür einige Ansatzpunkte, aber keinen Königsweg. Das liegt zum einen daran, dass der Versuch, die Target-Salden glattzustellen, nur an den Symptomen ansetzt. Die Probleme werden dagegen nicht gelöst. Wie gezeigt ist der volkswirtschaftliche Effekt bereits eingetreten, wenn sich die Target-Ungleichgewichte in der vorliegenden Größenordnung aufbauen. Zum anderen basieren die Target-Ungleichgewichte auf vielfältigen Ursachen und unterschiedlichen Wirkungsmechanismen. In verschiedenen Phasen der Entstehung kamen jeweils anders ausgeprägte Effekte zum Tragen. Lösungsansätze, die versuchen, mit einer einheitlichen Erklärung zu operieren, greifen deshalb zu kurz.

Aufgrund der gewaltigen Dimensionen der Forderungen wird die Bundesbank aller Voraussicht nach zumindest auf einem Teil davon schlicht sitzenbleiben. Umso dringender sollte die Politik dafür sorgen, dass der Berg an Forderungen nicht weiter wächst. Um gegenzusteuern, wäre die schwächste Maßnahme, bei der Zuteilung der Zentralbankgewinne durch die EZB nicht nur nach dem Kapitalschlüssel der Eurostaaten zu gehen, sondern auch die Target-Salden in die Berechnung einzubeziehen. Mitgliedsländer mit Target-Forderungen müssen stärker berücksichtigt werden als Länder mit Verbindlichkeiten. Ein weiterer Ansatz besteht darin, den ungehemmten Zugang zu günstigem Zentralbankgeld wieder einzuschränken und die Aufweichung der Sicherheitsstandards, wie sie in den letzten Jahren betrieben wurde, rückgängig zu machen. Die konsequenteste Lösung bestünde darin, die jetzigen Salden einzufrieren und ein neues Target3-System einzuführen. Dort sollten Forderungen wie in den USA regelmäßig ausgeglichen und mit Sicherheiten wie etwa Gold oder staatlichen Pfandbriefen unterlegt werden.

Änderungen am Target-System lassen sich jedoch nur mehrheitlich durchsetzen. Bei einer Mehrheit der schwachen Staaten, die im jetzigen System von den wenigen starken Staaten profitiert, ist das kein leichtes Unterfangen. Bundesbankpräsident Weidmann wollte schon frühzeitig am Kern der Fehlentwicklungen ansetzen und warb bereits 2012 für höhere Sicherheiten und damit indirekt für die Begrenzung der Target2-Kredite.[59] Erfolglos!

In Italien, Griechenland und zunehmend auch in anderen Ländern herrscht häufig die Ansicht, Deutschland sei für die Target-Salden selbst verantwortlich, weil es einfach viel zu hohe Exportüberschüsse erwirtschafte. Target wird vielfach sogar als ein Instrument der deutschen Exportfinanzierung aufgefasst, das Deutschland nutzt, um den anderen Staaten der Eurozone Austerität aufzuzwingen. Aus dieser Perspektive stellen sich auch die politischen Implikationen ganz anders da als hier aufgezeigt. Statt von den Ländern mit Defiziten Austerität zu verlangen, wäre es nach dieser Lesart besser, von Ländern wie Deutschland mehr Investitionen und Steuersenkungen zu verlangen. Der Kapitalflucht könne nur glaubhaft begegnet werden, wenn eine konsequente und sichtbare Haftungsvergemeinschaftung institutionalisiert werde.

Da diese Sichtweisen kaum zu einer gemeinsamen Einschätzung kommen werden, lohnt sich ein Blick auf die Vorschläge, Target-Forderungen innerhalb des bestehenden Systems in reale Werte zu transformieren.[60] Die Ökonomen Daniel Gros und Thomas Mayer plädieren etwa dafür, die Auslandsforderungen der deutschen Bundesregierung und der Bundesbank zur Verbesserung der Rendite schrittweise in einen deutschen Staats- oder Vermögensbildungsfonds zu überführen. Die Ungleichgewichte in Target ließen sich so allmählich abbauen. Statt nur Forderungen gegen das Eurosystem (mit Nullzins) zu erwerben, würde unser Erspartes in Unternehmen und öffentlicher Infrastruktur im In- und Ausland angelegt werden.[61]

Einer Maßnahme kommt aus unserer Sicht eine besondere Schlüsselrolle zu – der bereits im vorherigen Kapitel diskutierten Entprivilegierung von Staaten als Schuldner. Bislang unterliegen Staatsanleihen in der Bankenregulierung weder einer Pflicht zur Eigenkapitalunterlegung noch Großkreditbegrenzungen. Sie werden schlicht als risikolos betrachtet. Vor dem warnenden Beispiel Griechenlands oder der sich zuspitzenden Entwicklung in Italien werden die Augen fest verschlossen. Entsprechend hoch sind die weiterhin anwachsenden Bestände an heimischen Staatsanleihen in den Bankportfolios. Bei einer Entprivilegierung müssten Banken mehr Eigenkapital für Staatsanleihen vorhalten. Die Höhe der Aufschläge müsste sowohl die Bonität der staatlichen Schuldner als auch die Konzentration der Anleihebestände des betreffenden Mitgliedstaats berücksichtigen. Staatsanleihen wären weniger attraktiv und die Zinsen würden steigen. Auch das Kreditschöpfungspotenzial der

Banken würde sich verringern und damit der Anstieg der Target-Salden gebremst. Eine risikogewichtete Eigenkapitalunterlegung von Staatsanleihen würde zudem die Marktdisziplin stärken und das Risiko künftiger Staatsschuldenkrisen reduzieren.

Welcher Weg am Ende eingeschlagen wird, obliegt dem politischen Prozess. Deswegen ist es unvermeidbar, dass Target auf der politischen Agenda nach oben rückt und offene Diskussionen über Wirkungen und Risiken stattfinden. Denn kein Zahlungssystem kann und darf dauerhaft so funktionieren, wie es im aktuellen Target-System der Fall ist. Otmar Issing hat zu Recht davor gewarnt, dass die gemeinsame Währung letztlich am Mangel an demokratischer Legitimierung scheitern wird, wenn der im Target-System implizierte Zwang zu Transfers weiter vorangetrieben wird.[62]

Verlust der Ordnung

»Ein Politiker denkt an die nächsten Wahlen.
Ein Staatsmann an die nächste Generation.«
Alcide de Gasperi

»Wenn Volksparteien kollabieren und zerfallen,
stellt das eine Bedrohung für die Demokratie dar.«
Daniel Ziblatt

Noch nie ist die Partei eines amtierenden Bundeskanzlers so abgestürzt wie die CDU bei der Bundestagswahl 2017. Den sozialdemokratischen Koalitionspartner hat es sogar noch härter getroffen. Die SPD scheint den Status als Volkspartei eingebüßt zu haben. Gleichzeitig ist die AfD nahezu ohne inhaltliche Programmatik und trotz einer Vielzahl von verstörenden Aussagen ihrer Akteure zur drittstärksten Partei im Deutschen Bundestag geworden. Wir erleben nichts weniger als die größte Erschütterung des deutschen Parteiengefüges seit dem Zweiten Weltkrieg – eine politische Zeitenwende.

Damit folgt Deutschland einer Entwicklung, die in fast allen westlichen Industriestaaten zu beobachten ist. Überall auf der Welt haben Wähler mit großer Verunsicherung auf die Nachwehen der globalen Finanzkrise, der Eurokrise und der Migrationskrise reagiert. Das Jahr 2016 wurde dafür zum Symbol: Donald Trump wird zum amerikanischen Präsidenten gewählt und Großbritannien stimmt für den Brexit. Ausgerechnet die beiden Länder, die die liberale Weltordnung in den letzten Jahrzehnten maßgeblich geprägt haben, tragen plötzlich ganz wesentlich dazu bei, dass sie erodiert. In der Folge gibt es immer neue Hinweise darauf, dass sich die klassischen politischen Trennlinien verschoben haben. So ist etwa in Frankreich oder Italien das jeweils lang bewährte Parteiensystem nahezu vollständig in sich zusammengefallen.

Um all diesen Strömungen und fundamentalen Veränderungen einen Namen zu geben, hat sich der Verlegenheitsbegriff Populismus etabliert. In der Tat scheint es einige Gemeinsamkeiten in den sich abzeichnenden Positionen und Tendenzen zu geben. Ein wiederkehrendes Muster ist das verletzte Gefühl von Sicherheit, Fairness und Verlässlichkeit. Erodierendes Recht, als Willkür wahrgenommene Entscheidungen und eine nicht geführte Debatte über Alternativen verbinden sich dabei fast immer zu einer hochexplosiven Mischung. Die Bürger empfinden diesen Cocktail als Kontrollverlust. *Winning back control* hieß nicht nur bei der britischen *Leave*-Kampagne das Versprechen.

Der Versuch, komplexe Zusammenhänge sprachlich mit dem Begriff Populismus erklär- und fassbar zu machen, verstellt jedoch den Blick darauf, dass es durchaus eine Reihe unterschiedlicher Ursachen und nationaler Besonderheiten gibt. Wer sich die Erklärung zu einfach macht, handelt fahrlässig.

Wenn wir etwas ändern wollen, müssen wir differenzierter hinsehen. Wer das Vertrauen der Bürger zurückgewinnen möchte, muss sich die Mühe machen, das Unbehagen, das den Populismus nährt, zu entziffern. Es ist dabei unerlässlich, die hausgemachten, also nationalen Situationen zu analysieren und diese anschließend in den Kontext der übergreifenden internationalen Trends zu stellen.

Vertrauen

»Prinzipien sind der wichtigste Beitrag, den wir zur Frage der Politik leisten können.«

Friedrich August von Hayek

Von Volksparteien und Dinosauriern

Volksparteien haben es in heterogenen und individualisierten Gesellschaften sicher schwerer, Wähler anzusprechen und zu gewinnen. Doch daraus abzuleiten, dass der Niedergang der Volksparteien wie das Aussterben der Dinosaurier ein unabwendbares Schicksal sei, ist grotesk. Es mangelt den Parteien an Selbstreflexion, wenn sie ihre immer größeren Stimmverluste bei Wahlen allein auf Faktoren zurückführen, die sich vorgeblich weitestgehend dem eigenen Einfluss und der eigenen Verantwortung entziehen. Der Vertrauensverlust hat sehr wohl etwas mit der konkreten Politik, mit der zum Teil desaströsen Performanz der Regierungsparteien und natürlich immer auch etwas mit dem dahinterstehenden Personal zu tun. Was für Themen die politischen Akteure ansprechen, wie sie die Kommunikation mit dem Bürger führen und insbesondere auch das, was sie nicht sagen, spielt eine entscheidende Rolle. Und hier haben in den letzten zehn Jahren fundamentale Veränderungen stattgefunden.

In Deutschland erheben viele Parteien den Anspruch, eine sogenannte Partei der Mitte zu sein. Die Kernaufgabe von Parteien mit diesem Selbstverständnis besteht darin, die Bandbreite der unterschiedlichen Reaktionen und Meinungen zu einem Thema zu erfassen und auf Basis ihrer tradierten Grundwerte und Programmatik in eine sachliche und konsensfähige Politik zu überführen. Die Stärke der deutschen Volksparteien bestand lange darin, dass sie einen Großteil des Spektrums im politischen Koordinatensystem abdecken und einbinden konnten. Damit gelang es dauerhaft, ein Ausfransen an den politischen Rändern zu vermeiden. Für die Union galt unumstritten, dass sie die konservative Mitte besetzt und repräsentiert. Doch in den letzten Jahren fand bei einer ganzen Reihe von Fragen mit hoher gesellschaftlicher Relevanz ein Meinungsstreit oder politischer Wettbewerb in der Mitte gar nicht mehr statt. In seinem viel beachteten Essay »Über Migration reden« hat Peter Graf von Kielmansegg dieses Versäumnis, er spricht sogar von »Politikversagen«, anhand der Migrationsdebatte anschaulich dargestellt.[1]

Als Deutschland im Herbst 2015 seine Grenzen für Flüchtlinge öffnete, prallten gegensätzliche Positionen aufeinander, die sich um die Pole »bedingungslose Bereitschaft zur Hilfe« auf der einen und »Angst und das Unverständnis vor dem unkontrollierten Hereindringen des Fremden« auf der anderen Seite gruppierten. Aufgabe der Politik wäre es gewesen, diese aufeinanderstoßenden Gegenpole in einem politischen Diskurs aufzufangen. Wir hätten eine »Sprache der Mitte«, wie Kielmansegg sie nennt, im Mund führen müssen. Eine Sprache, die es möglich macht, mit Respekt voreinander über ein Thema zu reden, welches unser Gemeinwesen fundamental betrifft. Aber den Parteien der Mitte ist es nicht gelungen, der öffentlichen Debatte in Stil und Inhalt die Richtung zu weisen. Graf von Kielmansegg betont, dass wir bis heute keine adäquate Sprache für diesen Austausch gefunden haben. Eine gründliche Debatte etwa, wie sich unsere Gesellschaft durch die in der öffentlichen Wahrnehmung als historisch empfundene Zuwanderung verändert und welche Folgen für Staat und Gesellschaft aus dieser Veränderung resultieren, haben wir bisher nicht geführt.

Geradezu beispielhaft für die Fehlentscheidung, sich mit ausgrenzenden Begriffen die Möglichkeit zu nehmen, den wichtigen politischen Raum der Mitte zu besetzen, steht etwa das bipolare Deutschlandbild des damaligen Bundespräsidenten Joachim Gauck. Er sprach in dieser Zeit von einem hellen und einem dunklen Deutschland. Für die Mitte, also die Vielzahl der Bürger, die sich ganz ohne Fremdenhass über Folgen einer unkontrollierten Zuwanderung sorgten, war in diesem Bild kein Platz. Ein in der Demokratie üblicher Diskurs, was gewollt, verantwortbar, zumutbar und mit der Stimmung der Bevölkerung, des *demos*, vereinbar ist, wurde weder davor noch danach geführt. Konzepte und Strategien, welche »die Bereitschaft zu helfen mit dem Willen zur Behauptung des Eigenen verbinden«, so Kielmansegg, blieben aus.

Die Mitte konnte keine Orientierung bieten, und so verlagerte sich die Diskussion an die politischen Ränder. Dort standen und stehen sich extreme Tendenzen derart pauschal gegenüber, dass sie keinerlei Ansatzpunkte für ein konsensuales Zueinanderfinden bieten. Jeder erklärt jeden zum Populisten. »Gutmenschen« schimpfen über »Rassisten« und umgekehrt. Beide Seiten entziehen sich der demokratischen Auseinandersetzung. Die eine Seite verweigert sich der politischen Diskussion über die Herausforderung Migration, indem sie offene Grenzen zum moralischen Imperativ erhebt. Die andere Seite stilisiert Einwanderung zur Apokalypse. Grüne und AfD haben diese Gegenpole im Parteienspektrum besetzt und dominieren damit die Debatte.

Die Wahl zwischen diesen beiden Extremen – Nationalismus versus unkontrollierte und unbegrenzter Zuwanderung – heißt für viele Bürger allerdings zwischen Skylla und Charybdis wählen zu müssen: Felsen hier, Schlund da. Eine liberale Ordnung ist mit beiden Positionen nicht vereinbar. Offene Grenzen und der Verzicht auf Regeln sind nicht liberal, im Gegenteil. Freiheit braucht den Rechtsstaat. Wilhelm Röpke, einer der Vordenker der Sozialen Marktwirtschaft, wies früh auf die berechtigten Schranken der Zuwanderung hin: »(...) jedes Land wird das Recht haben müssen, seine geistige und politische Tradition vor einem Zustrom von Einwanderern zu schützen, die sie durch Assimilationsunfähigkeit oder schon durch ihre bloße Masse in Frage stellen können.«[2] Mit dem Nationalismus kann, wer die Position von Freiheit, Marktwirtschaft und Demokratie vertritt, ebenfalls nichts anfangen: Das Primat des Politischen, die Verachtung des Individuums und damit einhergehend die Verbündung mit dem Kollektivismus sind mit diesem Freiheitskonzept unvereinbar.[3] Hayek hat vor dieser Brücke vom Nationalismus zum Kollektivismus gewarnt: »Von Gedanken an ›unsere‹ Industrie oder ›unsere‹ Naturschätze ist es nur ein kleiner Schritt zu der Folgerung, dass diese nationalen Vermögenswerte im nationalen Interesse gelenkt werden sollen.«[4]

Ganz bewusst trennt Hayek aber sinngemäß zwischen schädlichem Nationalismus und notwendigem Patriotismus. Eine Abneigung gegen ersteren ist für ihn zudem sehr wohl mit einer tiefen Bindung an nationale Tradition vereinbar. Aus unserer Sicht liegt genau hier eine zentrale Nahtstelle. Heute scheint uns das Sensorium abhandengekommen zu sein, zwischen rassistischen, demokratiefeindlichen Überzeugungen und legitimen politischen Anliegen sowie berechtigten Sorgen zu unterscheiden. Erstere gilt es, konsequent zu bekämpfen, letztere ernst zu nehmen. Der Ordnungsrahmen einer freien Gesellschaft funktioniert nur mit dem Einverständnis ihrer Bürger, das eben auch ein kulturelles Selbstverständnis impliziert. Die Pflege und Bewahrung der kulturellen Identität darf also nicht vernachlässigt werden.

Diagnosefehler

Bevor wir uns die Gründe ansehen, die aus unserer Sicht für die Spaltung der Gesellschaft ursächlich sind, wollen wir zunächst einen Punkt betrachten, der reflexartig als Allheilmittel gepriesen wird. Soziale Gerechtigkeit! Gerade in Deutschland ist die Verschiebung des politischen Koordinatensystems doch auch deshalb bemerkenswert, weil sie in eine Phase jahrelanger Hochkonjunktur und rekordhoher Beschäftigung fällt. Auch die Briten haben sich entgegen aller Warnungen vor den massiven wirtschaftlichen Folgen für den Austritt aus der EU entschieden. Für viele Wähler ist ein Rückgang des Bruttosozialprodukts scheinbar hinnehmbar, weil ihnen andere Probleme viel dringender erscheinen. Doch wenn die Sorgen der gesellschaftlichen Mitte nichts oder zumindest nicht vordringlich mit materieller Not zu tun haben, dann folgen sie zwangsläufig aus einem tiefen Vertrauensverlust in die Politik. Dieser schmerzhaften und selbstkritischen Analyse verweigern sich viele politische Entscheidungsträger jedoch gern.

Die Folge der falschen Diagnose sind falsche Therapieansätze. Besonders gut lässt sich das bei der SPD beobachten. Die Sozialdemokraten haben in den letzten Jahren die Arbeitsmarkt- und Sozialpolitik der Bundesregierung quasi nach Belieben dominiert und eine Vielzahl ihrer Ideen von Mindestlohn bis Rente mit 63 umgesetzt. Vom Wähler werden sie trotzdem verschmäht.

Das zeigt: Politik ist kein Hochleistungssport, bei dem derjenige gewinnt, der die meisten Gesetze verabschiedet oder Geschenke verteilt. Zahlreiche Bürger wollen gar nicht mehr mit Geld beruhigt werden. Gewählt wird, wer genau die Fragen konsequent angeht, die die Menschen wirklich bewegen. Ein Übertreiben im Sozialen kann Versäumnisse an anderer Stelle nicht überkompensieren. Auf den Punkt: Sozialpolitische Geschenke können nicht zum Vertrauensaufbau beitragen, wenn der Staat gleichzeitig seine Kernaufgabe, für Sicherheit und Regelbindung zu sorgen, vernachlässigt. Vor allem, wenn die Bürger nie um Zustimmung gefragt wurden und ihnen die undurchsichtigen Konstrukte gleichzeitig moralisch aufgeladen und als »alternativlos« präsentiert werden.

Damit sind wir bei wichtigen Schlüsselbegriffen angekommen, die den politischen Dialog der letzten Jahre geprägt haben und mit den Prinzipien einer liberalen Demokratie langfristig nicht im Einklang stehen können:

1. Schwarz und Weiß – Polarisierung durch Moralisierung
2. »Alternativlos« – Politik als Stoppschild statt Wegweiser
3. Asymmetrische Demobilisierung – Zeit des Profilverlustes
4. Sicherheit und Regeleinhaltung – Wachsendes Misstrauen in den Rechtsstaat

1. Polarisierung durch Moralisierung

Unsere Debattenkultur leidet unter einem schwerwiegenden Defekt: Ein untrügerisches Zeichen dafür stellt die ständige Umdeutung einer politischen Streitfrage in eine moralische dar. Bei nahezu allen gesellschaftlichen Auseinandersetzungen ist die ungeheure moralische Aufladung ein dominierendes Merkmal. Dies hat sich als erstklassiges Instrument erwiesen, um Debatten nicht zu führen, sondern sie zu unterdrücken. Wer dem grünen Zeitgeist Widersprüchlichkeiten nachweist, ist schnell ein »Klimaleugner«. Wer mit Blick auf die Zuwanderung um die eigene kulturelle Identität fürchtet, droht als »Rassist« abgestempelt zu werden. Und wer die europäische Rettungspolitik kritisch hinterfragt, ist mindestens ein »Anti-Europäer«. Vor dem Hintergrund sportlicher Slogans wie »Europa heißt Frieden«, »Scheitert der Euro, dann scheitert Europa«, kann man sogar schnell auch als Kriegsbefürworter stigmatisiert werden.

Diese hochgradige Moralisierung ist gefährlich und zutiefst undemokratisch.

Wer nicht zugesteht, dass sein Gegenüber mit guten Gründen anderer Meinung sein kann, wird auch keinen Kompromiss in der Debatte erzielen. An die Stelle von Argumenten und Sachanalysen treten dann Empörung und gegenseitiges Diffamieren. Mit dem Ergebnis, dass die Verachtung des demokratischen Konkurrenten wichtiger wird als das politische Ziel, dem Nutzen für das Gemeinwesen verpflichtet zu bleiben.

Der Philosoph Alexander Grau greift einen von dem Soziologen Arnold Gehlen geprägten Begriff auf und bezeichnet diesen Stil der Nichtdebatten in Deutschland als »Hypermoral«.[5] Während Moral, so Grau, für eine Gesellschaft ein stabilisierendes Element ist, über das diskutiert wird und das nachjustiert werden kann, steht die Hypermoral grundsätzlich nicht zur Debatte. Sie soll auch gar keine Gemeinschaft stiften, sondern nach Möglichkeit den Gegner mit moralisierenden Argumenten mundtot machen.

Für die politische Bühne ist dieser Modus reizvoll. Hypermoralische und stark emotionalisierte Meinungen finden häufig viel leichter Zustimmung als Positionen, die aufgrund aufwendiger Abwägungen von Für und Wider entstanden sind. Statt rationale Problemlösungen und strikte Erfolgskontrolle anzubieten, moralisieren Politiker den Diskurs gern und signalisieren zudem, vermeintliche Garantien für die moralisch »richtigere« Seite der Geschichte aussprechen zu können. Viele Menschen empfinden das offensichtlich als eine bevormundende Herablassung, und so wächst der Ärger, sich beim eigenen Lebensstil und den eigenen Wertvorstellungen von politischen Entscheidungsträgern bevormunden lassen zu müssen. Auf diese Weise verlieren die für ein Gemeinwesen zentralen Werte wie »Solidarität«, »Verantwortung« und »Nachhaltigkeit« immer mehr ihren ursprünglichen Sinn. Sie werden zu inhaltsleeren Wieselworten. (Wiesel können angeblich aus einem Ei den Inhalt heraussaugen, ohne dass man dies nachher der leeren Schale anmerkt. Friedrich August von Hayek verwendet die Bezeichnung »Wiesel-Wort« deshalb für Begriffe, denen jeder Inhalt ausgesaugt ist und die ihrer Bedeutung beraubt sind.)[6]

Wir brauchen wieder mehr politische Debatte und weniger moralischen Imperativ. Das wird nur möglich sein, wenn wir uns von einer Fehlinterpretation, die sich in den letzten Jahren etabliert hat, konsequent verabschieden. Kielmansegg weist zu Recht darauf hin, dass die Aufgabe der Moral eben nicht darin liegt, den Menschen bis ins letzte Detail vorzuschreiben, was sie tun oder lassen sollen. Vielmehr bestimmt Moral den Handlungsraum der Politik: »Moral gibt Auskunft über Grenzen. Sie beantwortet die Fragen: Was darf die Politik unter keinen Umständen tun? Und: Wozu ist die Politik unter allen Umständen verpflichtet?«.[7] Zwischen diesen Grenzen aber erstreckt sich der weite Raum, den wir wieder mit Inhalten besetzen müssen. Es ist der Ort des eigentlichen demokratischen politischen Prozesses, in dem wir die Freiheit und Verpflichtung haben, zwischen Möglichkeiten des Handelns abzuwägen und auszuwählen, die gleichermaßen mit der Moral kompatibel sind. Diesen Raum mit moralischen Imperativen zu verengen, wird auf Dauer nicht funktionieren.

2. Stoppschild statt Wegweiser

Ein zweiter wesentlicher Defekt unserer Debattenkultur zeigt sich hinter der Abkürzung »TINA«, die für Margaret Thatchers berühmten Ausspruch »*There is no alternative*« steht. Es geht also um die politische Strategie, strittige Entscheidungen mit dem Totschlagargument durchzusetzen, die Sache sei alternativlos. In einer Demokratie gibt es aber immer mehrere mögliche Antworten auf die drängenden Fragen der Zeit. Wäre dem nicht so, bräuchten wir ja gar keine politischen Auseinandersetzungen, sondern müssten nur die Umsetzung der vermeintlich einzig korrekten Politik verwalten. Ohne das Recht auf Auswahl gibt es keine Freiheit.

In der Eurokrise, bei der Energiewende oder bei der Flüchtlingsfrage haben verantwortliche Politiker immer wieder mit der TINA-Rhetorik argumentiert und unter dem Banner der Alternativlosigkeit reihenweise übereilte Exekutiventscheidungen begründet, die eigentlich der parlamentarischen Beratung und Legitimierung bedurft hätten.

Alternativlosigkeit als Instrument der politischen Kommunikation hat einen offensichtlichen Zweck. Wenn es nur die eine richtige Lösung gibt, dann kann diese auch nicht hinterfragt oder revidiert werden. Eine solche Inszenierung ermöglicht es, langwierige Debatten zu vermeiden, Rechtfertigungsballast unliebsamer Entscheidungen abzuwerfen und hektische Wendemanöver zu rechtfertigen.

Die Union hat auf diese Weise in den letzten Jahren zahlreiche spektakuläre Kehrtwenden vollzogen, die alle nie in Wahl- oder Parteiprogrammen zu finden waren. Doch die Vorteile des TINA-Prinzips sind kurzfristig und fordern einen hohen Preis. Stellt sich die Politik selbst als ohnmächtiges Vollzugsorgan dar, das keinen Einfluss auf den Ausgang einer Situation hat, dann entsteht der Eindruck, dass Dinge schicksalhaft wie von selbst passieren. Und genau das wird als Kontrollverlust wahrgenommen und schafft Verdruss beim Wähler.

Alternativen gibt es immer. Darüber zu ringen, welche die beste ist, ist die Kernaufgabe eines gesunden Parteienwettstreites. Vertrauen in Entscheidungen resultiert nicht nur aus der unstrittigen Richtigkeit der Entscheidungen, sondern auch daraus, dass die Bürger die Berücksichtigung ihrer Belange im politischen Willensbildungsprozess wiedererkennen. Dies leisten parlamentarische Auseinandersetzungen. Ein starker oppositioneller Geist untergräbt nicht die Legitimität politischer Entscheidungen, sondern verstärkt diese im Sinne der Dialektik. In den letzten Jahren haben wir jedoch einen eklatanten Mangel an sichtbarer Oppositionsarbeit, einer niveauvollen robusten Streitkultur und politischer Vielfalt erlebt.

Der Modus der Alternativlosigkeit ist das Gegenstück zu einer lebendigen parlamentarischen Demokratie. »Alternativlose« politische Entscheidungen werden häufig in kleinen Zirkeln außerhalb legitimierter Gremien und ohne direkte Beteiligung des Bundestages getroffen. Das TINA-Prinzip ist ein Schritt zu einer Deparlamentarisierung, zu einer weitgehenden Entmachtung des Parlaments durch die Exekutive. Das Ergebnis ist eine Leisetreterei, die den für die Demokratie notwendigen Dissens als illegitim hinstellt und als anstößig vermeidet.

Eine politische Kultur, die es vermeidet, in der parlamentarischen Auseinandersetzung für die Richtigkeit eigener Positionen zu werben, provoziert den Rückkopplungseffekt von populistischen Strömungen und gefühlten Wahrheiten. Princeton-Politologe Jan-Werner Müller sieht hier den Ausgangspunkt für eine unheilvolle Dynamik, bei der sich Technokratie und Populismus gegenseitig hochschaukeln. Auf der einen Seite gerieren sich die Akteure als Vollstrecker eines unabänderlichen Schicksals, wobei sie den Menschen vorgaukeln, Regierung und Verwaltung würden ideologiefrei handeln. Auf der anderen Seite behaupten Populisten, dass nur sie den wahren Volkswillen vertreten. Der in ihren Augen eindeutig und ebenfalls alternativlos ist. »Für beide, Technokraten wie Populisten, ist der Austausch von Argumenten, politische Willensbildung als ergebnisoffener Prozess, also der Kern der Demokratie, im Prinzip unnötig«, so Müller.[8]

Was fehlt, sind also nicht die Alternativen, sondern der Wille, Probleme und Zielkonflikte ungeschminkt zu benennen und den Bürgern zu vermitteln, was auf dem Spiel steht. Viele kennen das alte Bonmot von Konrad Adenauer über die Wiederbewaffnung. Als sein Vertrauter Felix von Eckardt ihm eröffnete, dass zwei Drittel der Deutschen gegen die Wiederbewaffnung seien, erwiderte Adenauer schlicht: »Da haben Sie aber noch eine Menge zu tun, Herr von Eckardt.«

3. Zeit des Profilverlustes

Die Schwester des TINA-Prinzips heißt »Asymmetrische Demobilisierung«. Während bei der einen Strategie Handlungsalternativen als unmöglich dargestellt werden, geht es bei der anderen darum, Themen ganz bewusst zu beschweigen, statt sie zu adressieren – auch das eine Geringschätzung der demokratischen Kultur.

Das Wortungetüm Asymmetrische Demobilisierung bezeichnet nichts anderes als die für eine Partei eigentlich widersinnige Strategie, Stellungnahmen und Festlegungen zu kontroversen Themen absichtlich zu vermeiden. Gleichzeitig werden schrittweise die Anliegen und Ziele des politischen Gegners übernommen sowie dessen Forderungen umgesetzt. Dabei geht es nicht darum, die eigenen Anhänger zu mobilisieren oder Menschen von der eigenen Programmatik zu überzeugen, vielmehr ist es das Ziel, potenzielle Wähler des politischen Gegners zu demobilisieren, sie also vom Wahlgang abzuhalten. Deshalb gilt die Maxime: keine Konfrontation, keine inhaltliche Auseinandersetzung, keine Konturen. Dass dabei die Wahlbeteiligung sinkt, nehmen die Strategen ebenso billigend in Kauf wie den hohen Preis, dass wichtige gesellschaftliche Themen nicht mehr diskutiert werden.

Bei den letzten Wahlen hat sich die Verweigerung jeglicher inhaltlicher Auseinandersetzung auf den ersten Blick sogar als Gewinnerstrategie herausgestellt. Solange sich die Wähler auf einen Vergleich der Kandidaten und nicht der Programme konzentrieren, bot der Amtsinhaberbonus den entscheidenden Popularitätsvorsprung. Deshalb richtete die CDU ihre Wahlkämpfe nicht auf Richtungsdebatten, sondern allein auf die Persönlichkeit und die hohen Sympathiewerte der Bundeskanzlerin aus.

Um die Gedankenwelt der Strategen, die hinter der Asymmetrischen Demobilisierung stehen, ansatzweise verstehen zu können, ist es hilfreich, einen Blick auf die Analyse des Bundestagswahlergebnisses 2009 von der Forschungsgruppe Wahlen zu werfen. Der Hauptautor dieser Analyse, Matthias Jung, gilt als Spiritus Rector von Angela Merkels Neuausrichtung der CDU und als Kopf der Asymmetrischen Demobilisierung. In der Analyse wird die klare wirtschaftsliberale Ausrichtung bei der Bundestagswahl 2005 als »Fehler« bezeichnet. Deshalb habe die Union »sehr früh mit einer gezielten Neupositionierung« begonnen, um eine »Renaissance der sozialen Wurzeln« zu erreichen. Die Autoren räumen zwar ein, dass die Union dadurch keine wesentliche Anzahl an SPD-Wählern für sich gewinnen konnte (»was nicht unbedingt eine Veränderung der angestammten Parteipräferenz zur Folge hatte«), aber die Neuausrichtung, die die Union nun im sozialen Glanz erstrahlen ließe, habe sich »im Hinblick auf die Wahlteilnahme demobilisierend« ausgewirkt.[9] Im Klartext: Potenzielle SPD-Wähler sind zu Hause geblieben. Als besonders positiv wird hervorgehoben, dass es bei Themen wie Rente mit 67, Mindestlohn oder der Frage der Kernenergie zwar keine gesellschaftliche Mehrheit für die Positionen eines schwarz-gelben Bündnisses gegeben habe, aber es sei »Merkel und der Union« gelungen, »diese Themen weitgehend aus dem Wahlkampf herauszuhalten«. Dies sei weniger durch »Festlegungen, die Gegenstand einer inhaltlichen Debatte hätten werden können«, geschehen, als vielmehr durch die bloße »Vermittlung des Gefühls eines vorsichtigen Weiter so«. Übrigens hat eine Unions-geführte Bundesregierung später bei all diesen Punkten komplett beigedreht.

Zusammengefasst: Die Union hatte zweistellige Verluste zu verzeichnen und fuhr ihr bis dato zweitschlechtestes Ergebnis überhaupt ein. Sie hatte keinen Erfolg dabei, Visionen zu vermitteln oder ihre eigenen Positionen gesellschaftlich zu verankern. Stattdessen räumte sie später reihenweise Grundsatzpositionen. Dazu gab es einen besorgniserregenden Negativrekord beim Rückgang der Wahlbeteiligung auf 70,8 Prozent. Und dieses Paket wird dann als Erfolg gewertet! Matthias Jung sprach sogar davon, dass unter den gegebenen Rahmenbedingungen die Wahlkampfstrategie der CDU kaum zu verbessern gewesen sei. Klingt nicht nur absurd, ist es auch.

Auch bei den Bundestagswahlen 2013 und 2017 wurde diese Strategie angewendet, obgleich eine Vielzahl von maßgeblichen Unionspolitikern wie Wolfgang Schäuble oder Jens Spahn eine Umkehr forderten und ein großes Projekt oder eine Leitidee in den Mittelpunkt stellen wollten.[10] Geradezu entlarvend für die Strategie der Asymmetrischen Demobilisierung war die Interpretation der Wahlergebnisse. Erfolg wurde immer weniger anhand der Fähigkeit gemessen, eigene Inhalte durchsetzen zu können. 2013 jubelte die Union über stolze 41,5 Prozent der Stimmen. Dabei wurde das wichtige Wahlziel – Fortführung der schwarz-gelben-Koalition – glatt verfehlt. Die FDP flog aus dem Parlament. Auch der anschließende Koalitionsvertrag war nicht durch Verhandlungserfolge der Union geprägt. Vielmehr beeilte sich die CDU, reihenweise Zugeständnisse an die SPD zu machen. Wolfgang Bosbach, der damals Teil des Verhandlungsteams war, erinnert sich: »Dem am Ende ausgehandelten

Koalitionsvertrag konnte man das wahre Kräfteverhältnis zwischen Union und SPD nun wirklich nicht ansehen.«[11]

Nach der Bundestagswahl 2017 wurde die Kunst der Umdeutungen sogar noch einmal gesteigert. Die drei Regierungsparteien CDU/CSU und SPD verloren dramatisch an Zustimmung und erreichten mit zusammen 53 Prozent der Wählerstimmen das schlechteste Resultat seit Bestehen der Bundesrepublik. Das Projekt der GroKo war eigentlich beerdigt. Doch nach der »Jamaika«-Pleite hieß es landauf, landab rasch, die Bildung einer sogenannten »stabilen Regierung« sei das Gebot der Stunde. Und so wurde aus der Not heraus die Wiederauflage der GroKo beschlossen. Die Tatsache, dass Bundeskanzlerin Merkel nahezu alle wichtigen Ressorts an die SPD abtrat, verstärkte den Eindruck, dass nicht das Durchsetzen der eigenen Ziele oder einer inhaltlichen Agenda im Mittelpunkt stand. Eine Aufarbeitung der Gründe für die beispiellosen Verluste blieb aus.

Häufig wird uns der Eindruck vermittelt, unter dem Druck von Krisen hätte die CDU ihre ursprünglichen Positionen räumen müssen. Äußere Umstände hätten einen ausgeprägten Pragmatismus erfordert. Viele trösteten sich zunächst auch mit dem Gedanken, die Farblosigkeit der Union sei ein Übergangsphänomen, das aus den Zwängen einer großen Koalition resultiert. Dabei folgte die Abkehr der CDU von wesentlichen Grundwerten vielmehr einer gezielten Strategie der inhaltlichen Entkernung. Wahlforscher Matthias Jung stellte die These auf, die Definition eines »Markenkerns« sei für eine Volkspartei hinderlich. Sein Credo: »Programme werden ohnehin überschätzt von denen, die sich hauptberuflich mit Politik beschäftigen.« Zu Ende gedacht, führt eine solche Aussage zur Entpolitisierung der Politik und einer unwürdigen Degradierung des Wählers. Wer sich dem Wettstreit der Ideen entzieht, bleibt seinen notwendigen Beitrag zur Aufrechterhaltung der Demokratie schuldig und muss sich den Vorwurf gefallen lassen, seinen Teil zur Politikverdrossenheit beizutragen.

Indifferenz wurde von einer Taktik zur neuen Identität. Es gab kaum ein strittiges Thema, das die Bundeskanzlerin ihren rot-grünen Konkurrenten nicht vom politischen Teller genommen hat. Die

CDU passte sich der SPD so sehr an, dass das Meinungsforschungsinstitut infratest dimap Ende 2015 feststellte, dass eine Mehrheit der Menschen die Union als Partei »links der Mitte« wahrnehme.[12]

Nach Ansicht vieler Bürger entstand ein fader politischer Einheitsbrei, der sich nur noch durch Form und Geschirr beim Servieren unterschied. Monotonie befördert den Protest. Der renommierte Populismus-Experte Cas Mudde sieht in dem Kurs kontinuierlicher inhaltlicher Anpassung einen Nährboden, der das Erstarken von Stimmungsformationen wie der AfD begünstigt: »Zum Aufschwung des Populismus hat auch beigetragen, dass die traditionellen linken und konservativen Parteien kaum noch unterscheidbar sind, was Wirtschaftspolitik, Sozialpolitik oder auch die EU-Integration angeht. Die Populisten haben dann gesagt: Die sind alle gleich. Wir sind anders.«[13]

Die Spindoktoren, die die Medizin der Asymmetrischen Demobilisierung verschrieben haben, scheinen den langen und komplexen Beipackzettel nicht gelesen zu haben. Das Medikament hat ein Parteiensystem geschaffen, das die Republik instabiler macht und anfälliger für die Versuchungen des Populismus.

Die *NZZ* schreibt zu Recht: »Die Asymmetrische Demobilisierung dient nicht der Politik, sondern den Politikern. Sie erzeugt mehr Macht durch weniger Politik. Sie dient dem Machterhalt derer, die gerade regieren.«[14] Machterhalt als oberstes Handlungsprinzip – es gibt viele warnende Beispiele, dass das nicht funktioniert. Markenexperte Bernd Samland sieht etwa Parallelen zwischen dem Vorgehen der CDU und dem Absturz von Nokia. Nokia, für lange Zeit der Nabel der Handy-Welt, rief am Zenit seiner Marktmacht das »Halten und Ausbauen der Marktführerschaft« als Hauptziel aus. Diese Ziele sind das Äquivalent zu politischen Zielen wie »stärkste Kraft« oder »keine Regierung ohne uns« und ein Zeichen dafür, dass einer Unternehmungsführung die Visionen und Konzepte ausgegangen sind. Statt selbst mit starken Ideen zu überzeugen, setzte das finnische Unternehmen auf »Marktforschung« in allen Bereichen. Die Kunden sollten doch einfach sagen, was sie sich wünschen. Dann kam Steve Jobs, brachte sein visionäres iPhone samt Touchscreen auf den Markt und stieß Nokia vom Handy-Thron. Rasiert ohne Schaum.

Die Rolle, die die Marktforschung für die Wirtschaft einnimmt, kommt in der Politik der Demoskopie zu. Im Modell der Asymmetrischen Demobilisierung hat nicht die Partei, sondern die vermeintliche öffentliche Meinung das Steuer in der Hand. Maßgeblich sind nicht mehr die Grundwerte der Christdemokratie. Stattdessen versuchen die Verantwortlichen aus Gründen des Machterhalts, alle möglichen Mehrheitspositionen in Politik umzusetzen. Wer so agiert, hat die Freiheit, pragmatisch auf beliebige Stimmungen reagieren zu können. Herrscht etwa nach der Zerstörung des japanischen Kernkraftwerks in Fukushima eine mehrheitliche Anti-Kernkraft-Stimmung, so ist das ein Anlass, umgehend die Energiepolitik radikal zu ändern. Die Liste solcher Kehrtwenden und Spontanentscheidungen ist lang. Vom Pragmatismus zur Prinzipienlosigkeit ist es nur ein kleiner Schritt.

Aus unserer Sicht beruht die ganze Strategie auf zwei falschen Grundannahmen. Erstens argumentiert Matthias Jung, das klassische konservative Milieu, das die Union lange getragen hat, würde verschwinden. Die Union sei vor allem bei älteren Wählern erfolgreich. Deshalb stürben ihr – viel stärker als anderen Parteien – regelmäßig Wähler weg. Zudem sinke der Anteil der Katholiken mit starker Kirchenbindung. Also müsse die Union neue Wählerschichten erschließen. Jung unterstellt, dies sei mit der traditionellen Programmatik nicht zu machen. – Einspruch! Es ist niederschmetternd, wie wenig Selbstvertrauen und Überzeugung in das eigene tradierte Parteiprofil aus dem Vorgehen der Asymmetrischen Demobilisierung spricht. Die Union hat genau die richtigen Instrumente in ihrem Werkzeugkasten, um den Bürgern gerade in solch turbulenten Zeiten einen klaren Kompass zu geben. Klassische CDU-Themen wie innere Sicherheit oder Soziale Marktwirtschaft sind keine Auslaufmodelle. Sie sind beispiellose Erfolgsmodelle und bleiben auch wichtige Zukunftsmodelle, mit denen man überzeugen, begeistern und gestalten kann. Auf dieser Grundlage müssen wieder zukunftsweisende Politikperspektiven entwickelt werden.

Beliebigkeit ist kein Programm und Pragmatismus ersetzt kein inhaltliches Profil.

Unser zweiter grundsätzlicher Kritikpunkt an der Theorie der Asymmetrischen Demobilisierung ist die Anmaßung, dass die eigenen Anhänger als Besitzstand betrachtet werden, die jede gesellschaftspolitische Öffnung murrend mitmachen. Offensichtlich versteht Matthias Jung die Seele eines Konservativen nicht. In der Tat sind gerade konservative Wähler mit ihrer Partei geduldig und bleiben ihr lange treu. Das liegt in der Natur des Konservativen. Doch der Krug geht so lange zum Brunnen, bis er bricht. Eine Partei kann ihren Markenkern nur bis zu einem gewissen Grad ablegen. Vertritt eine Partei nicht mehr die Positionen, für die sie lange ganz selbstverständlich einstand und für die sie von vielen Bürgern gewählt worden ist, dann wird die Bindung zwischen Partei und Anhängerschaft erst immer schwächer, bis sie schließlich ganz aufgekündigt wird. Es gibt nur wenige Beispiele dafür, dass es einer einst konservativen Partei gelungen ist, die Konservativen zurückzugewinnen, die ihr entlaufen sind. Auch der Union wird das nur mit erkennbaren personellen Veränderungen und einer breiteren, mit Gesichtern zu verbindenden Aufstellung gelingen können.

4. Wachsendes Misstrauen in den Rechtsstaat

Thomas Hobbes hat in seinem »Leviathan« von 1651 den elementaren Pakt moderner Staatlichkeit beschrieben. Wir, die Bürger, geben freiwillig ein gewisses Maß an individueller Freiheit her und erwarten dafür vom Staat, dass er Sicherheit gewährleistet, dass er die Rechtsordnung garantiert und dass er darauf achtet, dass Verträge eingehalten werden. Sicherheit und Ordnung sind also die vornehmsten Aufgaben des Staates und der politischen Institutionen. Dieser hobbessche Gesellschaftsvertrag hat tiefe Risse bekommen.

Ein wesentlicher Einschnitt ist sicher im Sommer 2015 entstanden, als die Grenzsicherung unter dem Andrang der Flüchtlinge kollabierte. In bemerkenswerter Weise erklärte sich der deutsche Staat selbst für handlungsunfähig. Grenzen ließen sich nun einmal nicht mehr sichern, hieß das Mantra. Diese Vorgehensweise hat das Sicherheitsgefühl gleich auf mehreren Ebenen getroffen. Weil wir an den Grenzen nicht mehr kontrolliert und unterschieden haben, wer wirklich schutzbedürftig ist und wer nicht, kamen neben Verfolgten und von Not geplagten Flüchtlingen auch Menschen ins Land, die sozial entwurzelt oder sogar kriminell waren.

Die viel größere Bedrohung, die damit einherging, war die phasenweise Kapitulation des Staates. Schon die Legitimation der Grenzöffnung ist bis heute umstritten. Der ehemalige Bundesverteidigungsminister und Staatsrechtler Rupert Scholz etwa beklagte: »Unter Berufung auf eine angebliche ›Humanität‹ wurden in rechtswidriger Weise die deutschen Grenzen geöffnet oder aufgegeben, wurden Hunderttausende von Flüchtlingen nach Deutschland gelassen, obwohl dies nach der Verfassung gar nicht statthaft gewesen wäre.«[15]

Es gibt klare Regeln, wem der Staat unter welchen Umständen für welche Zeit Schutz gewährt. Hinter diesen Regeln steht keine Willkür, sondern ein wichtiges Ordnungsprinzip. Eine Folge der Grenzöffnung war, dass geltendes Recht weder dem Worte noch dem Geiste nach eingehalten wurde: Die unerlaubte Einreise – eine Straftat – wurde nicht mehr verfolgt. Wenn geltendes Recht als überholt und nicht mehr zeitgemäß empfunden wird, dann kann und muss es geändert werden. Verantwortungslos ist es hingegen, geltendes Recht einfach stillschweigend zu ignorieren. Recht, das nicht durchgesetzt wird, findet schnell überhaupt keine Beachtung mehr. Dann entsteht der Eindruck, dass Regeln und Verbote nur noch etwas für die Braven und Dummen sind, während es anderen gelingt, sich ohne Sanktionen aus der Geltung des Rechts herauszuschleichen. Umso gefährlicher ist die wachsende Diskrepanz zwischen dem, was geltendes Recht gebietet, und dem, was in Deutschland und Europa tatsächlich praktiziert wird. Die Folge ist, dass immer mehr Menschen das Vertrauen in die Funktionsfähigkeit der Institutionen dieses Verfassungsstaates verlieren.[16] Sie haben das Gefühl, die Globalisierung, die EU-Integration und die internationalen Flüchtlingsströme brechen abseits sanktionsbewährter Regeln über sie herein.

Es ist wenig verwunderlich, dass dieses Ohnmachtsgefühl stetig wächst: Selbst wenn keinerlei Aufenthaltsrecht besteht, gelingt es dem Staat nicht, Abschiebungen durchzuführen. Nicht einmal Kriminelle und Gefährder werden konsequent abgeschoben. Dem Sozialbetrug durch Flüchtlinge wurde bis heute kein wirksamer Riegel vorgeschoben. Das liegt auch an einer kafkaesken Bürokratie und einem nahezu unüberwindbaren Kompetenzwirrwarr. Ausweisung und Abschiebung liegen naturgemäß nicht in einer Hand, beispielsweise bei einer Bundesbehörde. Nein, es gibt über 500 Ausländerbehörden. Das führt dazu, dass jeder und niemand zuständig ist. So kommt es zu Fällen, bei denen eine abzuschiebende Person beim Ausländeramt als unauffindbar – also untergetaucht – registriert ist, gleichzeitig aber bei einer Kommune Sozialhilfe unter einer konkreten Adresse bezieht.

Wenn der Staat bei seiner Kernaufgabe, Recht durchzusetzen, versagt, dann kommt es zu dem, was Innenminister Horst Seehofer als »Werteerosion« bezeichnet hat. Rechtsfreie Räume und No-go-Areas werden akzeptiert. Mit Drogendealern wird nicht nur verhandelt, sie bekommen sogar Arbeitsflächen in Berliner Parks zugewiesen. Libanesische Großfamilien begegnen dem Rechtsstaat mit provokativer Häme und bauen in ihren Clan-Strukturen eine Parallelwelt mitten in Deutschland auf. Gruppen im Hambacher Forst glauben, sie könnten bestimmen, was Recht sei – ist ja schließlich für einen guten Zweck. Auf der anderen Seite fühlt sich eine immer größere Anzahl von Polizisten und Lehrern von der Politik alleingelassen. Die Verwaltungsgerichte stehen vor dem Kollaps, weil bis zu 400 000 Verfahren anhängig sind und die Abarbeitung ein Jahrzehnt benötigt.[17] Jens Gnisa, der Vorsitzende des deutschen Richterbundes, bilanziert: »Die Duldung rechtsfreier Räume gepaart mit politischer Fehleinschätzung waren der ideale Treibsatz, um die Demokratie zu beschädigen und das Vertrauen der Bürger in Sicherheit und Ordnung zu untergraben.«[18]

Die Politik hat ihren Teil dazu beigetragen. Die Finanzierung der europäischen Staatsschulden, die unkontrollierte Zuwanderung oder die abrupt gestrichenen Laufzeitverlängerungen für Kernkraftwerke sind nur einige Beispiele, die den Eindruck gefördert haben, dass die Politik sich das Recht nach dem Motto »Not kennt kein Gebot« zurechtbiegt. Auch wenn das dem Stimmungsgefühl eines Teils der Bevölkerung entsprochen haben mag, wird aus Legitimität nicht Legalität. Und nur letztere ist nach dem Grundgesetz geboten. Was für eine schlechte Vorbildfunktion also für den Bürger, der schon zur Verantwortung gezogen wird, wenn er nur falsch parkt. Wenn das Gefühl entsteht, dass der Staat sich, anders als der Bürger, an keine Regeln und Grenzen mehr halten muss, fördert dies das Misstrauen in den Rechtsstaat. Eine Bundesregierung muss diesem bedrohlichen Gefühl mit aller Kraft entgegenwirken. Doch immer wieder kommt es bei einzelnen Handlungen, die offensichtlich gegen die Rechtsordnung verstoßen, zu politischen Versuchen, dem Vorgehen Rechtfertigung, Duldung oder gar Legitimation zuzuerkennen. Schon an den Formulierungen lässt sich dann häufig ablesen, welche Begriffs- und Bewusstseinsverwirrungen bestehen. So war etwa das Argument zu hören, dass Deutschland wegen des demografischen Wandels doch Einwanderung benötige. Die massive Zuwanderungswelle sei also in unserem eigenen Sinne. Zwei völlig unterschiedliche Bereiche – Asyl und Zuwanderung – wurden gar nicht mehr unterschieden.

Wenn wir das Feld eben nicht den rechten und linken Ideologen überlassen wollen, sind rechtlich zutreffende Begrifflichkeiten eine unverzichtbare Grundlage. Wenn wir darüber hinaus in unsicheren Zeiten wieder Orientierung geben wollen, dann dürfen wir die verfassungsrechtliche Werteordnung des Grundgesetzes nicht relativieren, sondern müssen im Gegenteil die Integrationskraft, die die Verfassung für unser Gemeinwesen darstellt, nutzen.

Ein starker bekennender Verfassungspatriotismus, wie ihn Jürgen Habermas in den 1980er-Jahren vermehrt ins Feld gebracht hat, würde zwei Möglichkeiten eröffnen. Zum einen ließe sich eine klare Abgrenzung zu rechtspopulistischen Parteien vornehmen, ohne wichtige Symbole aufgeben zu müssen. Ein klares Bekenntnis zur Nation im verfassungsrechtlichen Sinne würde sich eben nicht an einem völkisch-ethnischen Verständnis orientieren. Vielmehr stünde eine Werteorientierung im Vordergrund, die mit den freiheitlich-demokratischen Grundrechten und Freiheiten im Einklang ist.

Zum anderen könnte ein solcher Verfassungspatriotismus mit dem Grundgesetz als Rahmen endlich einen klaren, verbindlichen Wertekonsens definieren. Es geht dabei keineswegs darum, dass sich alle an eine vermeintlich eindeutige Vorstellung von »was ist deutsch« halten müssen. Es geht darum, die Rechts- und Werteordnung als Grundlage des gesellschaftlichen Zusammenlebens zu vermitteln. Dazu gehören fraglos Grundsätze wie Meinungsfreiheit, Religionsfreiheit, Gleichberechtigung von Mann und Frau, verantwortlicher Umgang mit Minderheiten und das Gewaltmonopol des Staates, um nur einige zu nennen. Es ist kein Verbrechen, sondern eine Notwendigkeit, von jedem Flüchtling und Einwanderer eine klare Bejahung zur Verfassungsordnung des Grundgesetzes einzufordern. Wir müssen klarstellen, dass Integration nur so funktioniert und dass dieses Bekenntnis zur Verfassung von uns erwartet wird. Staatskunde muss ebenso fester Bestandteil des Lehrplans wie der Sprachunterricht sein.

Genauso deutlich gilt es, festzulegen, was wir auf keinem Fall tolerieren können. Denn Toleranz wird zur Ignoranz, wenn sie Intoleranz hinnimmt. Wir müssen deshalb auch Grenzen der Toleranz festlegen. Wir können keine Paralleljustiz, Ghettoisierung, Frauenfeindlichkeit, Kinderehen, keinen Antisemitismus und keinen religiösen Extremismus, der keinen Respekt vor Andersgläubigen kennt, akzeptieren. Deutschland fehlt es nicht an den Mitteln zur Behauptung des Rechtsstaates, sondern am Willen zu deren Gebrauch. Wenn es gelingt, das Vertrauen in den durchsetzungsfähigen Rechtsstaat zurückzugewinnen und ein positives Bekenntnis zu den verfassungsrechtlichen Grundrechten und Wertvorstellungen als Maßstab für das Zusammenleben festzulegen, dann kann nicht nur das verletzte Sicherheitsgefühl wieder heilen, sondern es kann daraus eine republikanische Alltagsorientierung und ein gemeinsamer Geist erwachsen.

Ausweg

Eine Politik, die in moralischen Imperativen denkt und handelt, fördert radikale Tendenzen. Eine Politik, die sich inhaltlich nicht positioniert, macht die Kultur der Mitbestimmung bedeutungslos. Eine Politik, die beständig Entscheidungen trifft, die angeblich »alternativlos« sind, zersetzt die Grundpfeiler unserer Demokratie. Eine Politik, die Sicherheit und Ordnung nicht gewährleistet, hat ordnungspolitisch versagt.

Das Zusammenspiel dieser Faktoren führt dazu, dass immer mehr gesellschaftliche Herausforderungen als Krisen wahrgenommen werden, über die die Politik die Kontrolle verloren zu haben scheint. Von der Eurokrise über die Flüchtlingskrise bis zur Klimakrise – die traditionellen Parteien konnten die Menschen häufig nicht davon überzeugen, die Lage im Griff zu haben. In solchen Momenten suchen sich die Menschen Alternativen. Darüber kann man sich echauffieren. Oder ordoliberale Prinzipien anbieten. Eine Antwort auf den Vertrauensverlust ist mehr Demut, mehr Respekt vor den demokratischen Spielregeln, eine klare Programmatik und eine konsequent rechtsstaatliche Politik.

Menschen wollen von Politikern nicht nur die einfachste Lösung hören. Sie wollen wissen, wie der Plan aussieht. Die Verantwortlichen müssen ihre Politik erklären, für ihre Lösungen streiten. Besonders wichtig ist es, Widersprüche und Spannungsfelder auch klar zu benennen. Es ist offensichtlich, dass der Versuch, die europäische Schuldenkrise mit neuen Schulden zu lösen, scheitern wird. Es liegt auf der Hand, dass ein Sozialstaat wie der unsrige mit offenen Grenzen inkompatibel ist. Hauptziel einer Politik kann und darf es nicht bloß sein, unschöne Bilder zu vermeiden und jeden Schmerz möglichst weit in die Zukunft zu schieben. Es muss vielmehr die Maxime gelten, Schaden abzuwenden, Recht durchzusetzen und Führungsverantwortung zu übernehmen.

Wollen die traditionellen Parteien dem Vertrauensverlust entgegenwirken, dann müssen sie sich wieder trauen, eigene Akzente zu setzen. Es reicht nicht aus, zu verkünden, man kämpfe gegen den

Populismus. Man muss sagen, wofür man steht, für welche politische Idee man eintritt. »Was nottut, ist der Kampf gegen schlechte Ideen«, erklärt Ludwig von Mises in seinen 1958 entstandenen Vorlesungen. »Ideen, und nur Ideen können Licht in die Dunkelheit bringen«, warb er dafür, die eigenen Ideen verständlich zu erklären und so die Menschen zu überzeugen.[19] Wir müssen heute den Wert der besseren Idee mit Leben füllen. In diesem Sinne widersprechen wir bei der Frage zum Umgang mit der AfD erneut Matthias Jung von der Forschungsgruppe Wahlen. Seiner Ansicht nach würde »eine zu intensive Auseinandersetzung mit der AfD nur zu deren Aufwertung führen. Ein weitgehendes ›rechts-Liegenlassen‹ verspräche den größeren Effekt.«[20]

Das Gegenteil ist der Fall. Gerade für die Union ist es entscheidend, dass sie sich im offenen politischen Diskurs selbstbewusst abgrenzt und im Parteienwettstreit mit eigenen Markenartikeln überzeugt. Konzentriert sich die Union dabei auf das Zieldreieck Freiheit, Marktwirtschaft und Demokratie kann sie wieder Orientierung bieten und gleichzeitig die Rhetorik der radikalen Positionen als Agitation entlarven.

Wenn wir eine Partei ignorieren und Themen, die die Menschen bewegen, tabuisieren, legen wir populistischen Akteuren das Blatt. Genau dieses Bild zeichnen sie ja gern – dass ein Kartell von Parteien und Medien gewisse Themen und Positionen ausschließe. Wenn wir aber darüber sprechen, was eine liberale Demokratie ausmacht, wie wir sie verteidigen und wiederbeleben können, wird die Staatsverachtung der AfD deutlich, die kaum mit der parlamentarischen Demokratie in Einklang zu bringen ist. Wenn wir uns an den bewährten Prinzipien der Sozialen Marktwirtschaft orientieren, dann wird jeder erkennen, dass das Programm der AfD wirtschafts- und fortschrittsfeindlich ist. Die konservativ-liberalen Ideen der Anfangszeit hat die AfD längst abgeworfen und ist dabei, sich in eine national-sozialistische Partei zu verwandeln. Die AfD setzt auf mehr Staat statt privater Vorsorge in der Renten- und Sozialpolitik, auf Protektionismus statt Freihandel und auf einen autoritär-patriarchalischen Staat statt Freiheit und Eigenverantwortung. Ihr Kalkül ist einfach zu durchschauen: Verknüpft man nationalistisch-patriotische Rhetorik mit sozialistisch anmutender Sozialpolitik, lassen sich von rechts und links Stimmen saugen.

Die Lücke, die im konservativ-liberalen Spektrum entstanden ist, kann deshalb nicht die AfD, sondern nur die Union schließen. Politik- und Medienexperte Alexander Görlach hat es auf den Punkt gebracht: »Mit bürgerlichen Werten wie Erziehung und Bildung, mit Toleranz und den ethischen Setzungen des Christentums haben die Rechten nichts am Hut. Sie sind nicht die Neuauflage des Konservativen.«[21]

Die Wirtschaftswunderzeit

»Wenn wir unsere Leistungsfähigkeit, unseren Wohlstand und unseren Sozialstaat langfristig erhalten wollen, müssen die Prinzipien der Sozialen Marktwirtschaft wieder konsequent angewendet werden.«
Jens Spahn

»Es ist die Leistung der Menschen, die den Staat zusammenhält, und nicht die Leistung des Staates, die Menschen zusammenzuhalten. Wir sollten uns nicht vormachen, dass Glück sich als Sozialleistung organisieren lässt.«
Horst Köhler

Nach dem Zusammenbruch der Sowjetunion rief der amerikanische Politikwissenschaftler Francis Fukuyama das »Ende der Geschichte« aus. Der Sozialismus war krachend gescheitert und Fukuyama davon überzeugt, dass sich die Prinzipien des Liberalismus in Form von Freiheit, Demokratie und Marktwirtschaft nun endgültig und überall durchsetzen würden. Aber stattdessen wachsen heute die Sympathien für staatlich organisierte Umverteilung und die Menschen beginnen zu akzeptieren, dass der wettbewerbliche Marktprozess außer Kraft gesetzt wird.

Für viele Politiker erfüllt die Wirtschaft vor allem zwei Funktionen: die des Lastesels und die des Sündenbocks. Um den ständig wachsenden Ansprüchen nach sozialer Umverteilung gerecht zu werden, bürdet die Politik den Unternehmen permanent neue Lasten auf. Gleichzeitig überzieht sie sie mit einer immer engmaschigeren Regulierung. Wenn schließlich Krisen entstehen, mutiert die Wirtschaft vom Lastesel zum Sündenbock. Gerade die politischen Akteure, die das Räderwerk der Marktwirtschaft gerne von außen stören, sind besonders eifrig darin, ihre Fehler anschließend auf den Markt zu schieben. Politische Kandidaten, die Marktwirtschaft und Wettbewerb strikt ablehnen, reüssieren.

Wir haben uns eindrückliche Beispiele für diesen Trend angesehen: In Griechenland hat das jahrzehntelange Staatsversagen nicht liberale Kräfte erstarken lassen, sondern auf dem Höhepunkt der Krise eine Regierung etabliert, die aus links- und rechtsradikalen Parteien bestand. In Italien war die Antwort auf ein augenscheinlich dysfunktionales politisches und wirtschaftliches System ebenfalls keine konsequent auf Marktwirtschaft, Wettbewerb und Rechtsstaat ausgerichtete politische Bewegung. Und auch die EU hat aus dem britischen Votum für einen EU-Austritt nicht den Auftrag nach mehr Dezentralität, Eigenverantwortung und wirtschaftliche Freiheit abgeleitet.[22] Im Gegenteil: Ein weiterer Zentralisierungsschub soll die EU retten. Neue Gesetze, umfassendere Kontrollen und vor allem viel zusätzliches Geld sollen angebliches Markversagen heilen. Diese Dynamik erzeugt überall schlechte Resultate.

Selbst vor Deutschland macht der Trend nicht halt. Fragte man die Menschen in den 1960er- und 1970er-Jahren, was sie mit dem Leitmotiv: »Wohlstand durch Wachstum« in Verbindung bringen, war die Antwort: Kompetenz und Glaubwürdigkeit der Entscheidungsträger. Bei Umfragen der letzten Jahre fiel ihnen hierzu ein: Profitgier, Raubbau an Mensch und Umwelt und ungezügelter Egoismus. 77 Prozent der Befragten glauben, die Soziale Marktwirtschaft macht die Armen ärmer und die Reichen reicher.[23]

Dieses Meinungsbild ist das Resultat einer Zeit, in der nahezu jede marktwirtschaftliche Lösung im politischen Schlagabtausch mit dem Attribut »neoliberal« belegt oder als kalter Kapitalismus diskreditiert wird. »Die Deutschen sind bis heute sehr staatsgläubig. Sie glauben, dass ein Konflikt am besten in die Hände des Staates gelegt werden sollte, auch wenn er dort nicht hingehört«, analysiert der

Wirtschaftshistoriker Albrecht Ritschl von der London School of Economics.[24] In einer Welt, die immer komplizierter wird, erhoffen sich viele, dass sich der Staat sogar noch stärker einmischt. Und der Staat liefert – von der Industriepolitik bis zur Verstaatlichung von Stromnetzen oder Wohnungen.

Von der ihm gebotenen Neutralität ist der Staat längst in die Rolle des Erziehers und Tugendwächters geschlüpft. Mit großer Skepsis sollten wir sein neues Rollenverständnis als rettender, gütiger Vater infrage stellen. Aus Angst, dass sie die Unruhe der Epoche einholen könnte, nehmen die Deutschen vieles hin – auch die Beschneidung von politischer, individueller und wirtschaftlicher Freiheit – Errungenschaften, die über Jahrhunderte mühsam erkämpft wurden.

»Ich will mich aus eigener Kraft bewähren. Ich will das Risiko meines Lebens selbst tragen. Ich will für mein Schicksal selbst verantwortlich sein. Sorge du, Staat dafür, dass ich dazu in der Lage bin«, schrieb Ludwig Erhard. Welche Partei würde solche Sätze heute in ihr Programm schreiben? Offenbar ist es eine ziemlich große Herausforderung, das eigene Leben in Freiheit zu gestalten. Die gewonnene Freiheit hat nicht nur die schöne, die Chancen eröffnende Seite. Sie weckt auch Ängste. Und das tut sie in vielen Bereichen:

- Kernkraft
- grüne Gentechnik; rote Gentechnik
- Fracking
- neue Bahnhöfe
- Big Data
- Freihandel

Wir ängstigen uns also vor Dingen, die für unsere Zukunft entscheidend sind. Vieles davon liegt in Kompetenzfeldern, in denen Deutschland zum Teil weltweit führend war. Die Quittung dieser grassierenden »German Angst« – übrigens ein Begriff, den die ganze Welt kennt – bekommen wir bereits präsentiert. Im Mittelstand, dem Rückgrat der deutschen Wirtschaft, hat sich die Zahl der forschenden Unternehmen nahezu halbiert, Produktinnovationen sind ebenfalls fast um die Hälfte zurückgegangen. Und auch die Zahl der Hightech-Gründungen befindet sich auf einem historischen Tiefstand.

Es setzt sich zunehmend ein grün geprägter gesinnungsethischer Politikentwurf durch, bei dem der Staat versucht, seine Bürger gezielt zu lenken, zu erziehen und durch eine bevormundende Detailregulierung zu entmündigen. Marktergebnisse sind angeblich nicht mehr sozial, ökologisch oder innovativ genug. Also wird entsprechend nachgeholfen. Das Ergebnis sind ständig neue Versuche, nicht gewollte Verhaltensweisen dadurch einzudämmen, dass die Kosten für dieses Verhalten erhöht oder gleich Verbote ausgesprochen werden: Fliegen muss teurer werden, Fleisch muss teurer werden, Miethaie müssen enteignet werden und eine Zuckersteuer soll her. Dabei ist es eigentlich die Aufgabe des Staates, dort zu intervenieren, wo die Freiheit des Individuums gefährdet ist – und nicht, sie weiter einzuschränken. Volkserziehung von ganz oben anstatt Eigenverantwortung. Die Verbindung wäre das Gegenteil dessen gewesen, was Ludwig Erhard wollte.

Sündenbock Marktwirtschaft

Maßnahmen, die eine mutige marktwirtschaftliche Erneuerung in Deutschland zum Ziel haben, die die Wettbewerbsfähigkeit stärken oder die die Entbürokratisierung entschlossen in den Fokus nehmen, sucht man dagegen vergeblich. Der Bund hat in den letzten Jahren aufgrund der guten Konjunktur Rekordsteuereinnahmen erzielt und wegen der äußerst lockeren Geldpolitik der EZB wie gezeigt erheblich an Zinsausgaben gespart. Ein Plus von hunderten Milliarden Euro. Warum überbieten sich die Parteien nicht längst mit Steuersenkungsplänen? Stattdessen setzt die Politik auf Mindestlöhne und Mietpreisbremsen sowie bei der Energiewende auf ineffiziente Umlagen, um die Märkte zu steuern. Jede Maßnahme für sich genommen zerstört sicher nicht die Soziale Marktwirtschaft. In ihrer Gesamtheit aber richten sie großen Schaden an, weil sie Freiräume beschneiden und die Macht des Staates erweitern.

Ein drastisches Anschauungsmaterial für die neue Staatsgläubigkeit bietet die Diskussion über explodierende Mieten in Berlin. Eine Initiative will mit einem Referendum die Enteignung von großen Immobilienbesitzern auf den Weg bringen. Statt Eigentum zu schützen, unterstützen Politiker dies wohlwollend. Aufforderungen zu mehr Markt werden brüsk zurückgewiesen. Ein wohnungspolitisches Gutachten des Wissenschaftlichen Beirats beim Bundesministerium für Wirtschaft und Energie, das unter anderem die Mitpreisbremse als wirkungslos kritisiert, tut Bundesfinanzminister Scholz ab als »Quatsch« und »großer Kokolores«.[25] Auch die damalige Bundesjustizministerin Katarina Barley setzte sich nicht etwa offen mit dem Gutachten auseinander, sondern bezeichnet es schlichtweg als »unverantwortlich« und belehrt die Wissenschaftler: »Jeder weiß, dass der Markt von sich aus nur wenige bezahlbare Wohnungen schafft.«[26]

Die Profitgier der Vermieter, böse Spekulanten und raffgierige Immobilienkonzerne sind angeblich schuld an den steigenden Mieten. Kein Wort davon, dass die verantwortungslose Geldpolitik der EZB die Asset-Preise – gerade auch Immobilienpreise – nach oben manipuliert. Der Staat selbst tut ein Übriges. Millionenfache Zuwanderung erhöht die Wohnungsnachfrage in den Ballungsräumen, während lange Genehmigungszeiten und fehlende Baulandausweisungen das Angebot verknappen. Die ständige Verschärfung von energetischen und baulichen Vorschriften wirken ebenfalls auf den Preis. Zudem treibt der Staat mit Gebühren, Steuern und dem mit Abstand teuersten Strompreis in Europa die Nebenkosten hoch. Ein Mietendeckel oder sogar Enteignungen ändern an all diesen Problemen rein gar nichts.

Das Muster lässt sich auf eine Vielzahl anderer Felder übertragen. So brachte Bundesfinanzminister Olaf Scholz gemeinsam mit seinem französischen Amtskollegen Bruno Le Maire eine europäische Arbeitslosenversicherung ins Gespräch und lässt keine Gelegenheit verstreichen, diese Idee voranzutreiben. Dabei haben sich die Experten aus dem Wissenschaftlichen Beirat beim Bundesfinanzministerium in einem umfassenden Gutachten vernichtend zur Wirksamkeit eines solchen Systems geäußert und räumen nationalen Stabilisierungsmaßnahmen über nationale Budgets den klaren Vorrang vor einer europäischen Lösung ein. Der entscheidende Satz im Gutachten: »Schließlich übersieht die Diskussion um zusätzliche Stabilisierungsinstrumente in der Eurozone, dass die schwierige wirtschaftliche Lage einiger Eurostaaten aus strukturellen Fehlentwicklungen resultieren.«[27] Da sprunghaft ansteigende Arbeitslosigkeit wie erwähnt häufig durch inflexible Arbeitsmärkte bedingt wird, muss ein wirklich soziales Europa Strukturwandel einfordern.

Wohlstandsillusion

Soziale Marktwirtschaft steht für Eigenverantwortung und Freiheit. Indem wir uns immer weiter von diesen Leitprinzipien entfernen, setzen wir die wirtschaftliche Leistungskraft unseres Landes aufs Spiel. Dabei geben allein schon der sichtbare Verfall der Infrastruktur, die Zwänge der Demografie und der hoffnungslose Rückstand bei der Digitalisierung allen Anlass, die Dynamik der Wirtschaft zu stärken und nicht weiter zu schwächen. Doch während wir uns einreden, unsere Energiepolitik sei ein Modell, zu dem weltweit aufgeschaut wird, droht die Energiewende im Ausland immer mehr zu einem abschreckenden Beispiel zu werden. Kosten explodieren, die Wettbewerbsfähigkeit leidet – CO_2 wird jedoch kaum eingespart. Von Marktwirtschaft kann dabei keine Rede sein. »Die Klimapolitik ist also teuer, bringt aber überhaupt nichts«, lautet das traurige Fazit von IfW-Präsident Gabriel Felbermayr.[28]

Oder schauen wir auf die Digitalpolitik, die von Absichtserklärungen und Fahrplänen dominiert wird. Nationale Strategien legen fest, dass wir in fünf, zehn oder zwanzig Jahren zum Leitmarkt für 5G-Anwendungen aufsteigen oder in anderen Bereichen Weltmeister werden. Den Strategiepapieren ist anzumerken, dass deren Verfasser glauben, durch das Aufschreiben der hehren Ziele sei die Wirklichkeit schon verändert. »Dass Digitalisierungspolitik auch und vor allem Bildungspolitik sein müsste und Machine Learning zu hundert Prozent aus Mathematik und zu null Prozent aus Magie besteht, davon kein Wort. Wer gute KI haben will, braucht gute Mathematiker und Informatiker – die gibt es nur mit guter Bildung«, gießt c't-Redakteur Jan Mahn Wasser in den Wein.[29]

Hier zeigt sich das eklatante Missverhältnis, das in Deutschland zwischen Ausgaben für die Gegenwart und den dringend benötigten Investitionen in die Zukunft herrscht. Während die Ausgaben für Sozialtransfer-Leistungen so hoch wie nie zuvor sind, fehlen in wichtigen Zukunftsfeldern wie Bildung, Forschung und Innovationen oder Verteidigung weiterhin viele Milliarden Euro. Wir liegen mit unseren Bildungsausgaben von 4,2 Prozent des Bruttoinlandsprodukts deutlich unterhalb des OECD-Durchschnitts von 5,0 Prozent.[30] Der Sozialpädagoge Gunnar Heinsohn rechnet vor, dass in Deutschland von 1000 Kindern nur 53 die höchste Mathe-Leistungsstufe erreichen. Das ist zwar noch besser als Frankreich mit lediglich 20 Mathe-Assen, aber weit hinter den asiatischen Schülern. Singapur etwa bringt 500 von 1000 Kindern auf die höchste Leistungsstufe.[31] Eine Studie der Beratungsgesellschaft Korn Ferry kommt zu dem Ergebnis, dass Deutschland bis 2030 fünf Millionen Spezialisten fehlen werden, was einen Einnahmenausfall von 630 Milliarden Dollar nach sich ziehen kann.[32] Keiner anderen Volkswirtschaft in Europa drohen wegen Personalengpässen derart große Einbußen wie der Bundesrepublik.

Es wundert also nicht, dass die Titel, mit denen die fünf Wirtschaftsweisen ihre Jahresgutachten überschreiben, mittlerweile wie verzweifelte Appelle klingen: »Zeit für Reformen«, »Mehr Vertrauen in Marktprozesse«, »Gegen eine rückwärtsgewandte Wirtschaftspolitik«. Doch all diese Rufe verhallen ungehört. Bundeskanzlerin Merkel hat klar herausgestellt, dass ihrer Meinung nach die traditionelle Rolle des Staates, Leitplanken zu setzen und sich sonst aus der Wirtschaft herauszuhalten, so nicht mehr funktioniert: »Wir kommen mit dem, was wir vor zehn, zwanzig Jahren erarbeitet haben, einfach nicht mehr hin.«[33] Ihr Argument lautet: Weil Länder wie China eine langfristige, über Legislaturperioden weit hinausgehende Industriestrategie besäßen, müssten auch Deutschland und Europa eine solche Planung entwickeln. Nur so ließe sich künftig noch im globalen Wettbewerb bestehen.

Die Argumentation für eine Industriestrategie nach dem Vorbild Pekings oder zumindest einer *planification* im Stile Frankreichs überzeugt aus mehreren Gründen nicht. Zunächst passt sie schlicht nicht zu einem Land der vielen *Hidden Champions.* Es ist gerade unsere einmalige mittelständische Struktur, die uns eine Anpassungsfähigkeit an unterschiedliche Gegebenheiten und strukturelle Veränderungen sichert. Vor allem drängt sich aber die Frage auf, warum entgegen jeder bisherigen Erfahrung der Staat plötzlich der bessere Unternehmer sein soll?

Die Vergangenheit zeigt deutlich, dass industriepolitische Bemühungen meist misslingen. Erinnern wir uns an das französisch-britische-Überschallflugzeug Concorde, das trotz reichlicher Subventionen nur Verluste einflog. Oder an die Milliarden an Fördergeldern für erneuerbare Energien, die nicht verhindern konnten, dass die Fertigung von Solarzellen längst nach China abgewandert ist. Trabi, Plattenbau und Industriekombinat sind Mahnmale, die zeigen, wo es endet, wenn die »sichtbare Hand« des Staates steuert, wo investiert wird, und festlegt, welche Technologien sich durchsetzen.

Eine Politik, die nationale oder europäische Champions kreiert und jeden Subventionswettlauf mitmacht, ist das Gegenteil von Sozialer Marktwirtschaft. Die Bundesrepublik ist doch nicht deshalb wirtschaftlich erfolgreich, weil Behörden die Wirtschaft steuern oder die Beamten im Wirtschaftsministerium einen sechsten Sinn für Innovationen haben. Sie ist erfolgreich, weil Unternehmer Risiken eingehen, Innovationen wagen und Verantwortung übernehmen. Hier werden die falschen Grundannahmen von Merkels Argument deutlich. Unternehmer brauchen keine Politiker, die ihnen erklären, wie sie ein innovatives Produkt entwickeln. Sie brauchen eine Politik, die eine Ordnung schafft, welche Eigentum sichert, Wettbewerb ermöglicht und Arbeitsmoral belohnt.

Den wesentlichen Unterschied bringt Nassim Taleb in seinem Buch »Das Risiko und sein Preis – Skin in the Game« auf den Punkt.[34] Der Staatsbedienstete riskiert nichts. Der Unternehmer wägt Alternativen ab. Lohnen sich die Investitionen langfristig wirklich? Liegt er falsch, wird er dauerhaft keinen Erfolg haben. Genau darin besteht der große Vorteil der Marktwirtschaft. Jeder kann seine eigenen Ziele verfolgen. Der Markt transformiert individuellen Eigennutz in kollektive Nützlichkeit. Er sammelt und verarbeitet dabei unzählige Informationen und vorhandenes Wissen. Deshalb bezeichnete Friedrich August von Hayek den Wettbewerb als Prozess der Meinungsbildung, der einem zentralen Planer stets überlegen ist. »Kein Staat, keine Partei, kein Politiker ist klüger und gerechter als der Markt, der Wettbewerb. Jede Intervention von Staatsseite – etwa über Subventionen, Zölle, gesetzliche Beschränkungen oder Bürgschaften, auch Garantien in Millionen- oder Milliardenhöhe – verzerrt, verfälscht, reduziert die Kraft des Marktes als unbestechlicher Schiedsrichter und zieht stets mehr Probleme nach sich, als sie löst«[35], so der Historiker Daniel Koerfer.

Falsche Freunde

Der Publizist Roland Baader hatte einst gewarnt: »Die Freiheit (und damit auch der Wohlstand) geht mehr an falschen Freunden zugrunde, als an seinen erklärten Feinden!«[36] Das scheint auch für die Soziale Marktwirtschaft zu gelten. Jeder schmückt sich heute mit ihr. Sahra Wagenknecht beruft sich ebenso auf Ludwig Erhard wie Sigmar Gabriel. Angela Merkel hat Erhards berühmten Buchtitel »Wohlstand für Alle« als Slogan übernommen. Die Soziale Marktwirtschaft wird an Parteitagen regelmäßig als Markenkern beschworen. Umso unverständlicher ist es, dass die Idee der Sozialen Marktwirtschaft in der politischen Praxis so dramatisch an Bedeutung verliert.

Kaum jemand bekämpft das Modell der Sozialen Marktwirtschaft offen. Fatal ist aber, dass auch viel zu wenige seinen inhaltlichen Kern verteidigen. So ist es üblich geworden, ein grundsätzliches Bekenntnis zur Sozialen Marktwirtschaft abzulegen – und gleichzeitig unter dem Deckmantel des »Sozialen« alle möglichen Vorstellungen zu verfolgen, auch solche, die mit der Konzeption grundsätzlich unvereinbar sind. Wie sehr ordnungspolitisches Denken in Deutschland verfällt, zeigt sich etwa darin, dass sich die Akteure der Großen Koalition im Koalitionsvertrag auch noch dann auf die Soziale Marktwirtschaft berufen, wenn sie systemwidrige Eingriffe wie die europäische »Gleichmacherei« – durch gemeinschaftliche Sozialstandards – verteidigen.

Auf diese Weise wird die Soziale Marktwirtschaft für Zwecke usurpiert, die dem ursprünglichen Inhalt völlig entgegenstehen. Wir überschütten dieses beispiellose Erfolgsmodell mit Auslegungen, Regulierungen und Einschränkungen. Nur noch die Fassade bleibt erhalten – die innere Architektur wird dagegen bis zur Unkenntlichkeit verändert. Schnell wird noch etwas Grünes hineingemischt, und schon können Annalena Baerbock und Robert Habeck die öko-soziale Marktwirtschaft ausrufen.[37] Kernelemente sind dann plötzlich Regeln, die »die freien Kräfte des Marktes begrenzen«, Maßnahmen, die »die ökologische Blindheit der Marktwirtschaft überwinden« und eine »nach ökologischen und sozialen Kriterien ausgerichtete europäische Industriepolitik«[38]. Hier wird suggeriert, dass Umverteilung das zentrale Prinzip der Sozialen Marktwirtschaft sei. Weiter kann man doch von den Überzeugungen Erhards gar nicht entfernt sein.

In Deutschland scheinen wir die eigentlichen Botschaften der Sozialen Marktwirtschaft vergessen zu haben. Wir nehmen die immer weitere Ausweitung des Wohlfahrtsstaates als Selbstverständlichkeit und nicht als Ergebnis harter Leistung hin. Statt darüber zu reden, wie der Kuchen für alle vergrößert werden kann, konzentrieren wir uns auf das Verteilen. Zulasten derjenigen, die Wohlstand und Wertschöpfung schaffen. Einen Höhepunkt der Absurdität und Geschichtsklitterung lieferte der Juso-Vorsitzende Kevin Kühnert, als er die Soziale Marktwirtschaft als eine »Spielart des Kapitalismus« bezeichnete.[39] Hinter solchen Tiraden steht die Grundhaltung, dass man wieder einmal planwirtschaftlichen, dirigistischen und kollektivistischen Methoden den Vorzug geben möchte.

Marktgesetze werden dann gern als unmoralisch abgetan, weil der ihnen innewohnende Wettbewerbsmechanismus angeblich zu einer darwinschen »Ellbogen-Mentalität« auf Kosten der Schwachen führe. Die verdrehten und unhaltbaren Behauptungen einer solch unreflektierten Kapitalismuskritik haben zur Folge, dass die Marktwirtschaft Reputation und Akzeptanz in der Gesellschaft verliert. Das absurde Ergebnis: Die Instanz, die die Umverteilung von Wertschöpfung organisiert – also der Staat –, wird als moralisch höherwertig angesehen, als diejenigen, die die Wertschöpfung schaffen und damit die Umverteilung überhaupt erst ermöglichen, – also die Unternehmer.

Wie sehr sich das Bild von dem gewandelt hat, was als »sozial« oder »moralisch« angesehen wird, lässt sich an einem Beispiel verdeutlichen. Pastor Friedrich von Bodelschwingh gründete vor über hundert Jahren Arbeiterkolonien für Obdachlose. Er hielt milde Gaben für eine Entwürdigung des Menschen und sah in der Integration in die Gesellschaft durch Arbeit ein wesentliches Ziel seines Wirkens. Sein Leitspruch »Arbeit statt Almosen« kann als geistiger Vorgänger der Praxis des »Förderns und Forderns« verstanden werden.

Heute würde sich von Bodelschwingh wohl dem Vorwurf der sozialen Kälte ausgesetzt sehen. Mittlerweile gilt vielmehr derjenige als sozial, der einen Mindestlohn von 15 Euro fordert. Dass die Menschen, deren Arbeitskraft einen solchen Lohn nicht hergibt, aus dem Arbeitsmarkt ausgesperrt würden und sie stattdessen vollständig auf staatliche Zuwendungen angewiesen wären, spielt kaum noch eine Rolle.

Schreckgespenst Soziale Marktwirtschaft?

Es erscheint deshalb nötiger denn je, diesem Zerrbild entgegenzutreten und wieder einmal neu auf die Funktionen von Markt und Wettbewerb zu verweisen und das zugrunde liegende Menschenbild der Sozialen Marktwirtschaft zu erläutern. Blicken wir dafür zunächst auf die Wurzeln der Sozialen Markwirtschaft. Sie ist nicht nur eine Wirtschafts-, sondern vor allem auch eine Werteordnung. Ein Teil ihrer Entstehungsgeschichte ist eine direkte Folge des Widerstands gegen Hitler. Sie ist eine einzigartige Kombination aus freier Wirtschaft, katholischer Soziallehre und evangelischer Sozialethik. Ein Beispiel für unerschütterliche Prinzipientreue und Courage.

Innerhalb des kirchlichen Widerstands gegen die NS-Diktatur geht die Idee auf eine Gruppe zurück, die bereits 1942 im Auftrag Dietrich Bonhoeffers, einem protestantischen Theologen, das oppositionelle Schlüsseldokument der »Freiburger Denkschrift« verfasste. Zu diesem Kreis gehörten etwa der Historiker Gerhard Ritter, die Ökonomen Wilhelm Röpke, Walter Eucken und Adolf Lampe oder der Jurist Franz Böhm. In Vorbereitung einer Nachkriegsordnung skizzierten sie die politischen, gesellschaftlichen und eben auch wirtschaftlichen Grundlagen für einen Neuanfang. Mitten in der totalitären Diktatur arbeiteten sie an Fragen einer »Wirtschaftspolitik für ein Deutschland nach Hitler«. Die dabei verfolgten Ansätze waren für diese Zeit geradezu ungeheuerlich. Die Autonomie der Wirtschaft wurde eben nicht nur aus Effizienzgründen gefordert, sondern vor allem auch als Sicherung gegen politische Absolutheitsansprüche.

Die freiheitliche Ordnung, wie sie der Freiburger Kreis vorausdachte, enthielt jene Elemente, die der Ökonom Alfred Müller-Armack einige Jahre später als »Soziale Marktwirtschaft« bezeichnete. Chancengerechtigkeit war dabei ein zentraler Begriff. Die Lebensperspektive sollte nicht von der sozialen Stellung abhängig, sondern an die individuelle Lern- und Leistungsbereitschaft gebunden sein. Deshalb ist der Wettbewerb das zentrale Mittel, um Wohlstand für alle zu schaffen. »Der Wettbewerb ist das großartigste und genialste Entmachtungsinstrument der Geschichte«, schrieb Franz Böhm.[40]

Heute dagegen vermitteln Politiker das Gefühl, Wettbewerb sei etwas Schlechtes. Sie verbreiten die Illusion, die moderne, hochkomplexe, globalisierte Gesellschaft zentral steuern zu können. Nichts anderes steht hinter den Ideen, europäische Champions zu schaffen oder gewisse Investitionen mit »Anstrengungen« der EU und der Mitgliedstaaten - sprich Subventionen - zu ergänzen. Wir leben in einer Zeit, in der sich das Wissen der Welt in vielen Bereichen alle fünf Jahre verdoppelt. Bei dem rasanten Tempo, mit dem technologische Umbrüche stattfinden, gibt es für uns gar keine Alternative, als im Wettbewerb zu bestehen. Der Versuch, dem Wettbewerb auszuweichen, wird absehbar scheitern. Das gilt auch für die Absicht der Zentralisierer und Harmonisierer, den institutionellen Wettbewerb innerhalb der EU auszuschalten und gleiche Steuersätze und Regulierungen in allen Mitgliedsländern zu verordnen. Das ist ökonomisch falsch, weil ein solches Vorgehen auf Kosten des Wohlstands und der Zukunftsfähigkeit der Gemeinschaft als Ganzes geht. Vor allem gilt es aber, als Demokrat zu akzeptieren, dass sich die Gesetzgebungspräferenzen und Bedürfnisse der Bürger in den einzelnen Ländern unterscheiden. Entsprechend sind auch die Gesetze und damit die Wettbewerbsbedingungen unterschiedlich.

Was wir jetzt brauchen

Niemand kann erwarten, dass durch Problemverschleppung, durch die herrschende Ideen- und Mutlosigkeit ein Ruck durch die Gesellschaft geht. Vonnöten ist vielmehr eine Rückbesinnung auf die Stärken der Wirtschaftswunderzeit. Freiheit, Verantwortung, Lust auf Zukunft und Wettbewerbsregeln müssen als Grundpfeiler neu etabliert werden.

Freiheit

Erfindergeist und unternehmerischer Mut brauchen Freiheit. Nur mit dieser Luft zum Atmen lässt sich die Produktivität erhöhen, die die Grundlage unseres Sozialstaates ist. Freiheit muss von jedem Einzelnen gelebt werden — sie wird nicht geschenkt oder gewährt. Ludwig Erhard hat auf die Fähigkeit und den Willen der Menschen vertraut, ihre Freiheit verantwortlich zu nutzen. Dieses Menschenbild muss wieder Maßstab werden. Wir dürfen nicht noch weiter einer Sichtweise verfallen, in der der Staat seine Bürger als betreuungsbedürftig behandelt und durch bevormundende Detailregulierung nahezu entmündigt. Der Staat kann und soll keine Vollkaskoversicherung gegen alle persönlichen Widrigkeiten des Lebens ausstellen.

Verantwortung

Freiheit ist kein Freibrief. Die Schwester der Freiheit ist die Verantwortung – für das eigene Leben, aber auch für Mitarbeiter, Mitmenschen und Gesellschaft. Es wäre leichtfertig, die Bewahrung unserer Werte – vom Patriotismus bis hin zu Tradition, Pflichtbewusstsein und Glauben – als staatliche Aufgabe zu betrachten. Die Verantwortung für ein entsprechend vorbildliches Verhalten kann nicht abgeschoben werden und liegt im persönlichen Bereich.

Soziale Marktwirtschaft funktioniert nur, wenn sich Vorbilder auch vorbildlich verhalten. Hier brauchen wir in Teilen ein neues Denken und eine andere Haltung. Das gilt für Politiker, die einen Sozialstaat schaffen, der offensichtlich die Belastungskraft der nächsten Generation übersteigt. Das gilt aber auch für ein Management, das bewusst eine Software zur Manipulation der Messung gesetzlich vorgeschriebener Abgaswerte einsetzt oder mit halblegalen Tricks die Steuerpflicht umgeht.

Wettbewerb

Soziale Marktwirtschaft braucht den wirtschaftlichen Erfolg durch Wettbewerb. Den Wettbewerb zu akzeptieren heißt nicht, den Kräften des Marktes hilflos ausgeliefert zu sein. Wettbewerbsfähigkeit wird immer von einem Ordnungsrahmen beeinflusst. Mit guten institutionellen Bedingungen von der Rechtsordnung bis zur Infrastruktur lassen sich Standortvorteile im internationalen Wettbewerb schaffen.

Zu jedem Wettbewerb gehört auch die Möglichkeit des Scheiterns. Marktwirtschaft ist kein konstanter Zustand der perfekten Effizienz. Sie ist ein permanenter Versuch-und-Irrtum-Prozess. Irrtümer müssen und können in diesem Suchprozess korrigiert werden. Hindert man den Markt daran, diese Korrekturen vorzunehmen, indem man alte Strukturen künstlich aufrechterhält, dann nimmt man dem Marktprozess die Grundvoraussetzung für seine Wirksamkeit.

Lust auf Zukunft

Deutschland ist das Land der Tüftler. Doch der Zeitgeist ist gekennzeichnet durch Angst und Misstrauen vor Innovationen und neuer Technik. Fortschrittsskeptiker und Verzichtsapostel geben den Takt vor. Statt Lust auf Zukunft zu machen, werden überall die Risiken betont. Künstliche Intelligenz wird dann nur noch mit sprechenden Robotern gleichgesetzt, die uns allen die Arbeitsplätze wegnehmen. Doch Klima- und Mobilitätswandel brauchen Technologievielfalt, die über Windräder und Solaranlagen hinausgeht. Freude und Begeisterung für Technik – einen mutigen Pioniergeist à la Bertha Benz –, das braucht unsere Gesellschaft!

Den großen Krisen der letzten Jahre liegt zugrunde, dass wir uns von den Prinzipien der Sozialen Marktwirtschaft abgewandt haben. Die Instabilität der Eurozone, die verzweifelte Geldflutung der EZB und der erodierende gesellschaftliche Zusammenhalt haben hier ihren Kern. Das sollte auch die Bundesregierung endlich beherzigen. Soziale Marktwirtschaft will nicht den Wohlfahrtsstaat in einen Wohlfühlstaat verwandeln. Auch permanente Eingriffe in den Wirtschaftsprozess sind nicht vorgesehen. Aus dem einstigen Land des beherzigten Leistungsprinzips wird sonst immer mehr eine Gesellschaft, die ihren Wohlstand als selbstverständlich und unveränderlich ansieht. Dabei basiert dieser Wohlstand auf der harten Arbeit, dem Wissen und dem Erfindungsgeist mehrerer vorangehender Generationen.

Tausende demonstrieren gegen Freihandel, Unternehmertum, Wettbewerb und für mehr Staat und mehr Regulierung. Sie glauben ernsthaft daran, dies führe zu mehr sozialer Gerechtigkeit. Dabei ist das Gegenteil der Fall. Linke Ideen haben überall, wo sie nur ansatzweise eingeführt worden sind, dieselben Resultate geliefert: Privilegien und Wohlstand für wenige auf Kosten von vielen. Diese Dynamik lässt sich im französischen Arbeitsmarkt ebenso beobachten wie im britischen Gesundheitswesen, in der deutschen Energiepolitik oder in der Geldpolitik der Eurozone.

Solche Antworten werden der Radikalität des jetzt kommenden Wandels nicht gerecht. Es ist höchste Zeit, konsequent umzusteuern. Die freie Marktwirtschaft ist eine historische Erfolgsgeschichte. Wie keine andere gesellschaftliche Ordnung hat sie Millionen von Menschen vor Armut gerettet, Bildung und Wohlstand geschaffen, Innovationen begünstigt und Gesundheit von der Wiege bis ins hohe Alter ermöglicht.

Die Soziale Marktwirtschaft hat ein Grundvertrauen in den Bürger, in das Recht und in den Markt. Ihre Prinzipien und Werte sind überzeugend. Sie müssen nur glaubhaft vorgelebt und vertreten werden.

Anhang

Dank

Dieses Buch wäre ohne die Inspiration, Unterstützung und Begleitung einiger wunderbarer Menschen nicht entstanden. Es ist vor allem das Ergebnis von unzähligen Diskussionen mit vielen Vordenkern und Entscheidungsträgern aus Politik und Wirtschaft. Dieses äußerst anregende und stimulierende Umfeld gab uns die Möglichkeit, eigene Argumente zu testen, zu schärfen und wenn nötig zu verwerfen. All diesen Gesprächspartnern gilt unser großer Dank.

Viele Mitglieder des Wirtschaftsrates, Kollegen und Freunde unterstützen das Vorhaben durch interessante Nachfragen, kluge Ideen und kritische Einwände. Ein besonderer Dank für ihre exzellente und ermutigende Unterstützung gilt Astrid Hamker, Peter E. Eckes, Detlev Seeliger und Klaus-Hubert Fugger.

Herzlichen Dank an den Verlag für die sehr angenehme und vertrauensvolle Zusammenarbeit. Ein riesiges Dankeschön an die Lektorin Tanja Ruzicska, die den Text in seiner gesamten Entstehung mit wachem Verstand als wichtiger Sparringspartner intensiv begleitet hat.

Ein besonders großer Dank geht schließlich an unsere Familien. Sie mussten nicht nur viele Abende, Wochenenden und Urlaubstage auf uns verzichten, sondern bestärkten uns auch beim Schreiben und gaben wertvolle Hinweise zum Inhalt und der Verständlichkeit des Buches.

Anmerkungen

Vorwort

1 Angela Merkel, Rede auf der Festveranstaltung »60 Jahre Soziale Marktwirtschaft«, 12. Juni 2008, https://www.bundesregierung.de/breg-de/service/bulletin/rede-von-bundeskanzlerin-dr-angela-merkel-795504 (zuletzt abgerufen am 10.09.2019).

Sturmwarnung

1 Institute of International Finance, Global Debt Monitor, 08/2019, https://www.iif.com/Portals/0/Files/content/GDM_July2019_vf3.pdf (zuletzt abgerufen am 10.09.2019).
2 Anne Kunz: »Mittlerweile geht es an die Substanz unseres Gesellschaftssystems«, in: *Welt.de*, 25.08.2019, https://www.welt.de/wirtschaft/article199091141/Nullzins-Ex-Verfassungsrichter-Paul-Kirchhof-sieht-wichtige-Eigenschaften-des-Eigentums-verletzt.html (zuletzt abgerufen am 10.09.2019).
3 Folker Hellmeyer: »Die US-Verschuldungsspirale dreht sich munter weiter (CB)«, in: *Forex Report*, 23.07.2019, https://solvecon-invest.de/wp-content/uploads/2019/07/Forex-Report-2019-0723.pdf (zuletzt abgerufen am 10.09.2019).
4 Arno Balzer, Leonhard Fischer: Es waren einmal Banker. Warum das moderne Finanzsystem gescheitert ist. Salzburg 2017.

Der Weg des Euro

1 Regierungserklärung von Bundeskanzlerin Dr. Angela Merkel am 21. März 2018, https://www.bundesregierung.de/breg-de/service/bulletin/regierungserklaerung-von-bundeskanzlerin-dr-angela-merkel-862358 (zuletzt abgerufen am 10.09.2019).

2 Broschüre zur Rede von Kommissionspräsident Jean-Claude Juncker zur Lage der Union am 12. September 2018, https://ec.europa.eu/commission/sites/beta-political/files/soteu2018-brochure_de.pdf (zuletzt abgerufen am 10. 09. 2019).

3 Europäische Union: Jugendarbeitslosenquoten in den Mitgliedstaaten im Juli 2019, Statista, https://de.statista.com/statistik/daten/studie/74795/umfrage/jugendarbeitslosigkeit-in-europa/ (zuletzt abgerufen am 10. 09. 2019).

4 BVR Research: »Euroraum baut zu wenig Schulden«, in: *BVR Volkswirtschaft Kompakt*, 31. 01. 2018, https://www.bvr.de/p.nsf/0/8B197EC0C6DC95F8C1258226003E074A/$file/BVR%20VolkswirtschaftKompakt%2001-2018.pdf (zuletzt abgerufen am 10. 09. 2019).

5 Institute of International Finance, Global Debt Monitor, 08/2019, https://www.iif.com/Portals/0/Files/content/GDM_July2019_vf3.pdf (zuletzt abgerufen am 10. 09. 2019).

6 Brian M. Carney, Anne Jolis: »Toward a United States of Europe«, in: *Wall Street Journal,* 17. 12. 2010, https://www.wsj.com/articles/SB10001424052748704034804576025681087342502 (zuletzt abgerufen am 10. 09. 2019).

7 Markus Brunnermeier, Jean-Pierre Landau, Harold James: Euro. Der Kampf der Wirtschaftskulturen. Frankfurt 2018.

8 Emmanuel Macron am 10. Mai 2018 in seiner Dankesrede anlässlich des ihm verliehenen Karlspreises 2018, https://de.ambafrance.org/Festakt-zur-Verleihung-des-Internationalen-Karlspreises-2018-an-Emmanuel-Macron (zuletzt abgerufen am 10. 09. 2019).

9 Emmanuel Macron am 26. September 2017 während seiner Rede an der Sorbonne-Universität in Paris, https://www.euractiv.de/section/europa-kompakt/news/macrons-vision-fuer-europa-keine-roten-linien-nur-horizonte/ (zuletzt abgerufen am 10. 09. 2019).

10 Charles Wyplosz: »Wir erleben eine historische Transformation Frankreichs«, in: *Perspektiven der Wirtschaftspolitik 2017,* 18(4): S. 328, https://doi.org/10.1515/pwp-2017-0056 (zuletzt abgerufen am 10. 09. 2019).

11 Die vollständige Begründung des Direktoriums ist nachzulesen unter: https://www.karlspreis.de/de/preistraeger/der-euro-2002/begruendung-des-direktoriums (zuletzt abgerufen am 10. 09. 2019).

12 »Die EG-Währungsunion führt zur Zerreißprobe«, in: *FAZ,* 11. 06. 1992.

13 Milton Friedman: »The Euro. Monetary Unity To Political Disunity?«, in: Project Syndicate, 28. 08. 1997, https://www.project-syndicate.org/commentary/the-euro--monetary-unity-to-political-disunity (zuletzt abgerufen am 10. 09. 2019).

14 Jahresgutachten 1998/99 des Sachverständigenrates zur Begutachtung

der gesamtwirtschaftlichen Entwicklung, https://www.sachverstaendigenrat-wirtschaft.de/fileadmin/dateiablage/download/gutachten/1400073.pdf (zuletzt abgerufen am 10. 09. 2019).

15 Vgl. Europäischer Rat, 23. und 24. März 2000, Lissabon, Schlussfolgerungen des Vorsitzes, http://www.europarl.europa.eu/summits/lis1_de.htm (zuletzt abgerufen am 10. 09. 2019).

16 Hans-Werner Sinn: »Der Euro kostet uns Wohlstand«. Interview mit Redakteur Franz C. Bauer, in: *trend.,* 27. 04. 2018, https://www.trend.at/geld/hans-werner-sinn-interview-euro-wohlstand-10043509 (zuletzt abgerufen am 10. 09. 2019).

17 Otmar Issing: Wie wir den Euro retten und Europa stärken. Prof. Otmar Issing im Gespräch mit Andreas G. Scholz. Kulmbach 2012.

18 Steffen Henzel und Stephan Sauer: »Konsequenzen der Inflationsunterschiede im Euroraum«, in: ifo Schnelldienst, 11/2016, https://www.cesifo-group.de/DocDL/ifosd_2006_11_3.pdf (zuletzt abgerufen am 10. 09. 2019).

19 Eurostat, Öffentlicher Bruttoschuldenstand, https://ec.europa.eu/eurostat/de/web/government-finance-statistics/statistics-illustrated (zuletzt abgerufen am 10. 09. 2019).

20 Markus Feldenkirchen, Ralf Neukirch: »Blamabler Vorgang«, in: *Spiegel,* Nr. 21/2010, 22. 05. 2010, http://www.spiegel.de/spiegel/print/d-70569469.html (zuletzt abgerufen am 10. 09. 2019).

21 Otmar Issing: »Die Mär von der Spekulation«, in: *FAZ,* 27. 05. 2010, https://www.faz.net/aktuell/wirtschaft/konjunktur/standpunkt-otmar-issing-die-maer-von-der-spekulation-1979370.html (zuletzt abgerufen am 10. 09. 2019).

22 Angela Merkel nach einem Brüsseler EU-Gipfeltreffen, vgl. Ruth Berschens, Thomas Ludwig: »Merkel will nicht Zahlmeister sein«, in: *Handelsblatt,* 17. 09. 2010, https://www.handelsblatt.com/politik/international/druck-auf-eu-merkel-will-nicht-zahlmeister-sein/3541692.html?ticket=ST-36607773-cmehqy5W4dst0pXD5wz0-ap6 (zuletzt abgerufen am 10. 09. 2019).

23 Bundesminister Dr. Wolfgang Schäuble: »211 Milliarden – Das war es«. Im Interview mit der *SUPERillu,* 6. 10. 2011, http://www.wolfgang-schaeuble.de/211-milliarden-das-war-es/ (zuletzt abgerufen am 10. 09. 2019).

24 Jörg König: »Mehr Transfer als Stabilität? Bewertung aktueller Reformvorschläge für die Eurozone«, in: *Stiftung Marktwirtschaft,* Argumente zu Marktwirtschaft und Politik, Nr. 140, 03/2018, https://www.stiftung-marktwirtschaft.de/fileadmin/user_upload/Argument_140_Leitlinien Eurozone_2018_03.pdf (zuletzt abgerufen am 10. 09. 2019).

25 Christoforos Vernardakis: »Griechen empört über Deutschland«. Griechische Umfrage vom 24.02.2012, in: *Epikaira*, 24.02.2012, http://www.epikaira.gr/article/oi-ellines-eksorgismenoi-me-ti-germania (zuletzt abgerufen am 10.09.2019).

26 Zitiert nach Karen Horn: »Wider die Sakralisierung Europas«, in: *NZZ*, 1.07.2015, https://www.nzz.ch/wirtschaft/wider-die-sakralisierung-europas-1.18571877 (zuletzt abgerufen am 10.09.2019).

27 Bundesfinanzminister Wolfgang Schäuble, Rede bei der Verleihung des Wolfram-Engels-Preises der wirtschaftsliberalen Stiftung Marktwirtschaft am 08.04.2016. Zitiert nach: »Schäuble: Geldpolitik mitverantwortlich für Erfolge der AfD«, in: *FAZ*, 09.04.2016.

28 Mario Draghi: »Bekämpfung der Ursachen niedriger Zinsen«, Eröffnungsrede von Mario Draghi, Präsident der EZB, anlässlich einer Podiumsdiskussion zum Thema »The future of financial markets: A changing view of Asia« bei der Jahrestagung der Asiatischen Entwicklungsbank, Frankfurt am Main, 02.05.2016, https://www.ecb.europa.eu/press/key/date/2016/html/sp160502.de.html (zuletzt abgerufen am 10.09.2019).

29 Auszug aus Paolo Savonas Autobiografie, zitiert nach: Giuseppe Salvaggiulo: »L'autobiografia-manifesto di Paolo Savona: ›L'euro è una gabbia tedesca, ora piano B‹, in: *La Stampa*, 22.03.2018 https://www.lastampa.it/topnews/primo-piano/2018/05/22 news/l-autobiografia-manifesto-di-paolo-savona-l-euro-e-una-gabbia-tedesca-ora-piano-b-1.34018864 (zuletzt abgerufen am 10.09.2019).

30 Hans-Werner Sinn: Der schwarze Juni. Freiburg 2016, S. 301.

31 Im Index of Economic Freedom der Heritage Foundation belegen Länder wie die Niederlande, Deutschland oder Finnland seit Jahren Plätze in den oberen Kategorien »mostly free«. Länder wie Griechenland, Spanien, Portugal, Frankreich oder Italien finden sich dagegen deutlich weiter unten in der Kategorie »*moderately free*«. Seit 2009 ist Frankreich vom 64. Platz auf den 71. und Italien vom 76. Platz auf den 80. Platz abgerutscht. https://www.heritage.org/index/ranking (zuletzt abgerufen am 10.09.2019).

32 Anja Ettel, Holger Zschäpitz: »Noch mehr deutsches Geld zum Wohle von Europa«, in: *Die Welt,* 30.09.2017, https://www.welt.de/finanzen/article169185235/Noch-mehr-deutsches-Geld-zum-Wohle-von-Europa.html (zuletzt abgerufen am 10.09.2019).

33 Wir nehmen insbesondere Bezug auf Macrons Rede an der Pariser Universität Sorbonne vom 26. September 2017 sowie von der Europäischen Kommission das sogenannte Nikolauspapier vom 6. Dezember 2017, das Reflexionspapier zur Vertiefung der Wirtschafts- und Währungsunion vom Mai 2017 sowie den Fünf-Präsidentenbericht vom Juni 2015.

34 Bernd Riegert: »Macron: Mit der EU den USA Paroli bieten. Emmanuel Macron Exklusiv Interview«, in: Deutsche Welle/ARD, 09.05.2018, https://www.dw.com/de/macron-mit-der-eu-den-usa-paroli- bieten/a-43725724-0 (zuletzt abgerufen am 10.09.2019).

35 Nikolaus Doll: »Deutschlands Euro-Absicherung soll 11,4 Milliarden pro Jahr kosten«, in: *Die Welt*, 26.03.2018, https://www.welt.de/wirtschaft/article174908680/Euro-Zone-IWF-Chefin-Lagarde-schlaegt-einen-Hilfsfonds-fuer-die-naechste-Finanzkrise-vor.html (zuletzt abgerufen am 10.09.2019).

36 Céline Allard, Petya Koeva Brooks, John C Bluedorn, Fabian Bornhorst, Franziska L Ohnsorge, Katharine M Christopherson Puh: »Toward A Fiscal Union for the Euro Area«, Staff Discussion Notes No. 13/9, in: International Monetary Fund, 25.09.2013, https://www.imf.org/en/Publications/Staff-Discussion-Notes/Issues/2016/12/31/Toward-A-Fiscal-Union-for-the-Euro-Area-40784, (zuletzt abgerufen am 10.09.2019).

37 Christian Thimann: »Eine Antwort auf Macron«, in: *Frankfurter Allgemeine Sonntagszeitung*, 03.06.2018, S.24.

38 René Höltschi: »Die Reform der Währungsunion erfolgt in Trippelschritten«, in: *NZZ*, 29.06.2018, https://www.nzz.ch/wirtschaft/die-reform-der-waehrungsunion-erfolgt-im-trippelschritt-ld.1399551?reduced=true (zuletzt abgerufen am 10.09.2019).

39 Deutsch-französischer Fahrplan des Bundesfinanzministeriums für das Euro-Währungsgebiet, 19.06.2018, https://www.bundesfinanzministerium.de/Content/DE/Standardartikel/Themen/Europa/2018-06-20-Meseberg-Anl1.pdf;jsessionid=EB4082B7DB4997DBA-5B48EA4B4E97AE4?__blob=publicationFile&v=2 (zuletzt abgerufen am 10.09.2019).

40 Im Globall Competitiveness Report 2018 des World Economic Forums belegt Italien in der Kategorie »Efficiency of legal framework in challenging regulations« den 130. Rang von 140 Ländern. Italien landet damit hinter Ländern wie Haiti, El Salvador oder Libanon. http://reports.weforum.org/global-competitiveness-report-2018/competitiveness-rankings/#series=EOSQ039 (zuletzt abgerufen am 10.09.2019).

41 Christian Kerl: »EU-Staaten rufen 270 Milliarden Euro Fördermittel nicht ab«, in: *Berliner Morgenpost*, 23.09.2018, https://www.morgenpost.de/politik/article215395641/EU-Staaten-rufen-270-Milliarden-Euro-Foerdermittel-nicht-ab.html (zuletzt abgerufen am 10.09.2019).

42 Philipp Breidenbach, Timo Mitze, Christoph M. Schmidt: »EU Structural Funds and Regional Income Convergence – A sobering experience«, in: *Ruhr Economic Papers 608*, 02/2016, http://www.rwi-essen.de/media/

content/pages/publikationen/ruhr-economic-papers/rep_16_608.pdf (zuletzt abgerufen am 10. 09. 2019).

43 Pressekonferenz mit François Hollande zum einjährigen Amtsjubiläum: »Hollande will mehr Europa und weniger Rente«, in: ntv, 16. 05. 2013, https://www.n-tv.de/politik/Hollande-will-mehr-Europa-und-weniger-Rente-article10659126.html (zuletzt abgerufen am 10. 09. 2019).

44 Michael D. Cohen, James G. March and Johan P. Olsen: A Garbage Can Model of Organizational Choice. Kanada 1972, S. 1–25.

45 Norbert Berthold: »Straßburg, Florenz und Paris – Drei Reden zur Zukunft Europas«, in: *Wirtschaftliche Freiheit. Das ordnungspolitische Journal*, 30. 09. 2017, http://wirtschaftlichefreiheit.de/wordpress/?m=201709, (zuletzt abgerufen am 10. 09. 2019).

46 Otmar Issing: »Abschied von einer stabilen EU«, in: *FAZ*, 26. 01. 2018.

47 Craig Shaw und Micael Pereira: »Cyprus ›selling‹ EU citizenship to super rich of Russia and Ukraine«, in: *The Guardian*, 18. 09. 2017, https://www.theguardian.com/world/2017/sep/17/cyprus-selling-eu-citizenship-to-super-rich-of-russia-and-ukraine (zuletzt abgerufen am 10. 09. 2019).

48 Rede von Finanzminister Wopke Hoekstra bei der Finanzmarktklausur des Wirtschaftsrates am 14. 03. 2018, https://www.rijksoverheid.nl/documenten/toespraken/2018/03/14/toespraak-minister-hoekstra-bij-de-finanzmarktklausur-van-de-wirtschaftrat-deutschland (zuletzt abgerufen am 10. 09. 2019).

49 Philipp Bagus: »Die Europäischen Banken stecken in großen Schwierigkeiten«, in: Ludwig von Mises Institut Deutschland, 13. 06. 2018, https://www.misesde.org/?p=18851, (zuletzt abgerufen am 10. 09. 2019).

50 Interview mit Markus Krall zu seinem Buch »Der Draghi-Crash« und die Folgen der Nullzinspolitik der EZB, in: Ludwig von Mises Institut Deutschland, 13. 06. 2018, https://www.misesde.org/?p=18207 (zuletzt abgerufen am 10. 09. 2019).

51 Müge Adalet McGowan, Dan Andrews und Valentine Millot: »Insolvency Regimes, Technology Diffusion and Productivity Growth: Evidence from firms in OECD countries«, OECD Economic Department Working Papers Nr. 1425, in: OECD, http://www.oecd.org/officialdocuments/publicdisplaydocumentpdf/?cote=ECO/WKP(2017)57&docLanguage=En, (zuletzt abgerufen am 10. 09. 2019).

52 Deutscher Bundestag 18. Wahlperiode, Drucksache 18/6548, Antrag der Fraktionen der CDU/CSU und SPD: Zu den Überlegungen der Europäischen Kommission zur Schaffung einer Europäischen Einlagensicherung, https://dip21.bundestag.de/dip21/btd/18/065/1806548.pdf (zuletzt abgerufen am 10. 09. 2019).

53 Ralph Brinkhaus: »Bei Vertiefung der Wirtschafts- und Währungsunion

besteht noch erheblicher Diskussionsbedarf«, in: ralph-brinkhaus.de, https://www.ralph-brinkhaus.de/bei-vertiefung-der-wirtschafts-und-waehrungsunion-besteht-noch-erheblicher-diskussionsbedarf/ (zuletzt abgerufen am 10.09.2019).

54 Agnieszka Gehringer: »Trügerische Sicherheit bei den italienischen Banken«, in: *Flossbach von Storch Research Institute*, 15.01.2018, http://www.fvsri.com/files/18.01.15_truegerische_sicherheit_bei_den_italienischen_banken.pdf (zuletzt abgerufen am 10.09.2019).

55 Dr. Jens Weidmanns Grundsatzrede anlässlich der 45. Volkswirtschaftlichen Tagung der Oesterreichischen Nationalbank und der Wirtschaftskammer Österreich »Economic and Monetary Union – Deepening and Convergence«: »Gibt es ein Patentrezept für eine stabilere Währungsunion?«, Linz, 05.07.2018, https://www.bundesbank.de/de/presse/reden/gibt-es-ein-patentrezept-fuer-eine-stabilere-waehrungsunion-750084 (zuletzt abgerufen am 10.09.2019).

56 Einleitende Erklärung von Mario Draghi, Präsident der EZB, im ECON-Ausschuss des Europäischen Parlaments, Brüssel, 9. Juli 2018, zur Anhörung des Ausschusses für Wirtschaft und Währung des Europäischen Parlaments, https://www.ecb.europa.eu/press/key/date/2018/html/ecb.sp180709.en.html (zuletzt abgerufen am 10.09.2019).

57 Jacopo Carmassi, Sonja Dobkowitz, Johanne Evrard, Laura Parisi, André Silva, Michael Wedow: »Completing the Banking Union with a European Deposit Insurance Scheme: who is afraid of cross-subsidisation?«, Occasional Paper Series Nr. 208, 04/2018, Europäische Zentralbank, https://www.ecb.europa.eu/pub/pdf/scpops/ecb.op208.en.pdf (zuletzt abgerufen am 10.09.2019).

58 Markus Frühauf: »Haftungskalküle«, in: *FAZ*, 13.04.2018, S. 15.

59 Lisa Nienhaus und Mark Schieritz: »Zentralbanken können keine Staaten finanzieren«, Interview mit Benoît Cœuré, in: *Zeit online*, 24.05.2018, https://www.zeit.de/2018/22/benoit-coure-europaeische-zentralbank-direktorium-europa/komplettansicht (zuletzt abgerufen am 10.09.2019).

60 Stefanie Bolzen: »Ohne den Zwang zur Integration wäre der Brexit niemals passiert«, in: *Die Welt*, 20.01.2019, https://www.welt.de/politik/ausland/plus187351422/Churchill-Enkel-Sir-Nicholas-Es-gibt-keinen-guten-Brexit.html (zuletzt abgerufen am 10.09.2019).

61 Jean-Claude Juncker in enger Zusammenarbeit mit Donald Tusk, Jeroen Dijsselbloem, Mario Draghi und Martin Schulz: »Die Wirtschafts- und Währungsunion Europas vollenden«, https://ec.europa.eu/commission/sites/beta-political/files/5-presidents-report_de_0.pdf (zuletzt abgerufen am 10.09.2019).

62 Eric Gujer: »Der andere Blick: Die EU muss eine Antwort finden auf die Angst vor dem nationalen Kontrollverlust«, in: *NZZ,* 08.06.2018, https://www.nzz.ch/international/der-andere-blick-ld.1392847 (zuletzt abgerufen am 10.09.2019).
63 Roland Vaubel: Das Ende der Euromantik. Neustart jetzt. Wiesbaden 2017, S.144.
64 Öffentliche Umfrage des Chatham House: »Attitudes towards the EU – General Public«, im Zeitraum vom 12.12.2016-11.01.2017, https://www.chathamhouse.org/sites/default/files/publications/research/2017-06-20-future-europe-attitudes-general-public-tables.pdf (zuletzt abgerufen am 10.09.2019).
65 Juncker-Rede zur Lage der Union 2017: Den Wind in unseren Segeln nutzen, 13.09.2017, https://ec.europa.eu/germany/news/20170913-juncker-rede-zur-lage-der-union-2017_de (zuletzt abgerufen am 10.09.2019).
66 Ebd.
67 Peter Rásonyi und Ivo Mijnssen: »Brüssel will nicht Macht an sich reissen, sondern die EU für die Zukunft rüsten«, in: *NZZ,* 5.02.2018, https://www.nzz.ch/international/bruessel-will-nicht-macht-an-sich-reissen-sondern-die-eu-fuer-die-zukunft-ruestenoder-wir-koennen-nicht-endlos-diskutieren-ld.1354201 (zuletzt abgerufen am 10.09.2019).
68 Elisabeth Wehling: Politisches Framing. Wie eine Nation sich ihr Denken einredet und daraus Politik macht. Köln 2016.
69 Georg Blume: »Was jede Beziehung tötet, ist Routine«, Interview Georg Blume mit dem französischen Wirtschaftsminister Bruno Le Maire, in: *Zeit online,* 10.01.2018, https://www.zeit.de/2018/03/deutschland-frankreich-europa-bruno-le-maire-beziehungen/komplettansicht (zuletzt abgerufen am 10.09.2019).
70 Peter Graf von Kielmansegg: Wohin des Wegs, Europa? Beiträge zu einer überfälligen Debatte, Baden-Baden 2015, S.22.
71 Ludwig Erhard: Wohlstand für Alle. Köln 2009, S.327.

Die Epizentren der Eurokrise

1 Carmen M. Reinhart: »Der lange, heiße italienische Sommer«, in: Project Syndicate, 31.05.2018, https://www.project-syndicate.org/commentary/italy-sovereign-debt-restructuring-by-carmen-reinhart-2018-05/german (zuletzt abgerufen am 10.09.2019).
2 Sven Prange: »Wie gefährlich ist Italien wirklich?«, in: *WirtschaftsWoche,* 22.05.2018, https://www.wiwo.de/politik/europa/staerken-schwaechen-

analyse-wie-gefaehrlich-ist-italien-wirklich/22588410.html (zuletzt abgerufen am 10.09.2019).

3 Sven Prange: »Italien, die größte Baustelle Europas«, in: *WirtschaftsWoche,* 05.03.2018, https://www.wiwo.de/politik/europa/nach-der-wahl-die-drei-wirtschaftspolitischen-herausforderungen/21036342-2.html (zuletzt abgerufen am 10.09.2019).

4 Transparency International, Corruption Perception Index (CPI) 2018, https://www.transparency.de/cpi/cpi-2018/cpi-ranking-2018/ (zuletzt abgerufen am 10.09.2019).

5 The World Bank Group, Doing Business 2019: Training for Reform, 31.10.2018, https://www.doingbusiness.org/en/reports/global-reports/doing-business-2019 (zuletzt abgerufen am 10.09.2019).

6 Vgl. *Il diviario generazionale tra conflitti e solidarità: generazioni al confronto* (Das Generationsgefälle zwischen Konflikt und Solidarität: Generationen im Vergleich), Fondazione Bruno Visentini, http://www.fondazionebrunovisentini.eu/le-ricerche/ricerche-in-corso/il-divario-generazionale-tra-conflitti-e-solidarieta-vincoli-norme-opportunita-generazioni-al-confronto/ (zuletzt abgerufen am 10.09.2019).

7 Markus K. Brunnermeier, Harold James & Jean-Pierre Landau: Euro. Der Kampf der Wirtschaftskulturen. München 2016, S. 301.

8 Thomas Mayer: »Mayers Weltwirtschaft – Italien ohne Euro«, in: *FAZ,* 20.08.2018, http://www.faz.net/aktuell/wirtschaft/mayers-weltwirtschaft/mayers-weltwirtschaft-italien-ohne-euro-14397929.html (zuletzt abgerufen am 10.09.2019).

9 Hans-Werner Sinn: »Die italienische Tragödie«, in: *FAZ,* 18.11.2018, S. 24, http://www.hanswernersinn.de/de/die-italienische-tragoedie-fas-18112018 (zuletzt abgerufen am 10.09.2019).

10 Siehe etwa Credit Suisse, »Global Wealth Report 2017« oder Deutsche Bundesbank, »Vermögen und Finanzen privater Haushalte in Deutschland – Ergebnisse der Vermögensbefragung 2017«.

11 Karsten Wendorff: »Rom sollte Italiener zur Solidarität verpflichten«, in: *FAZ,* 27.10.2018, https://www.faz.net/aktuell/wirtschaft/italien-buerger-sollen-mit-zwangsanleihe-schulden-abbauen-15858654.html (zuletzt abgerufen am 10.09.2019).

12 Simon Nixon: »The Theory on Italy and Germany's Endgame for the Euro«, in: *The Wall Street Journal,* 12.07.2012, https://www.wsj.com/articles/SB10001424052702303644004577523090813458030 (zuletzt abgerufen am 10.09.2019).

13 Eurobarometer der Europäischen Kommission zur allgemeinen Unterstützung für eine stärkere wirtschaftspolitische Koordinierung im Euro-Währungsgebiet, Economic and Financial Affairs, 09.12.2016,

http://ec.europa.eu/economy_finance/articles/euro/2016-12-09-eurobarometer_en.htm (zuletzt abgerufen am 10.09.2019).

14 Virginia Kirst: »Der Euro – ›ein deutsches Gefängnis‹«, in: *Die Welt,* 25.08.2018, https://www.welt.de/print/welt_kompakt/article176663607/Der-Euro-ein-deutsches-Gefaengnis.html (zuletzt abgerufen am 10.09.2019).

15 Holger Zschäpitz: »In Italien entscheidet sich das Schicksal der Euro-Zone«, in: *Die Welt,* 04.07.2017, https://www.welt.de/finanzen/article166234783/In-Italien-entscheidet-sich-das-Schicksal-der-Euro-Zone.html (zuletzt abgerufen am 10.09.2019).

16 Alberto Bagnai, Brigitte Granville, Christian A. Mongeau Ospina: »Withdrawal of Italy from the euro area: Stochastic simulations of a structural macroeconometric model«, in: *Science Direct,* 14.04.2017, https://www.sciencedirect.com/science/article/pii/S0264999316308689?via%3Dihub (zuletzt abgerufen am 10.09.2019).

17 Daniel Lacalle: »Italy, the ESB and Europe's Populist fantasyland«, 20.05.2018, https://www.dlacalle.com/en/italy-the-esb-and-europes-populist-fantasyland/ (zuletzt abgerufen am 10.09.2019).

18 Ashoka Mody: »Der Euro ist fraglos ein Misserfolg. Interview mit Silke Wettach«, in: *WirtschaftsWoche,* 29.06.2018, S. 2, https://www.wiwo.de/politik/europa/princeton-oekonom-mody-ein-euro-austritt-deutschlands-waere-am-wenigsten-schmerzhaft/22749460-2.html (zuletzt abgerufen am 10.09.2019).

19 »Finanzminister Scholz blickt ›gelassen‹ nach Italien«, in: *Wirtschafts-Woche,* 08.06.2018, https://www.wiwo.de/politik/ausland/neue-regierung-in-rom-finanzminister-scholz-blickt-gelassen-nach-italien/22661056.html (zuletzt abgerufen am 10.09.2019).

20 Frank Stocker: »Der Tag nach dem Euro. Das würde in Europa passieren«, in: *Die Welt,* 02.04.2017, https://www.welt.de/finanzen/article163334543/Der-Tag-nach-dem-Euro-Das-wuerde-in-Europa-passieren.html (zuletzt abgerufen am 10.09.2019).

21 Hans-Werner Sinn: »Die italienische Tragödie«, in: *FAZ,* 18.11.2018, S. 24, http://www.hanswernersinn.de/de/die-italienische-tragoedie-fas-18112018 (zuletzt abgerufen am 10.09.2019).

22 Andreas Neinhaus: »In Italien tickt eine Zeitbombe«, in: *Tages-Anzeiger,* 25.05.2018, https://blog.tagesanzeiger.ch/nevermindthemarkets/index.php/43881/die-italienische-zeitbombe-tickt/ (zuletzt abgerufen am 10.09.2019).

23 Hanno Mussler: »Italiens Bankenkrise ist selbst verschuldet«, in: *FAZ,* aktualisiert am 04.07.2016, http://www.faz.net/aktuell/wirtschaft/wirtschaftspolitik/geldhaeuser-in-not-italiens-bankenkrise-ist-

selbst-verschuldet-14322059.html (zuletzt abgerufen am 10.09. 2019).

24 Thomas Fuster: »Die Lage im Euro-Raum könnte bald eskalieren«, in: *NZZ,* 05.07.2018, https://www.nzz.ch/wirtschaft/die-lage-im-euro-raum-koennte-bald-eskalieren-ld.1400899 (zuletzt abgerufen am 10.09.2019).

25 »Varoufakis wirft Gläubigern Terrorismus vor«, in: *FAZ,* aktualisiert am 04.07.2015, https://www.faz.net/aktuell/wirtschaft/konjunktur/griechenland/varoufakis-wirft-glaeubigern-terrorismus-vor-13684478.html (zuletzt abgerufen am 10.09.2019).

26 Andre Tauber, »Dialog mit Erwachsenen im Raum wiederherstellen«, in: *Die Welt,* 18.06.2015, https://www.welt.de/wirtschaft/article142742523/Dialog-mit-Erwachsenen-im-Raum-wiederherstellen.html (zuletzt abgerufen am 10.09.2019).

27 Gerd Höhler: »Alexis Tsipras hat keine Wahl«, in: *Frankfurter Rundschau,* 22.09.16, https://www.fr.de/wirtschaft/alexis-tsipras-keine-wahl-11096147.html (zuletzt abgerufen am 10.09.2019).

28 Europäischer Rechnungshof, Sonderbericht Nr. 17/2017: »Die Rolle der Kommission in der griechischen Finanzkrise«, https://www.eca.europa.eu/Lists/ECADocuments/SR17_17/SR_GREECE_DE.pdf (zuletzt abgerufen am 10.09.2019).

29 Kritikpunkte des Europäischen Rechnungshofes an den ersten beiden Griechenlandprogrammen, Auswahl (Eigene Darstellung).

30 Dirk Meyer, »Schuldenerleichterungen für Griechenland: Ergebnisse einer Studie – Eurogruppe beschließt de facto ein viertes Hilfsprogramm«, in: *Zeitschrift für das gesamte Kreditwesen,* August 2018.

31 Andreas Meyer-Feist, »Griechenland hat es geschafft«, tagesschau.de, Stand: 21.06.2018, 20:05 Uhr, https://www.tagesschau.de/ausland/eurogruppe-griechenland-139.html (zuletzt abgerufen am 10.09.2019).

32 Otmar Issing, »Die Kredite an Griechenland sind verloren«, in: *WirtschaftsWoche,* 22.07.2015, https://www.wiwo.de/politik/europa/otmar-issing-wie-ein-zweiter-fall-griechenland-verhindert-werden-kann/12083566-2.html (zuletzt abgerufen am 10.09.2019).

33 »Griechenlandrettung vor dem Abschluss«, in: *Die Welt,* 22.06.18, https://www.welt.de/newsticker/dpa_nt/infoline_nt/wirtschaft_nt/article178008074/Griechenland-Rettung-vor-dem-Abschluss.html (zuletzt abgerufen am 10.09.2019).

34 Yannis Palaiologos, »IWF: Überschüsse hemmen das Wachstum«, in: *Kathimerini,* 08.07.2018, https://www.kathimerini.gr/973764/article/epikairothta/politikh/dnt-ta-pleonasmata-pnigoyn-thn-anapty3h (zuletzt abgerufen am 10.09.2019).

35 Friedrich Heinemann, »Ein Fall von Konkursverschleppung«, Zentrum für Europäische Wirtschaftsforschung (ZEW), 22.06.2018, https://www.zew.de/de/presse/pressearchiv/ein-fall-von-konkursverschleppung (zuletzt abgerufen am 10.09.2019).

36 Michael Martens und Manfred Schäfers, »Wirtschaftsminister warnt vor ›großem Knall‹«, in: *FAZ*, 08.02.2012, http://www.faz.net/aktuell/wirtschaft/griechenland-wirtschaftsminister-warnt-vor-grossem-knall-11642696. html (zuletzt abgerufen am 10.09.2019).

37 Lüder Gerken, Matthias Kullas und Till Brombach, cepStudie: »cepDefault-Index 2018 Entwicklung der Kreditfähigkeit der Euro-Länder«, 01/2018, https://www.cep.eu/fileadmin/user_upload/cep.eu/Studien/cepDefault-Index_2018/cepStudie_cepDefault-Index2018.pdf (zuletzt abgerufen am 10.09.2019).

38 Ebd., S. 10.

39 Klaus Schwab, »The Global Competitiveness Report 2019«, http://www3.weforum.org/docs/WEF_TheGlobalCompetitivenessReport2019.pdf (zuletzt abgerufen am 10.09.2019).

40 Stephan Kaufmann: »Auf eigenen, schwachen Beinen«, in: *Frankfurter Rundschau,* 20.08.18, https://www.fr.de/wirtschaft/eigenen-schwachen-beinen-10970204.html (zuletzt abgerufen am 10.09.2019).

41 »Immer mehr Ärzte kehren Griechenland den Rücken«, in: *Deutsches Ärzteblatt,* 3.08.2017, https://www.aerzteblatt.de/nachrichten/77394/Immer-mehr-Aerzte-kehren-Griechenland-den-Ruecken (zuletzt abgerufen am 10.09.2019).

42 Vgl. »Good Practice Advisory Committee, Third Report«, December 2016, http://www.statistics.gr/documents/20181/1195539/report_adv_3rd_EN.pdf/594fae41-5542-4bf3-bee9-6e878752586d oder: The European Statistical Governance Advisory Board (ESGAB), »Recent developments in the Greek Statistical System«, Press Release, 22 March 2018, http://ec.europa.eu/eurostat/documents/34693/8222906/Press+release+on+Greek+Statistical+System+FINAL+22_03_2018.pdf/ddd952a2-c05f-4217-90ae-4f8d5311ca73 (zuletzt abgerufen am 10.09.2019).

43 Ruth Berschens: »Griechenlands Kataster-Katastrophe«, in: *Handelsblatt,* 05.09.2017, https://www.handelsblatt.com/politik/international/fehlende-reformen-griechenlands-kataster-katastrophe/20285484.html (zuletzt abgerufen am 10.09.2019).

44 Elisa Hübel, »Griechische Reeder verfügen über die größte Handelsflotte der Welt«, 05.06.2018, https://www.griechenland.net/nachrichten/politik/23751-griechische-reeder-verf%C3%BCgen-%C3%BCber-die-gr%C3%B6%C3%9Fte-handelsflotte-der-welt (zuletzt abgerufen am 10.09. 2019).

45 Michael Bernegger, »Die griechische Tragödie und ihre Lösung«, 05.06.2015, https://www.socialeurope.eu/wp-content/uploads/2015/06/Bernegger.pdf (zuletzt abgerufen am 10.09.2019).

46 Transparency International, Korruptionsindex CPI 2018, https://www.transparency.de/cpi/cpi-2018/cpi-ranking-2018/ (zuletzt abgerufen am 10.09.2019).

47 Marcel Leubeche: »Schieflage bei Asylentscheidungen ist extrem«, in: *Die Welt,* 19.03.2018, https://www.welt.de/print/die_welt/politik/article174687357/Schieflage-bei-Asylentscheidungen-ist-extrem.html (zuletzt abgerufen am 10.09.2019).

48 Wolfgang Schäuble: »Griechenland hat ein Problem mit seinen Eliten«, in: *Die Welt,* 11.11.2012, https://www.welt.de/wirtschaft/article110890380/Griechenland-hat-ein-Problem-mit-seinen-Eliten.html (zuletzt abgerufen am 10.09.2019).

49 Radiointerview. Heiner Flassbeck im Gespräch mit Stefan Heinlein: »Es ist eine Show-Veranstaltung«, in: Deutschlandfunk, 24.01.2018, https://www.deutschlandfunk.de/wirtschaftsforum-in-davos-es-ist-eine-show-veranstaltung.694.de.html?dram:article_id=409097 (zuletzt abgerufen am 10.09.2019).

50 Eine sehr anschauliche Erklärung zu dem Zusammenspiel von Handelsüberschüssen, Kapitalexport und den deutschen Ersparnissen findet sich bei: Daniel Stelter: Das Märchen vom reichen Land. Wie die Politik uns ruiniert. München 2018, S. 64 ff.

51 Taihi Murai und Gunther Schnabl: »Deutschland ist Exportweltmeister dank riskanten Finanzanlagen«, in: *NZZ,* 7.11.2018, https://www.nzz.ch/meinung/deutschland-ist-exportweltmeister-dank-riskanten-finanzanlagen-ld.1431366 (zuletzt abgerufen am 10.09.2019).

52 Martin Greive und Jan Hildebrand: »Euro-Länder sparen dank Draghi 1,1 Billionen. Deutschland profitiert am stärksten«, in: *Handelsblatt,* 23.04.2018, https://www.handelsblatt.com/politik/international/niedrigzinspolitik-euro-laender-sparen-dank-draghi-1-1-billionen-deutschland-profitiert-am-staerksten/21202956.html?ticket=ST-185891-XaboA7gM5JRIxFG1pTfP-ap2 (zuletzt abgerufen am 10.09.2019).

53 Renten auf einen Blick. OECD und G20 Indikatoren, in: *Pensions at a Glance 2017,* S. 106, https://read.oecd-ilibrary.org/social-issues-migration-health/pensions-at-a-glance-2017_pension_glance-2017-en#page109 (zuletzt abgerufen am 10.09.2019).

54 Henry McDonald: »Anglo Irish Bank tapes: executives mock Germans amid bailout«, in: *The Guardian,* 25.06.2013, https://www.theguardian.com/business/2013/jun/25/anglo-irish-bank-tapes-bailout (zuletzt abgerufen am 10.09.2019).

55 Stefan Bach, Guido Baldi, Kerstin Bernoth und andere: »Deutschland muss mehr in seine Zukunft investieren«, in: *DIW Wochenbericht,* 26/2013, S. 3–6, https://www.diw.de/documents/publikationen/73/diw_01.c.423458.de/13-26.pdf (zuletzt abgerufen am 10.09.2019).
56 Martin Greive: »Deutschland ist einer der größten Verlierer der Krise«, in: *Die Welt,* 08.09.2013, https://www.welt.de/wirtschaft/article119813280/Deutschland-ist-einer-der-groessten-Verlierer-der-Krise.html (zuletzt abgerufen am 10.09.2019).
57 Werner Grundlehner: »Die letzte Idee der Manager«, in: *NZZ,* 10.5.2016, https://www.nzz.ch/meinung/kommentare/aktienrueckkauf-die-letzte-idee-der-manager-ld.18870 (zuletzt abgerufen am 10.09.2019).
58 Bob Pisani: »Stock buybacks hit a record $1.1 trillion, and the year's not over«, in: CNBC, 18.12.2018, https://www.cnbc.com/2018/12/18/stock-buybacks-hit-a-record-1point1-trillion-and-the-years-not-over.html (zuletzt abgerufen am 10.09.2019).
59 Sebastian Schick: »Die Fallhöhe ist größer als 2008/2009. Exklusiv-Interview mit Florian Homm«, in: *Biallo,* 11.10.2018, https://www.biallo.de/geldanlage/news/crash-prophet-florian-homm-die-fallhoehe-ist-groesser-als-2008/2009/# (zuletzt abgerufen am 10.09.2019).
60 Federal Reserve Board Report – Report on the Economic Well-Being of U.S. Households in 2017, 05/2018, https://www.federalreserve.gov/publications/files/2017-report-economic-well-being-us-households-201805.pdf (zuletzt abgerufen am 10.09.2019).
61 Leonhard Fischer: Es waren einmal Banker. Warum das moderne Finanzsystem gescheitert ist. Salzburg 2017, S. 165.
62 Paul Craig Roberts: Wirtschaft am Abgrund. Dresden 2012, S. 226.
63 Gunther Schnabl: »Trump hat recht: Leistungsbilanzüberschüsse sind Ausbeutung. Nur umgekehrt!«, in: *Ökonomen Blog,* 02.02.2017, https://www.insm-oekonomenblog.de/15551-trump-hat-recht-leistungsbilanzueberschuesse-sind-ausbeutung-nur-umgekehrt/ (zuletzt abgerufen am 10.09.2019).
64 Peter Hommelhoff, Kai Andrejewski: Mitschrift eines Gesprächs mit Hans-Werner Sinn: »Deutschland – Wirtschaft, Euro, Europa und die Welt«, in: *Audit Committee Quarterly,* 01.03.2017, S. 10–14, https://audit-committee-institute.de/media/aci_quarterly_2017_1.pdf (zuletzt abgerufen am 10.09.2019).
65 McKinsey Global Institute: »Solving the Productivity Puzzle: The Role of Demand and the Promise of Digitization«, in: McKinsey & Company, 02/2018, https://www.mckinsey.com/~/media/McKinsey/Featured%20Insights/Meeting%20societys%20expectations/Solving%20the

%20productivity%20puzzle/MGI-Solving-the-Productivity-Puzzle-Report-February-22-2018.ashx (zuletzt abgerufen am 10.09.2019).

66 Bundesministerium für Wirtschaft und Energie: »Fakten zum deutschen Außenhandel«, 10/2018, https://www.bmwi.de/Redaktion/DE/Publikationen/Aussenwirtschaft/fakten-zum-deuschen-aussenhandel.pdf?__blob=publicationFile&v=30 (zuletzt abgerufen am 10.09.2019).

67 Johannes Becker und Clemens Fuest: »Profitiert Deutschland wirklich vom Euro?«, in: *FAZ,* 13.02.2017, https://www.faz.net/aktuell/wirtschaft/eurokrise/profitiert-deutschland-von-schwachen-euro-staaten-14873599.html?printPagedArticle=true#pageIndex_0 (zuletzt abgerufen am 10.09.2019).

68 Torsten Riecke: »Ein Moraltest für die Wirtschaft«, in: *Handelsblatt,* 01.02.2017, https://www.handelsblatt.com/politik/international/ex-us-finanzminister-larry-summers-ein-moraltest-fuer-die-wirtschaft/19331690.html?ticket=ST-1044136-PfgiWstvOmcuHLbZ3fgs-ap2 (zuletzt abgerufen am 10.09.2019).

69 Die Grünen. Beschluss von der 43. Ordentlichen Bundesdelegiertenkonferenz, EP-W Europawahlprogramm, 09.11.2018, Kapitel 2, S. 8, https://cms.gruene.de/uploads/documents/EP-W 01_Kapitel_2_Staerken_was_uns_zusammenhaelt_die_Wirtschafts-_Waehrungs-_und_Sozialunion_vertiefen_geprueft-1.pdf (zuletzt abgerufen am 10.09.2019).

70 Galina Kolev und Jürgen Matthes: »Die wirtschaftlichen Verflechtungen zwischen Deutschland und der EU«, Forschungsbericht aus dem Institut der deutschen Wirtschaft Köln, IW-Analysen, 2013, Nr. 88, Die Zukunft der Industrie in Deutschland und Europa, S. 53–68.

71 Daniel Stelter: »Ist Deutschland der Eurogewinner?«, in: ifo Schnelldienst, 9/2015, https://www.ifo.de/DocDL/ifosd_2015_09_1.pdf (zuletzt abgerufen am 10.09.2019).

72 Jens Boysen-Hogrefe, Klaus-Jürgen Gern, Dominik Groll und andere: »Wirtschafts-, Finanz- und Geldpolitik: Wirkungen auf die deutsche Leistungsbilanz«, in: *Kieler Beiträge zur Wirtschaftspolitik,* 11/2017, https://www.ifw-kiel.de/fileadmin/Dateiverwaltung/IfW-Publications/Nils_Jannsen/wirtschafts-finanz-und-geldpolitik-wirkungen-auf-die-deutsche-leistungsbilanz/wipo11.pdf (zuletzt abgerufen am 10.09.2019).

73 Thomas Mayer: Europas unvollendete Währung. Wie geht es weiter mit dem Euro? Weinheim 2013, S. 166.

74 Andreas Neinhaus: »So funktioniert Integration nicht«, in: *Finanz und Wirtschaft,* 26.11.2018, https://www.fuw.ch/article/so-funktioniert-integration-nicht/ (zuletzt abgerufen am 10.09.2019).

75 Walter Eucken: Grundsätze der Wirtschaftspolitik. Stuttgart 1975, S. 285.

76 Ivan Krastev: Europadämmerung. Berlin 2017, S. 17.

77 C. Fuest, F. Heinemann, C. Schröder: »Geregelt in die Staats-Insolvenz«, in: *FAZ*, 20.07.2014, https://www.faz.net/aktuell/wirtschaft/konjunktur/vorschlag-fuer-insolvenz-von-staaten-von-clemens-fuest-13050946.html (zuletzt abgerufen am 10.09.2019).

78 Friedrich Heinemann: »Neuer Schiedsrichter gesucht«, in *Süddeutsche Zeitung*, 06.01.2019, https://www.sueddeutsche.de/politik/aussenansicht-neuer-schiedsrichter-gesucht-1.4276540 (zuletzt abgerufen am 10.09.2019).

79 Vgl. Europäisches Parlament. Infografik: Europäische Verteidigungspolitik, 16.03.2017, http://www.europarl.europa.eu/news/de/headlines/security/20170310STO66196/infografik-europaische-verteidigungspolitik (zuletzt abgerufen am 10.09.2019).

80 Friedrich August von Hayek: Der Weg zur Knechtschaft. München 2014, S.290.

81 Schlussfolgerung des Europäischen Rates, Brüssel, 18./19.Februar 2016, https://www.consilium.europa.eu/media/21770/st00001de16.pdf (zuletzt abgerufen am 10.09.2019).

82 Bundesfinanzministerium. Das Positionspapier von Schäuble und Lamers: »Überlegungen zur europäischen Politik«, 01.09.1994, https://www.bundesfinanzministerium.de/Content/DE/Downloads/schaeuble-lamers-papier-1994.pdf?__blob=publicationFile&v=1 (zuletzt abgerufen am 10.09.2019).

83 Peter Graf von Kielmansegg: »Europäische Ungleichzeitigkeiten«, in: *Indes – Zeitschrift für Politik und Gesellschaft,* 11/2016, Bd. 5, Nr. 91, S. 40–52.

84 Jan Zielonka: Europe as Empire. The Nature of the Enlarged European Union. New York 2006.

Europäische Zentralbank – Riders on the Storm

1 Martin Greive, Till Hoppe, Gerd Höhler: »Die niedrigen Zinsen machen die Euro-Staaten handlungsfähig – und unvorsichtig«, in: *Handelsblatt,* 08.01.2019, https://www.handelsblatt.com/politik/international/europaeische-zentralbank-die-niedrigen-zinsen-machen-die-euro-staaten-handlungsfaehig-und-unvorsichtig/23839542.html?ticket=ST-632041-3EHHRj2KoJdXYkXl1avW-ap4 (zuletzt abgerufen am 10.09.2019).

2 Martin Greive: »Deutschland hat dank Niedrigzinsen 368 Milliarden Euro gespart«, in: *Handelsblatt*, 08.01.2019, https://www.handelsblatt.com/politik/deutschland/bundesbank-studie-deutschland-hat-dank-

niedrigzinsen-368-milliarden-euro-gespart/23839458.html (zuletzt abgerufen am 10.09.2019).

3 Gerald Braunberger: »Eine neue Epoche am deutschen Kapitalmarkt«, in: *FAZ*, 14.06.2016, https://www.faz.net/aktuell/finanzen/anleihen-zinsen/negative-renditen-bei-bundesanleihen-14287430.html (zuletzt abgerufen am 10.09.2019).

4 On-the-Record-Kommentare von Claudio Borio zum BIZ-Quartalsbericht 16.März 2015 – Medienorientierung, https://www.bis.org/publ/qtrpdf/r_qt1503_ontherecord_de.htm (zuletzt abgerufen am 10.09.2019).

5 Mohamed A. El-Erian: Aufstieg und Fall der Zentralbanken. Und was das für uns alle bedeutet. München 2016, S.62.

6 Rede von William McChesney vor der New York Group of the Investment Bankers Association of America am 19.10.1955, https://fraser.stlouisfed.org/title/448/item/7800?start_page=13 (zuletzt abgerufen am 10.09.2019).

7 Bank für Internationalen Zahlungsausgleich »Monetary Policy Struggles to Normalize«, BIZ-Jahresbericht, 29.06.2014, https://www.bis.org/publ/arpdf/ar2014e5.htm (zuletzt abgerufen am 10.09.2019).

8 Christoph Gisiger: »Diese Hausse wird nicht mehr lange dauern«, in: *Finanz und Wirtschaft*, 22.08.2018, https://www.fuw.ch/article/diese-hausse-dauert-nicht-mehr-lang (zuletzt abgerufen am 10.09.2019).

9 Christof Leisinger: »Die Finanzwelt ist so verrückt wie noch nie zuvor – das wird sich eines Tages rächen«, in: *NZZ*, 19.02.2018, https://www.nzz.ch/finanzen/fonds/die-finanzwelt-ist-so-verrueckt-wie-noch-nie-zuvor-das-wird-sich-eines-tages-raechen-ld.1358384 (zuletzt abgerufen am 10.09.2019).

10 Tobias Kaiser: »Die nächste Krise wird besonders schwer«, in: *Die Welt am Sonntag*, 22.09.2013, https://www.welt.de/print/wams/wirtschaft/article120256000/Die-naechste-Krise-wird-besonders-schwer.html (zuletzt abgerufen am 10.09.2019).

11 Christof Leisinger: »Wir sitzen in der Schuldenfalle«, in: *NZZ*, 30.05.2018, https://www.nzz.ch/finanzen/wir-sitzen-in-der-schuldenfalle-ld.1389903 (zuletzt abgerufen am 10.09.2019).

12 Andreas Freytag, Gunther Schnabl: »Monetary Policy Crisis Management as a Threat to Economic Order«, CESifo Working Paper No. 6363, 02/2017, http://www.cesifo-group.de/DocDL/cesifo1_wp6363.pdf (zuletzt abgerufen am 10.09.2019).

13 Mark Schrörs: »Stark für deutschen Draghi-Nachfolger«, in: *Börsen-Zeitung*, 26.05.2017, https://www.boersen-zeitung.de/index.php?li=1&artid=2017100002&titel=Stark-fuer-deutschen-Draghi-Nachfolger (zuletzt abgerufen am 10.09.2019).

14 Rede von Yves Mersch, Mitglied des Direktoriums der EZB an der Albert-Ludwigs-Universität Freiburg den 16. Juni 2016: »Unkonventionelle Geldpolitik – eine ordnungspolitische Würdigung«, https://www.ecb.europa.eu/press/key/date/2016/html/sp160616.de.html (zuletzt abgerufen am 10.09.2019).
15 Georg Simmel: Philosophie des Geldes. München und Leipzig 1930, S. 165. Online unter: https://gutenberg.spiegel.de/buch/philosophie-des-geldes-6/7 (zuletzt abgerufen am 10.09.2019).
16 Umfrage von der Europäischen Kommission, in: Eurobarometer 67, Befragung: April-Mai 2007, 11/2007, S. 114, https://ec.europa.eu/commfrontoffice/publicopinion/archives/eb/eb67/eb67_de.pdf (zuletzt abgerufen am 10.09.2019), sowie Eurobarometer 88, Umfrage von der Europäischen Kommission, November 2017, Anlage, T75.
17 Politpuls 2018, 17. Mitgliederbefragung des Wirtschaftsrates der CDU e. V., 06.06.2018, https://www.wirtschaftsrat.de/wirtschaftsrat.nsf/id/9694791308B7D62DC12582A4002F4ECF/$file/dimap-Grafiken%20Wirtschaftsrat%202018%20final.pdf (zuletzt abgerufen am 10.09.2019).
18 Gerald Braunberger: »Die MIT-Connection: Boston gegen die Bundesbank«, in: *FAZ Blogs*, 19.01.2015, https://blogs.faz.net/fazit/2015/01/19/die-mit-connection-boston-gegen-die-bundesbank-5247/ (zuletzt abgerufen am 10.09.2019).
19 Roman Pletter: »Die mächtigste Schule der Welt«, in: *Zeit online*, 18.05.2017, https://www.zeit.de/2017/21/cambridge-universitaet-elite-oekonomen/seite-7 (zuletzt abgerufen am 10.09.2019).
20 Gerald Braunberger im Gespräch mit Otmar Issing, »Diese Kritik gibt es so nur in Deutschland«, in: *faz.net*, 12.05.2016, https://www.faz.net/aktuell/wirtschaft/konjunktur/ex-ezb-chefvolkswirt-otmar-issing-ueber-ezb-geldpolitik-14225737.html (zuletzt abgerufen am 10.09.2019).
21 Zsolt Darvas: »ECB´s huge forecasting errors undermine credibility of current forecasts«, in: *Bruegel Blog Post*, 06.12.2018, http://bruegel.org/2018/12/ecbs-huge-forecasting-errors-undermine-credibility-of-current-forecasts/ (zuletzt abgerufen am 10.09.2019).
22 Frank Stocker: »Geld, das aus dem Nichts kommt«, in: *Die Welt*, 15.04.2019, https://www.welt.de/finanzen/article191901579/Staatsschulden-USA-zahlen-900-Millionen-Dollar-Zinsen-pro-Tag.html (zuletzt abgerufen am 10.09.2019).
23 Manfred J. M. Neumann: »Drag(h)ische Geldpolitik: *Strictly within our Mandate*«, ifo Schnelldienst, 27.03.2014, S. 13–15, https://docplayer.org/115354362-Ifo-schnelldienst-institut-leibniz-institut-fuer-wirtschafts

forschung-an-der-universitaet-muenchen-e-v.html (zuletzt abgerufen am 10.09.2019).

24 Im EZB-Beschluss vom 6. September 2012 heißt es: »A necessary condition of Outright Monetary Transactions is strict and effective conditionality attaches to an appropriate European Financial Stability Facility/European Stability Mechanism (EFSF/ESM) programme«, Pressemitteilung »Technical features of Outright Monetary Transactions«, EZB-Beschluss, 06.09.2012, https://www.ecb.europa.eu/press/pr/date/2012/html/pr120906_1.en.html (zuletzt abgerufen am 10.09.2019).

25 Clemens Fuest, Kai Konrad, Hans-Werner Sinn und Harald Uhlig – Marcel Fratzscher dagegen verteidigte die EZB-Politik.

26 Wolfgang Franz: »Wirtschaftsweiser wirft der EZB Todsünden vor«, in: *Handelsblatt*, 30.09.2011, https://www.handelsblatt.com/politik/international/wolfgang-franz-wirtschaftsweiser-wirft-der-ezb-todsuenden-vor/4675582.html?ticket=ST-1055893-EHfNVOn2a7bof2OKANV5-ap2 (zuletzt abgerufen am 10.09.2019).

27 Michael Sauga, Georg Mascolo und Anne Seith: »Wie eine Droge.« Im Spiegel-Gespräch mit Bundesbank-Präsident Jens Weidmann, in: *Der Spiegel*, Nr. 35, 27.08.2012, http://www.spiegel.de/spiegel/print/d-87927659.html (zuletzt abgerufen am 10.09.2019).

28 Georg Erber: »Die Draghi Legenden der Geldpolitik der EZB«, in: *Research Gate*, Working Paper, 01/2018, https://www.researchgate.net/publication/322096885_Die_Draghi_Legenden_der_Geldpolitik_der_EZB (zuletzt abgerufen am 10.09.2019).

29 Pressekonferenz von Mario Draghi und Luis de Guindos am 13.12.2018 in Frankfurt am Main, https://www.ecb.europa.eu/press/pressconf/2018/html/ecb.is181213.en.html (zuletzt abgerufen am 10.09.2019).

30 Ashoka Mody: »Guest Contribution: The ECB has reached its political limits. Its consequences in eight charts«, in: *Econbrowser*, 01.02.2019, http://econbrowser.com/archives/2019/02/guest-contribution-the-ecb-has-reached-its-political-limits-its-consequences-in-eight-charts (zuletzt abgerufen am 10.09.2019).

31 Franz-Christoph Zeitler: »Der Beschluss des Bundesverfassungsgerichts zum OMT-Programm der EZB«, ifo Schnelldienst, 27.03.2014, S. 3–6, https://www.ifo.de/DocDL/ifosd_2014_06_1.pdf (zuletzt abgerufen am 10.09.2019).

32 Vgl. Manfred J.M. Neumann: »Drag(h)ische Geldpolitik: *Strictly within our Mandate*«, in: ifo Schnelldienst, 06/2014, S. 13 ff., https://www.econstor.eu/bitstream/10419/165406/1/ifosd-v67-2014-i06-p03-25.pdf (zuletzt abgerufen am 10.09.2019).

33 Marc Jones, Hugh Lawson: »Trichet has led ECB beyond mandate:

ECB staff poll«, in: *Reuters.com*, 17.10.2011, https://www.reuters.com/article/us-ecb-trichet-mandate/trichet-has-led-ecb-beyond-mandate-ecb-staff-poll-idUSTRE79G1AW20111017 (zuletzt abgerufen am 10.09.2019).

34 Manfred Neumann: »Too early to sound the alarm«, in: *VOX CEPR Policy Portal*, 17.04.2012, https://voxeu.org/article/too-early-sound-alarm (zuletzt abgerufen am 10.09.2019).

35 Kjell G. Nyborg, »Das offene Geheimnis der Zentralbanken«, in: *NZZ*, 26.01.2017, https://www.nzz.ch/wirtschaft/zu-wenig-beachtete-besicherungspolitik-das-offene-geheimnis-der-zentralbanken-ld.141886 (zuletzt abgerufen am 10.09.2019).

36 Holger Zschäpitz: »Die Bank dankt«, in: *Die Welt*, 28.08.2016, https://www.welt.de/print/wams/finanzen/article157880491/Die-Bank-dankt.html (zuletzt abgerufen am 10.09.2019).

37 Michael Bernegger: »Negativzinsen: Die EZB vor einem monumentalen politischen Fehler«, in: *Deutsche WirtschaftsNachrichten*, 07.03.2016, https://deutsche-wirtschafts-nachrichten.de/2016/03/07/negativzinsen-die-ezb-vor-einem-monumentalen-politischen-fehler/ (zuletzt abgerufen am 10.09.2019).

38 Stephan Maaß: »Warum das Eigenheim für junge Leute immer häufiger ein Traum bleibt«, in: *Die Welt*, 30.04.2019, https://www.welt.de/finanzen/immobilien/article192678289/Wohneigentum-Junge-Leute-koennen-sich-kaum-noch-eine-Wohnung-leisten.html?wtrid=onsite.onsitesearch (zuletzt abgerufen am 10.09.2019).

39 Gunther Schnabl: »Die Inflation wird falsch gemessen«, in: *Focus Magazin*, Nr. 24, 09.06.2018, https://www.focus.de/finanzen/experten/debatten-die-inflation-wird-falsch-gemessen_id_9060871.html (zuletzt abgerufen am 10.09.2019).

40 Helmut Kohl, Bundeskanzler a.D., in: *Süddeutsche Zeitung*, 26.06.1997.

41 Anne Flaherty: »EXCLUSIVE: Trump says of Fed Reserve chairman ›I've waited long enough‹«, in: *abcNews*, 14.06.2019, https://abcnews.go.com/Politics/exclusive-trump-fed-reserve-chairman-ive-waited-long/story?id =63694021 (zuletzt abgerufen am 10.09.2019).

42 Virginia Kirst: »In drei bis vier Monaten wird es dieses Europa nicht mehr geben«, in: *Die Welt*, 11.02.2019, https://www.welt.de/wirtschaft/article188588269/Italien-Regierung-will-die-Notenbankfuehrung-austauschen.html (zuletzt abgerufen am 10.09.2019).

43 Brief des Staatspräsidenten von Frankreich – Emmanuel Macron: »Für einen Neubeginn in Europa« in: *Élysée.fr*, 04.03.2019, https://www.elysee.fr/emmanuel-macron/2019/03/04/fur-einen-neubeginn-in-europa.de (zuletzt abgerufen am 10.09.2019).

44 Manfred J. M. Neumann: »Drag(h)ische Geldpolitik: *Strictly within our Mandate*«, in: ifo Schnelldienst, 6/2014, https://www.ifo.de/DocDL/SD-6-14%20(2).pdf (zuletzt abgerufen am 10.09.2019).
45 Marcel Fratzscher: »Diese Attacken gefährden drei Dimensionen der Unabhängigkeit der EZB«, in: *Die Welt*, 29.04.2019, https://www.welt.de/finanzen/article192648983/DIW-Chef-Marcel-Fratzscher-warnt-vor-Attacken-auf-die-Unabhaengigkeit-der-EZB.html (zuletzt abgerufen am 10.09.2019).
46 Vgl. Guy Debelle und Stanley Fischer: »How Independent Should a Central Bank Be?«, Working Paper No 94-05 from the Federal Reserve Bank of Boston Conference Series, 1994, https://econpapers.repec.org/paper/fipfedfap/94-05.htm (zuletzt abgerufen am 10.09.2019).
47 Beispielhaft für die beiden Positionen stehen die Argumente von Clemens Fuest und Hans-Werner Sinn auf der einen und die von Martin Hellwig auf der anderen Seite. Vgl. Clemens Fuest und Hans-Werner Sinn, »Target-Risiken ohne Euro-Austritte«, ifo Schnelldienst, Nr. 24, Dezember 2018, http://www.hanswernersinn.de/dcs/ 20181220-id-fuest-sinn-target-risiken-ohne-austritte.pdf; vgl. Hellwig, Martin, »Wider die deutsche Target-Hysterie«, *faz.net*, 29.07.2018; einen guten Überblick über den Argumentationsverlauf bietet: Jan Pieter Krahnen, »Die Debatte um die Target-Salden«, SAFE Policy Blog, 28.2.1019, https://safe-frankfurt.de/policy-blog/details/the-debate-on-the-target-balances.html (zuletzt abgerufen am 10.09.2019).
48 Matthias Ludwig: »Wie viel ist eine Billion?«, in: *Forschung Frankfurt*, Ausgabe 02/2012, S. 16ff., http://www.forschung-frankfurt.uni-frankfurt.de/43021790/Ludwig_FoFra-2012_02_16-20.pdf (zuletzt abgerufen am 10.09.2019).
49 Helmut Schlesinger: »Geld-, Kapitalmärkte und Wohlfahrt: Eine Wirkungsanalyse der Target2-Salden«, ifo Schnelldienst, 31.08.2011, https://www.ifo.de/DocDL/SD-16-2011.pdf (zuletzt abgerufen am 10.09.2019).
50 Charles B. Blankart und Achim Klaiber: »EZB, ESM und Target2«, in: *Schweizer Monat 999*, 09/2012, https://www.turigum.com/pdf/EZB_ESM_und_Target2.pdf (zuletzt abgerufen am 10.09.2019).
51 Manfred J. M. Neumann: »Refinanzierung der Banken treibt Target-Verschuldung«, ifo Schnelldienst, 16/2011, https://www.ifo.de/DocDL/ifosd_2011_16_5.pdf (zuletzt abgerufen am 10.09.2019).
52 Hans-Werner Sinn und Timo Wollmershäuser: »Target-Kredite, Leistungsbilanzsalden und Kapitalverkehr: Der Rettungsschirm der EZB«, Ifo Working Paper Nr. 105, 24.06.2011, https://www.cesifo-group.de/DocDL/IfoWorkingPaper-105.pdf (zuletzt abgerufen am 10.09.2019).
53 Jens Weidmann: »Was steckt hinter den Target2-Salden?«, Gastbeitrag

in: *Frankfurter Allgemeine* und *Het Financieele Dagblad*, 13.03.2012, https://www.bundesbank.de/de/presse/gastbeitraege/was-steckt-hinter-den-target2-salden--607862 (zuletzt abgerufen am 10.09.2019).

54 Die dargelegte Argumentation zu den Geldschöpfungsgewinnen stammt von Ulrich van Suntum: »Target 2. Das Billionengrab. Was Targetsalden wirklich bedeuten«, in: *Wirtschaftliche Freiheit. Das ordnungspolitische Journal*, 07.08.2018, http://wirtschaftlichefreiheit.de/wordpress/?p=23386, (zuletzt abgerufen am 10.09.2019).

55 Brief von Mario Draghi an Marco Valli und Marco Zanni – Europäisches Parlament vom 18.01.2017, https://www.ecb.europa.eu/pub/pdf/other/170120letter_valli_zanni_1.en.pdf (zuletzt abgerufen am 10.09.2019).

56 Karl Albrecht Schachtschneider: »Stellungnahme zur Mitteilung der Kommission an das Europäische Parlament, den Europäischen Rat, den Rat und die Europäische Zentralbank. Weitere Schritte zur Vollendung der Wirtschafts- und Währungsunion Europas: Ein Fahrplan«, 9. Sitzung, 04.06.2018, https://www.bundestag.de/blob/557784/01bc0de6ee858aa405e4985aeea22fee/stgn-prof-schachtschneider-data.pdf (zuletzt abgerufen am 10.09.2019).

57 Norbert Häring: »Warum die Bundesbank ein Billionen-Euro-Problem hat«, in: *Handelsblatt*, 07.06.2018, https://www.handelsblatt.com/finanzen/geldpolitik/target-forderungen-warum-die-bundesbank-ein-billionen-euro-problem-hat/22656786.html?ticket=ST-1651780-DRS0BCiNYFmjgZKfmNC4-ap4 (zuletzt abgerufen am 10.09.2019).

58 Publiziert wurde der Plan schon Anfang Oktober 2015 auf dem Internetportal *Scenari Economici* (Wirtschaftliche Szenarien), wo er unter dem Titel »*Piano B – Guida pratica per l'uscita dall'Euro*« (Plan B – Praktische Anleitung zum Ausstieg aus dem Euro) immer noch zu finden ist – die Target-Argumentation findet sich auf Slide 55 ff., https://scenarieconomici.it/il-piano-b-per-litalia-nella-sua-interezza (zuletzt abgerufen am 10.09.2019).

59 Stefan Ruhkamp: »Die Bundesbank fordert von der EZB bessere Sicherheiten«, in: *FAZ*, 29.02.2012, http://www.faz.net/aktuell/wirtschaft/schuldenkrise-die-bundesbank-fordert-von-der-ezb-bessere-sicherheiten-11667413.html (zuletzt abgerufen am 10.09.2019).

60 Norbert Häring: »Keinesfalls nutzlos – Ökonomen verkennen den Wert der Target-Salden«, in: *Handelsblatt*, 27.07.2018, https://www.handelsblatt.com/finanzen/geldpolitik/waehrungsunion-keinesfalls-nutzlos-oekonomen-verkennen-den-wert-der-target-salden/22841318.html?ticket=ST-1703635-7ht0ydJlpeXmaOAoRose-ap4 (zuletzt abgerufen am 10.09.2019).

61 Daniel Gros und Thomas Mayer: »Ein deutscher Staatsfonds zur Rettung des Euro«, in: *Ökonomenstimme*, 5. 09. 2012, http://www.oekonomenstimme.org/artikel/2012/09/ein-deutscher-staatsfonds-zur-rettung-des-euro/ (zuletzt abgerufen am 10. 09. 2019).
62 Otmar Issing: »Die Target-Falle – viel Lärm um nichts?«, ifo Schnelldienst, 2016: Hans-Werner Sinn und 25 Jahre deutsche Wirtschaftspolitik, S. 194 f., https://www.cesifo-group.de/DocDL/HWS25Jahre-2016-Issing-Target-Falle.pdf (zuletzt abgerufen am 10. 09. 2019).

Verlust der Ordnung

1 Peter Graf von Kielmansegg: »Über Migration reden«, in: *FAZ*, 04. 02. 2019, http://www.genios.de/presse-archiv/artikel/FAZ/20190204/-ber-migration-reden/FD1201902045606832.html (zuletzt abgerufen am 10. 09. 2019).
2 Wilhelm Röpke: Internationale Ordnung. Zürich 1945, S. 154.
3 Konrad Hummler: »Befinden wir uns am ›Ende der Geschichte‹ oder auf dem Weg in die Knechtschaft?«, in: *Austrian Institute Paper*, Nr. 23 (2018), http://austrian-institute.org/wp-content/uploads/2018/12/Hummler-Befinden-wir-uns-am-Ende-der-Geschichte...-Ai-Paper-Nr.-23-2018.pdf (zuletzt abgerufen am 10. 09. 2019).
4 Friedrich August von Hayek: Die Verfassung der Freiheit. Tübingen 1971, S. 524.
5 Alexander Grau: Hypermoral. Die neue Lust der Empörung. München 2017.
6 Vgl. Friedrich August von Hayek: Wissenschaft und Sozialismus. Gesammelte Schriften in deutscher Sprache. Abt. A, Aufsätze; Bd. 7. Tübingen 2004, S. 61 f.
7 Peter Graf von Kielmansegg: »Über Migration reden«, in: *FAZ*, 04. 02. 2019, http://www.genios.de/presse-archiv/artikel/FAZ/20190204/-ber-migration-reden/FD1201902045606832.html (zuletzt abgerufen am 10. 09. 2019).
8 Peter Laudenbach: »Wir gegen die. Interview mit Jan-Werner Müller«, in: *brandeins*, 06/2016, https://www.brandeins.de/magazine/brand-eins-wirtschaftsmagazin/2016/einfach-machen/wir-gegen-die (zuletzt abgerufen am 10. 09. 2019).
9 Matthias Jung, Yvonne Schroth, Andrea Wolf: »Regierungswechsel ohne Wechselstimmung. Analyse des Bundestagswahlergebnisses 2009«, in: *Aus Politik und Zeitgeschichte*, Nr. 51, 30. 11. 2009, S. 12–19, http://www.bpb.de/politik/wahlen/bundestagswahlen/62643/analyse-wahlergebnis-2009 (zuletzt abgerufen am 10. 09. 2019).

10 Ralf Schuler und Kai Weise: »So stichelt Schäuble gegen Merkel«, in: *Bild*, 15.10.2017, https://www.bild.de/politik/inland/wolfgang-schaeuble/so-stichelt-schaeuble-gegen-merkel-53541590.bild.html (zuletzt abgerufen am 10.09.2019); Hauke Reimer: »CDU-Hoffnungsträger Jens Spahn fordert Lagerwahlkampf«, in: *WirtschaftsWoche*, 25.11.2016, https://www.wiwo.de/politik/deutschland/bundestagswahl-cdu-hoffnungs traeger-jens-spahn-fordert-lagerwahlkampf/14887560.html (zuletzt abgerufen am 10.09.2019).

11 Wolfgang Bosbach: Endspurt. Wie Politik tatsächlich ist – und wie sie sein sollte. Begegnungen, Erlebnisse, Erfahrungen. Bergisch Gladbach 2016, S. 17.

12 dpa-Newskanal: »Wähler sehen CDU erstmals links der Mitte«, in: *Süddeutsche Zeitung*, 04.12.2015, https://www.sueddeutsche.de/politik/parteien-waehler-sehen-cdu-erstmals-links-der-mitte-dpa.urn-newsml-dpa-com-20090101-151204-99-105940 (zuletzt abgerufen am 10.09.2019).

13 Flora Wisdorff: »Wähler der radikalen Rechten müssen sagen dürfen, was sie denken«, Interview mit Cas Mudde, in: *Die Welt*, 02.02.2018, https://www.welt.de/politik/ausland/plus173135734/Cas-Mudde-Gegen-Populismus-hilft-nur-radikale-Meinungsfreiheit.html (zuletzt abgerufen am 10.09.2019).

14 Heiner Mühlmann: »Politschläue«, in: *NZZ*, 05.07.2016, https://www.nzz.ch/feuilleton/zeitgeschehen/angela-merkels-regierungsstil-politik-schlaeue-ld.103846 (zuletzt abgerufen am 10.09.2019).

15 Rupert Scholz: »Die Beliebigkeit der Union schadet nicht nur ihr, sondern der Demokratie«, in: *Die Welt*, 07.12.2017, https://www.welt.de/debatte/kommentare/article171367140/Die-Beliebigkeit-der-Union-schadet-nicht-nur-ihr-sondern-der-Demokratie.html (zuletzt abgerufen am 10.09.2019).

16 J. Gaugele, M. Sanches: »Gebote und Verbote nur noch für die Dummen, Braven und Schwachen«, Interview mit Hans-Jürgen Papier, in: *Hamburger Abendblatt*, 13.10.2018, https://www.abendblatt.de/politik/article215553915/Gebote-und-Verbote-nur-noch-fuer-die-Dummen-Braven-und-Schwachen.html (zuletzt abgerufen am 10.09.2019).

17 Uwe Berlit: »Sonderasylprozessrecht – Zugang zu gerichtlichem Rechtsschutz im Asylrecht«, in: Informationsbrief Ausländerrecht, 09/2018, S. 311.

18 Jens Gnisa: Das Ende der Gerechtigkeit. Ein Richter schlägt Alarm. Freiburg im Breisgau 2017, S. 36.

19 Ludwig von Mises: Vom Wert der besseren Ideen. Sechs Vorlesungen über Wirtschaft und Politik. Stuttgart 1983.

20 Matthias Jung: »Die AfD als Chance für die Union«, in: Hanns-Seidel-Stiftung; Politische Studien 460 von März-April 2015, S. 47–57, https://www.forschungsgruppe.de/Publikationen/PS_460_047_057_Analyse_Jung.pdf (zuletzt abgerufen am 10.09.2019).

21 Alexander Görlach: »Das Identitätsproblem der Konservativen«, in: *Zeit online*, 27.12.2016, https://www.zeit.de/politik/2016-12/neue-rechte-nationalismus-europa-krise-cdu-konservative-werte-linke/seite-2 (zuletzt abgerufen am 10.09.2019).

22 Norbert F. Tofall: »Führt Veränderung um jeden Preis zur Veränderung?«, in: Flossbach von Storch Research Institute, 02.06.2017, https://www.flossbachvonstorch-researchinstitute.com/fileadmin/user_upload/RI/Studien/files/studie-170602-veraenderung-um-jeden-preis.pdf (zuletzt abgerufen am 10.09.2019).

23 Infratest dimap: ARD-DeutschlandTrend, 02/2012, https://www.infratest-dimap.de/fileadmin/_migrated/content_uploads/dt1202_bericht.pdf (zuletzt abgerufen am 10.09.2019).

24 Carsten Volkery: »Die Deutschen sind bis heute sehr staatsgläubig«, in: *Handelsblatt*, 12.05.2019, https://www.handelsblatt.com/politik/international/lse-professor-zur-kapitalismusdebatte-die-deutschen-sind-bis-heute-sehr-staatsglaeubig/24327812.html?ticket=ST-1921371-5CT-kXkkadkfWlj25eaxS-ap2 (zuletzt abgerufen am 10.09.2019).

25 »Schlagabtausch nach Wissenschaftsschelte von Barley«, in: *FAZ*, 27.08.2018, S. 17.

26 Jan Drebes: »Experten fordern Ende des sozialen Wohnungsbaus«, in: *RP.Online*, 24.08.2018, https://rp-online.de/politik/deutschland/experten-fordern-ende-des-sozialen-wohnungsbaus-kritik-von-barley_aid-31939579 (zuletzt abgerufen am 10.09.2019).

27 Monatsbericht des Bundesfinanzministeriums zum Vorschlag einer europäischen Arbeitslosenversicherung. Kurzfassung eines Gutachtens des Wissenschaftlichen Beirats vom 22.12.2016, https://www.bundesfinanzministerium.de/Content/DE/Monatsberichte/2016/12/Inhalte/Kapitel-3-Analysen/3-2-Zum-Vorschlag-einer-europaeischen-Arbeitslosenversicherung.html (zuletzt abgerufen am 10.09.2019).

28 Tobias Kaiser: »Die Klimapolitik ist teuer, bringt aber überhaupt nichts«, in: *Die Welt*, 18.06.2019, https://www.welt.de/wirtschaft/plus195321353/Gabriel-Felbermayr-Die-Klimapolitik-ist-teuer-bringt-aber-ueberhaupt-nichts.html (zuletzt abgerufen am 10.09.2019).

29 Jan Mahn: »Kommentar: Der Diskurs um Digitalisierung ist kaputt«, in: *heise online*, 19.07.2019, https://www.heise.de/newsticker/meldung/Kommentar-Der-Diskurs-um-Digitalisierung-ist-kaputt-4473895.html (zuletzt abgerufen am 10.09.2019).

30 Vgl. Publikation des OECD. Bildung auf einen Blick 2018: OECD Indikatoren-Deutschland, 11.09.2018, https://www.oecd.org/berlin/publikationen/EAG2018_CN_DEU-GER.pdf (zuletzt abgerufen am 10.09.2019).
31 Gunnar Heinsohn: »Europa wird den globalen Kampf ums technische Wissen verlieren«, in: *NZZ*, 30.10.2017, https://www.nzz.ch/meinung/kommentare/der-westen-wird-den-globalen-kampf-ums-technische-wissen-verlieren-ld.1324618 (zuletzt abgerufen am 10.09.2019).
32 Korn Ferry, »Future of Work – The Global Talent Crunch«, 2018, S.34.
33 Rede von Bundeskanzlerin Merkel zur Übergabe des Vorsitzes des Asien-Pazifik-Ausschusses der Deutschen Wirtschaft am 26.Februar 2019 in Berlin, https://www.bundeskanzlerin.de/bkin-de/aktuelles/rede-von-bundeskanzlerin-merkel-zur-uebergabe-des-vorsitzes-des-asien-pazifik-ausschusses-der-deutschen-wirtschaft-am-26-februar-2019-in-berlin-1584802 (zuletzt abgerufen am 10.09.2019).
34 Nassim Nicholas Taleb: Das Risiko und sein Preis. Skin in the Game. München 2018.
35 Daniel Koerfer: »Ein vergessener Gründervater: Der Fundamentaloptimist Ludwig Erhard und seine Soziale Marktwirtschaft«, in: *Agora42*, Nr.1, 01/2010, S.94–102.
36 Roland Baader: Das Ende des Papiergeld-Zeitalters. Ein Brevier der Freiheit. Bern 2016.
37 Jan Willeken: »Die Öko-Evolution«, in: *Süddeutsche Zeitung*, 29.03.2019, https://www.sueddeutsche.de/politik/gruene-grundsatz konvent-programm-1.4389870 (zuletzt abgerufen am 10.09.2019).
38 Die Grünen: Veränderung in Zuversicht. Zwischenbericht zum Grundsatzprogramm für den Konvent am 29./30. März 2019, https://cms.gruene.de/uploads/documents/20190328_Zwischenbericht-Gruenes-Grundsatz-programm.pdf (zuletzt abgerufen am 10.09.2019).
39 Jochen Bittner, Tina Hildebrandt: »Was heißt Sozialismus für Sie, Kevin Kühnert?«, Interview mit Kevin Kühnert, in: *Die Zeit*, 02.05.2019, S.8.
40 Vgl. Franz Böhm: Demokratie und ökonomische Macht. Kartelle und Monopole im modernen Recht, in: *Institut für ausländisches und internationales Wirtschaftsrecht an der Universität Frankfurt*, Karlsruhe 1961, S.2–24; hier S.22.

Literaturverzeichnis

Balzer, Arno/Fischer, Leonhard: Es waren einmal Banker. Warum das moderne Finanzsystem gescheitert ist. Salzburg 2017

Bosbach, Wolfgang: Endspurt. Wie Politik tatsächlich ist – und wie sie sein sollte. Begegnungen, Erlebnisse, Erfahrungen. Bergisch Gladbach 2016

Brunnermeier, Markus/Landau, Jean-Pierre/James, Harold: Euro. Der Kampf der Wirtschaftskulturen. Frankfurt 2018

El-Erian, Mohamed A.: Aufstieg und Fall der Zentralbanken. Und was das für uns alle bedeutet. München 2016

Erhard, Ludwig: Wohlstand für Alle. Köln 2009

Eucken, Walter: Grundsätze der Wirtschaftspolitik. Stuttgart 1975

Gnisa, Jens: Das Ende der Gerechtigkeit. Ein Richter schlägt Alarm. Freiburg im Breisgau 2017

Grau, Alexander: Hypermoral. Die neue Lust der Empörung. München 2017

Hayek, Friedrich August von: Der Weg zur Knechtschaft. München 2014

– Die Verfassung der Freiheit. Tübingen 1971

Issing, Otmar: Wie wir den Euro retten und Europa stärken. Prof. Otmar Issing im Gespräch mit Andreas G. Scholz. Kulmbach 2012

Kielmansegg, Peter Graf von: Wohin des Wegs, Europa? Beiträge zu einer überfälligen Debatte, Baden-Baden 2015

Krastev, Ivan: Europadämmerung. Berlin 2017

Mayer, Thomas: Europas unvollendete Währung. Wie geht es weiter mit dem Euro? Weinheim 2013

Mises, Ludwig von: Vom Wert der besseren Ideen. Sechs Vorlesungen über Wirtschaft und Politik. Stuttgart 1983

Paul Craig Roberts: Wirtschaft am Abgrund. Dresden 2012

Röpke, Wilhelm: Internationale Ordnung. Zürich 1945

Sinn, Hans-Werner: Der schwarze Juni. Freiburg 2016

Stelter, Daniel: Das Märchen vom reichen Land. München 2018

Taleb, Nassim Nicholas: Das Risiko und sein Preis. München 2018

Vaubel, Roland: Das Ende der Euromantik. Neustart jetzt. Wiesbaden 2017

Wehling, Elisabeth: Politisches Framing. Wie eine Nation sich ihr Denken einredet und daraus Politik macht. Köln 2016

Zielonka, Jan: Europe as Empire. The Nature of the Enlarged European Union. New York 2006

Register